環境民俗学

新しいフィールド学へ

ENVIRONMENTAL FOLKLORE

山泰幸
川田牧人
古川彰 編

昭和堂

目次

第Ⅱ部　資源

第Ⅲ部　言葉

〔序章〕いま、なぜ環境民俗学なのか？

山　泰幸

1　環境民俗学の構想

本書は、「環境民俗学」という名のもとに、新たな分野を構想しようとする試みである。その理由は大きく分けて二つある。一つは、いま、私たちは、好むと好まざるとにかかわらず、「環境」について真剣に考えざるをえない時代を生きているからである。私たちの生活の基盤である「食の安全性」の問題にはじまって、私たち一人一人の身の丈をはるかに超えた規模で進行している「地球温暖化」にいたるまで、「環境」という言葉を抜きにしては、正しく問題を理解したり、まして有効な解決策を見つけることなどできないだろう。私たちは、否応なしに、「環境」を考えざるをえない時代を生きているのである。

もう一つは、民俗学という学問にかかわってのことである。一般に、民俗学といえば、前近代の過去の生活資料や口承文芸を収集、記録する学問と考えられている。そのせいで、何だか古臭い学問のように思われがちである。しかし、民俗学が誕生した背景には、かつての人々の暮らしの知恵や工夫を学びとることによって、眼前に進行している急激な近代化とそれがもたらした、実にさまざまな負の側面に対処していこうとする、きわめて現実的な目的があったのである。

そして、グローバル化の急速な進展にともなって、私たちを取り囲む「環境」は、いままさに激しい変化に晒されている。私たちはこのような新たな状況に真剣に取り組んでいく必要があるだろう。それは民俗学という学問が本来的に持っていた目的のはずである。そこで、本書では、現代の課題に応じた新しい分野として、「環境民俗学」を構想しようと考えているのである。

2　環境民俗学の流れ

では、「環境民俗学」とは、いったいどのような内容をもった分野なのだろうか。まず、確認しておきたいことは、「環境民俗学」という確立した学問があるわけではないということである。とはいえ、民俗学には、すでに環境に関するすぐれた研究蓄積がある。そのうち代表的な立場を紹介しながら、ここでの環境民俗学の輪郭を描いていくことにしたい。

環境民俗学の可能性を早くから指摘していたのは、野本寛一である。野本は一九八七年に刊行した『生態民俗学序説』の序「生態民俗学の提唱」のなかで、「すでに民俗自体が環境と深くかかわって」おり、「自然環境、人為的環境、環境への適応、環境変革などを包括した『環境民俗学』が将来において成立する可能性は充分にある」として、自身が提唱する「生態民俗学」がその主翼になると述べている。

生態民俗学とは、「生物の生態を基点として民俗文化発生の基層部分を確かめ」、「即物的・現実的な基層民俗を土壌としてその上に信仰・呪術・芸能といった上層民俗が発生」するという「民俗生成構造」を明らかにする分野とされる。そこで野本が用いているのが、「民俗連鎖」という考え方である。従来の民俗学がテーマ別・項目別に民俗事象を調査研究していたことへの反省から、「民俗連鎖」という視点で民俗事象を鳥瞰することで、民俗事象相互の関係やその連続性のダイナミックスを浮かび上がらせ、従来テーマの間から漏れて見失われてきた微細な問題や営みにも光を当てようというのである（野本　一九八七）。

生態学的な発想から、民俗事象の全体像を把握しようとする生態民俗学の視点は、重要な視点の提示ということができるだろう。ここで環境民俗学の構想にかかわって注目したいのは、野本が「すでに民俗自体が環境と深くかかわっている」と述べるように、「民俗」（本書では「習俗」という言葉で呼ぶ）と「環境」とを結びつけた新たな語り口を提出したことである。これは「環境民俗学」という名称が誕生する契機となった点で、大きな意味を持っている。

次に、本書が環境民俗学という研究分野を構想するにあたって、最も参照し、また頼りにしたのが、鳥越皓之の研究である。鳥越は一九九四年に編著『試みとしての環境民俗学』を出版している。タイトルに「試みとして」とあるとはいえ、「環境民俗学」という名称が明確に打ち出された点が注目される。鳥越は、「民俗学が対象とする『自然環境』はつねに、〝人間の手が加わった自然環境〟である」とし、「このような意味での『自然環境』（加工された自然）と人間とのかかわりのカラクリを民俗学的視点から研究する分野」を「環境民俗学」として提唱する。

そして、環境民俗学の研究分野を、①自然の「利用」、②自然と人間の「共生」、③環境を媒介とした「人間相互の関係」、以上の大きく三つに分けている。第一の自然の「利用」に関する研究は、自然を利用する人々にも利益があり、自然も殺さないという〝見事な〟伝統的な自然にかかわるサイクル的利用システムの発掘、記述が期待されているという。しかし、環境民俗学がこの分野にだけとどまっているのは問題という。確かに、現代のやみくもな工業化に対する反省から出ている点で、環境民俗学の貴重な分野ではあるが、環境を一方的に利用する「人間」を中心とする近代主義的な世界観を出ていないからである。

そこで環境と人間との相互にせめぎあい、すりあわせの有様を明らかにしようとする第二の立場が出てくる。「環境」の側にも人間と同様の〝主体性〟（人格）を認めているところが興味深い。これを鳥越は、〝自然性の正体〟（生態系もその一部）と呼び、これを把握することによって、農民や漁民の生活が成り立つとする。ここには、自然と人間との妥協点があるわけで、その意味で、自然と人間の「共生」を明らかにする立場といえる。第三番目は、環境を媒介とした〝人間相互の関係〟を明らかにしようとする立場である。これは環境と人間の関係と思われていたのが、実は人間相互の関係にほかならないことを明らかにするという面白さを持っている。しかし、前の二者ほどには視点（分析方法）が定まっていない分野であり、今後の方法論的展開が望まれるという（鳥越　一九九四）。これら三つの研究分野は、よく考えられた分け方であり、本書での環境民俗学の基本的な考え方の多くを鳥越に負っている。

最後に、篠原徹の研究を振り返っておきたい。篠原は、一九九〇年に著書『自然と民俗』を刊行している。そのなかで、「民俗社会の生活様式をなりたたせる環境を活動域として十分広い範囲をとったとしても閉じた系としての生態系という生態学的概念のアナロジーは許されません」とし、「民俗的認識が生態学的な認識とパラレルという議論」は、「環境に対する見事な適応とか環境の合理的な利用」という安易な結論を導くことを批判する。また、生活を成り立たせるのに必要な資源としての環境について、これを「そこに住む人々が環境に与えた意味の総体」である以上、「そこに住む人々の自然に対する民俗的知識の束を取りだすことによって分析する以外に民俗誌的な意味での自然と人間の関係は論じられ」ないと述べる。篠原は、これを地域の環境に対する「環境イメージ」の抽出とも述べている。また篠原は、環境は、国家的な政策や経済的条件によって容易に激変してしまうことを指摘し、自然と人間の関係を法則的レベルで語ることはできないと述べる。そのうえで、「環境に対する政治のレベルから民俗のレベルまでの能動的作用があり、その結果逆に改変された自然の側から人間に能動」があるとし、「改変された自然と人間の関係をまず民俗のレベル」で明らかにしなければならないと述べる。篠原は、自らの研究を、自然誌的民俗誌あるいは民俗自然誌と呼んでいる（篠原　一九九〇）。

篠原の立場からすれば、野本の生態学的発想や鳥越の第一の立場は相容れないものということができる。また、鳥越と篠原とでは、取り扱う自然環境の範囲に微妙なズレを見せていることがわかる。なお、篠原の視点で興味深いのは、そこに住む人々の「環境イメージ」を取り出そうとしている点である。後に触れるように、表象として自然環境を捉える本書の基本的な考え方と通じており、重要な視点といえる。

3　隣接分野との関係

さて、ここでもう一点、確認しておきたいことがある。環境民俗学は、その名称から、「環境を研究する民俗学の一分野」と理解することができるが、しかし、民俗学内部の数ある分野の一つに収まるものではない。民俗学の本来的な目的や成果を受け継ぎながら、しかし、それにとどまらず、隣接する関連分野の成果を取り入れながら、むしろそれらを総合していくような研究分野をイメージしている。本書で構想する環境民俗学が、その基盤と考えているのは、民俗学だけではなく、文化人類学および社会学などを含む「フィールド」を重視してきた分野である。

これまで文化人類学は異文化を、社会学は自社会を、民俗学は自社会の前近代的な文化を扱うという研究領域の暗黙の区分があった。こうした見かけの相違を超えて共通しているのは、個々の人間集団を一個の完結したシステムと捉える枠組みである。これはフランスの社会学者エミール・デュルケーム以降の社会学に色濃く残っている特徴である。ここでは、これを「共同体論的言語」と呼ぶことにしよう。

デュルケームの社会学は、近代社会にふさわしい新たな道徳の回復を目的として成立することになるが、そこで強い関心を抱いたのが習俗であった。習俗のなかに道徳性の根源を見ようとしたのである。習俗は、人間集団を根底から支える最も基底的な部分として位置づけられることになる。人類学や民俗学はデュルケームの理論的影響を強く受けて、習俗に関する社会学的関心を現地調査によって実証するという課題を担ってきた。その結果、習俗を共同体論的言語に回収して語ってきたのである。

しかし、近年、この共同体論的言語に対する見直しが、大きな課題となっている。たとえば、民俗学においては、その「一国民俗学」という性格が、日本の文化ナショナリズムを創出してきた点が批判されてきた。人類学においても、西欧と非西欧との不均衡な力関係を前提とした一方的な異文化表象が、オリエンタリズムとして批判されてきた。客観的で実証的な科学という装いをまとってきた人類学は、異文化表象の装置として反省的に位置づけられることになった。これら思想史的な批判の背景をなしているのは、対象を素朴に「実体」として存在しているものとして前提するのではなく、言説やイメージとして構成された「表象」と見なす言語論的転回以降の枠組みである。その結果として、研究の対象も、実体から表象へと、いわばメタレベルに移行することになった。

しかし、まだ問題は残っていた。それは、表象の研究者たちも、共同体論的言語から十分に自由ではなかったことである。表象の歴史や生成を語ることによって、それらの表象と結びついた共同体論的言語の再生産に加担していたからである。いま、人類学者たちは、共同体論的言語を前提にするのではなく、また他者を一つのまとまりとして描く全体論的な傾向を反省し、これに抵抗し、個々の行為者と日常的実践に目を向けるようになってきている。

4　本書の立場と構成

しかし、民俗学においては、共同体論的言語から十分に距離を取ることができてはいない。それは民俗学を長らく規定してきた学問的性格の根幹にかかわっているからである。民俗学がもっぱら対象としてきた「習俗」が、共同体論的言語と分かち難く結びついているように見えるからである。そこで、本書では、習俗と共同体論的言語の結びつきを解きほぐすために、第三の概念を方法的に導入することを考えた。それが「自然環境」である。

これまで社会学や人類学、民俗学においては、人間集団は自然環境とは独立関係にある自立した社会文化システムとして描かれがちであった。しかし、自然環境を取り込むことによって、習俗を共同体論的言語と方法的に切断し、習俗概念を新たに読みなおそうというのである。

まず、ここでは、習俗を人間と自然環境との〈あいだ〉に位置づける。注意したいのは、ここでいう人間とは、習俗の担い手としての共同体的な集団を意味してはいないことである。習俗の担い手として、個人を超えた共同体的な集団が主体として存在することを自明の前提としないということ。その意味で、ここでの人間は、まずは、個々の行為者を想定している。一方、同様に、自然環境も素朴に実体として存在するとは考えないということ。つまり、自然環境も表象として捉えるのである。本書で取り上げる習俗とは、「個々の行為者による言説的・非言説的実践とそれを通じた表象行為」およびその産物であるところの「表象としての自然環境」を意味するものとして改変される。そのうえで、本書では、習俗を三つの側面に分けて捉えていく。

行為者が自然環境と交渉する場合、まずは自然環境が行為者の前に立ち現れなければならない。これを表象としての自然環境と呼ぶわけだが、本書の第一部「知識」は、このうち行為者による自然環境の基本的構成にかかわる側面を取り上げる。

次に、行為者によって構成された自然環境の利用にかかわる側面である。第Ⅱ部「資源」が取り上げるのは、この側面である。なお、ここでいう「資源」とは、利用にかかわる知識と技術、およびそれによって得られる精神的・物質的産物を包括したものを指している。

そして、最後に、行為者によって自然環境を表象するさまざまな行為にかかわる側面である。これには、日常的あるいは儀礼的場面での語りやパフォーマンス、昔話伝説などの口承文芸などがまず考えられるが、本書では、これらの対面的な場面を基本とする実践だけでなく、新聞、雑誌、教科書や研究書などの出版物、ラジオ、テレビなどのマスメディア、そしてインターネットなどを介した場合の表象も視野に入れている。むしろ、このようなメディアを介した表象と相互に影響しながら、対面的な場面での表象も存在していると考えている。第Ⅲ部「言葉」は、これらの多様な表象を取り上げていくことになる。

しかし、以上はあくまで便宜的に分けたものであり、これらは相互に重なり合っている。そればかりでなく、表象として自然環境を捉えるという視点が、さらに新たな課題を要請していることに注意したい。すなわち個々の行為者が自分たちの「生活」を成り立たせるための「共同体」を、いかなる言説的・非言説的実践によって構成しているのか。その多様な実践の様相を明らかにすることが、次なる課題として浮上しているのである。たとえば、少子・高齢化や離村などで、消滅の危機に瀕しているような「小さな共同体」の実践に注目していこうとする環境社会学の立場がある（古川・松田　二〇〇三）。それは思想史的な批判が、そこに住む人々の生活のための切実な実践の場であり、産物であり、そして実践そのものであった「小さな共同体」をも否定してしまっていたからである。環境民俗学は、表象としての自然環境や行為者の多様な言説的・非言説的実践との関係のなかで、「小さな共同体」の実践を視野に入れていく必要があるだろう。第Ⅰ部から第Ⅲ部までの論考は、表象としての自然環境という視点を基本としながら、新しい共同体論とその基盤となる生活論への関心が交差しているといえるだろう。本書の各章では、どの立場に比重をおくか、その違いによって、じつに多様な議論が展開されている。

さらに、各部の最後にコラムを用意している。これによって、各章で取り上げたテーマ以外にも、多様なテーマがあることがわかるようになっている。環境民俗学の射程の広さを知っていただければと思う。

5　刊行の経緯

最後に、本書を刊行することになった経緯について、簡単に述べておきたい。いまから四年前、二〇〇四年に、数人の仲間たちが集まって、環境民俗学の研究会をはじめたのがきっかけである。この研究会に集まったメンバーには、本書の編者である環境社会学を専門とする古川、民俗学を専門とする山を中心に、環境社会学を専攻としながら、環境民俗学に関心を持つ大学院生たちが参加した。本書の執筆者である山本、中川(千)、葛西はその時のメンバーである。参加者の顔ぶれからいえば、環境社会学の問題意識から環境民俗学を学ぼうとする傾向にあったといえる。

研究会のやり方は、環境民俗学に関係すると思われる代表的な著書、論文をメンバーで手分けしてレヴューするというものであった。研究会での議論を通じて、やがて新しい環境民俗学のイメージが見えてきた。そのイメージに触発されるように、各自がそれぞれのフィールドに立ち戻って、それを環境民俗学的な立場から捉え返してみようと試みたのが、本書の出発点である。

本書を刊行するにあたって、民俗学の立場から、安室、菅、中野が参加することになった。安室、菅は、現在の民俗学における環境研究の代表的研究者であり、中野は民俗学における社会経済研究の現在をリードしている。本書が、「環境民俗学」を銘打っている以上、欠かすことのできない執筆陣である。

また、隣接分野との関係を配慮して、人類学の側から、川田、大村が参加している。とくに、川田は編者として加わった。それは本書の環境民俗学の構想と現代人類学の動向とが密接に関係するからであり、これについては終章において論じられる。さらに、民俗学と社会学の境界領域で研究してきた藤村、香西が参加している。また、コラムも民俗学、人類学、社会学を問わず、環境民俗学的に興味深い研究をしている面々が執筆している。

以上、執筆陣の顔ぶれからもわかるように、「環境民俗学者」と呼べるようなメンバーは少数であり、むしろ社会学や人類学などで仕事をしてきた面々が、環境民俗学に関心を持って集まってきている。その理由は、すでに述べたように、現在、社会学や人類学、民俗学などの「フィールドの学」が共有していた枠組みが見直され、新たな視点が要求される状況にあるからである。ここで構想しようとする環境民俗学には、自らが所属する既存の分野を超えて、さらには包括していくような、新たな「フィールド学」の誕生への期待が込められているのである。

本書はそのための第一歩である。

◇参考文献

野本寛一　一九八七『生態民俗学序説』白水社。
鳥越皓之編　一九九四『試みとしての環境民俗学――琵琶湖のフィールドから』雄山閣。
篠原徹　一九九〇『自然と民俗――心意のなかの動植物』日本エディタースクール出版部。
古川彰・松田素二編　二〇〇三『シリーズ環境社会学四　観光と環境の社会学』新曜社。

第Ⅰ部

知識

第I部は、自然と人間のファーストコンタクトである認識や観察と、そこから評価や主観的意味づけが二次的に引き出されてくる局面を考察の対象として、自然環境がどのように見られ、あるいは感じられているかについて論じる。従来の研究においては自然観とか自然認識と呼ばれてきた主題であるが、人と自然環境のこのような接触面で生成されるのは、理知的なイメージや観念だけではなく、自然に対する暗黙の生活感覚や感情（かまえ）、倫理的態度や心がけといった内容にもおよんでいる。

第一章「フィールドでアニミズムとつきあうために」（川田牧人）では、宗教人類学の基本的概念の一つであるアニミズムをとりあげ、それを比喩や見立てといった認知作用を介在させた自然認識の営みとして捉え直す。そして「主観の共同性」という主題のもとに、アニミズム的認識がフィールドで立ち上がってくる瞬間を捉え、人と自然の多様な関係を読み解いていく環境民俗学の端緒とすることを提案する。

第二章「かかわり合うことの悦び」（大村敬一）は、狩猟や罠猟、採集などの活動が、自然と深くかかわるカナダのイヌイトにとって、生存のための資源獲得という以上の意味を持っていることを考察する。認知科学のアフォーダンス概念を援用しながら、潜在的資源を関係論的に開示していくというかかわり方において立ち現れる自然環境を捉える。そして、人／自然の二分法ではなく、身体の自然化、あるいは逆に自然の身体化という状態に、特定の環境のなかで生きることの意味を見出そうとしている。

第三章「山に火をいれること」（藤村美穂）の問いは、人が自然と向き合い何らかの交渉をする動機や意欲は何か、ということである。この章で扱われている山や畑への火入れ

（野焼き）は、一義的には、火によって自然を統御しようとすることである。しかし完全に思い通りにコントロールできない自然を前にしたさまざまな「やり方」は、科学技術というより作法に近く、ここに人と自然との関係を「礼節」として読み取るという筆者の主張が成り立つ。礼節とは敬いの精神を行動として示すことであり、人々が共同性を生きるときに必要とされるものでもある。

これとは対照的に、第四章「浜を『モリ（守り）』する」（中川千草）では、あえて自然に対して積極的に手を出さず見守る（モリする）という態度が主題となる。もちろん単に放置されているのではなく、海浜での個人の経済活動の繁盛の記憶をたぐり寄せながらも、村ごとの歴史的経緯を立体的に反映させた結果としての見守りという構えである。ここから自然環境を、人間によって何らかの働きかけを受ける客体としてではなく、発信する能動的なものとして捉えることによって、可視化されない人と自然のつきあいの豊かさを描こうとしている。

これら四つの論考に共通しているのは、人と自然を明確に分離された対立項として描くのではなく、自然を管理したり手をほどこしたりするような近代主義的施策の対象として捉えるのでもなく、人と自然がたがいに丸腰で対峙するような原初的遭遇場面を想定していることである。それは人と自然とのかかわり方が制度化・定型化されてしまった後の話ではなく、個人的な反応やランダムなリアクションもふくまれる。生産主義的・効率主義的な利得を自然から引き出そうとする一方的な関係の持ち方ではない。

自然に対する観念をこのような見方でもって捉えるのには理由がある。このパートの共通項として、人が自然とのつきあいにおいて獲得してきた知識的な側面という理解は、一義的には正しいが、しかしすべて言い尽くしているわけではない。それは一つには、生活の構えや心がけなど、言語化できない知識をも含んでいるからだ。また、そもそも知識といっても、貯蔵庫に保管された情報という意味だけではなく、ある状況において行為することと切り離しえない、あるいはアクションとリアクションの連鎖のただ中にあるような状況分散知といわれるような知識のあり方もある。このように多義的な知識の立ち上がりを現場で捉えようとするフィールドの知を鍛錬しようというねらいがある。

民俗学研究の資料分類という点から見るならば、このパートで扱う材料は、柳田國男の民俗資料の三部分類の第三部「心意現象」に最も近いものといえる。柳田民俗学においては「同郷人の学」とされ、一等最後にとりかかる本丸とされたが、本書ではあえてこれを冒頭においてみた。まずここから入り、いったん第一部「有形文化」にもどって、第二部「言語芸術」を経由し、最終目標である「生活目的」へといたる途を、読者自身によって開いていってもらいたい。

（編者）

［第1章］フィールドでアニミズムとつきあうために

◉民俗的自然認識論◉

川田牧人

1　聖母マリアになった「黄金の女神」

フィリピン・セブ市の郊外にグアダルーペというバランガイ[*1]がある。その名からも推測できるように、教会の背後にひかえる山間地に洞窟があり、そこに聖母マリアが出現したという由来にもとづき、グアダルーペの聖母を守護聖人として祀る教会を中心とした教区（parish）でもある。この教区の由来を語る伝承にはいくつかのバリエーションがあるが、その一つは以下のように伝えられている。

サン・ニコラス教区に属するバナワンというバランガイに、ある洞窟があった。ある猟師が家畜を追いかけて偶然にその洞窟のなかに迷い込み、聖母マリア像を発見した。サン・ニコラス教区教会の司祭は、その聖母像がスペイン・エストレマドゥラのものと同じだと断定し、聖母像を教会に迎え祭壇に安置して信者たちに崇拝させたが、バナワンの毎年のフィエスタの期間中だけは、その聖像はバランガイに借り受けられて小さな聖堂に安置された。ある年のフィエスタの終了後、人々が輿に載せて聖像を教会へ戻そうと運んでいる最中に、奇蹟の聖像は輿を飛び出し、バナワンの方角に顔を向けて地面に立った。驚いた人々は、これは聖母がバナワンの土地を好まれているに違いないと解釈し、サン・ニコラス教会の司祭も、聖像をバナワンに留めることに同意した。このような経緯でバナワンはグアダルーペとバランガイ名を変更し、小聖堂のあった場所にグアダルーペ教区教会が建設された。さらに時代が下って、聖母像が最初に発見された洞窟にはグアダルーペ教区が管轄する小聖堂が建設されたのである。[*2]

写真 1-1　洞窟に詣でる人びと

写真 1-2　洞窟内部での聖母像への崇拝

グアダルーペの聖母は、上記の由来譚においてはスペイン起源だと言及されているが、もう一つ、メキシコ起源のものがあり、上記の由来譚にも取り入れられている。すなわち洞窟における出現と、それを契機とする教会堂の建設という要因がそれにあたる。さらに、洞窟という自然景観の神聖視という点でも近似するのである。この伝承を分析したレシル・モハレスによれば、その系譜が複雑に絡まり合ったものであり（Mojares 2000, 2002）、とりわけ、メキシコ起源の伝承に近いバージョンが語られる（Wolf 1958）。いっぽうのスペイン起源の由来譚では、紛失と再発見を主要なモチーフとするが、これにもとづいた伝承としては、第二次大戦中、聖母像をバスケットに保持していたフィリピン兵が日本兵に急襲されたが、閃光とともに着物を着た女性が現れて銃撃をまぬがれ、夜、バスケットを確認すると、銃弾でぼろぼろになった着物を着た聖母像が出てきた、といった語りがきかれる。

そのほかにも有名な伝承として、一九〇二年、セブの町に伝染病が流行り、大勢の人々が次々と亡くなった際、グアダルーペの聖母像を掲げた聖像行列が町じゅうを一周すると、たちどころに死者が出なくなったといった語りなどが、グアダルーペ教区が発行する小冊子『グアダルーペの聖母に関する物語（Mga Kasaysayan sa Birhen sa Guadalupe）』には紹介されている。より多いのは、聖像の持つ奇蹟や治癒力が、洞窟に敷衍して語られることである。腎臓結石や肺癌などで手術が必要になった患者が、洞窟の小聖堂で祈願すると症状が消失し、手術をせずにすんだといった経験譚は数多く語られる。患者の個人名や病名、治療してきた病院、担当医師の診断や症状消失の際の周囲の驚きなど、個人的体験の情報が微細に取り入れられた語りは、際限なく増殖するのである。

ところで、洞窟という自然景観を神聖視したり、そこに超越的存在が出現して恩恵をもたらすと信じたりする観念は、フィリピンにキリスト教が布教されてにわかに生起したものではない。セブ島を中心とするビサヤ地方には、「マリア・カカオ」という精霊の伝承がひろくみられる。それは以下のような伝承である。

セブ州アルガオ町にあるラントイ山の洞窟には、マリア・カカオという黄金の女神（精霊）が住んでいた。自らカカオ農園を経営し、カカオの行商によって得た利益で銀食器や陶磁器などを大量に買って持っていた。人々が結婚式や洗礼式などで多くの招待客を招くために食器が必要なときは、洞窟の入り口で借りたいものを口にすれば、翌日、その人の家の前に必要なものが届けられており、使ったあと、また洞窟に戻しておけばよかった。マリア・カカオはカカオの行商に黄金の船を使った。その巨大さゆえに、船のマストはしばしばアルガオの町の橋にぶつかり、そのたびに橋は壊れた。あるとき、橋を改修しようということになり、アメリカ人の技師が呼ばれた。人々は、「マリア・カカオの船のマストが引っかからないように、できるだけ高く作ってくれ」と要求した。それでも時々、橋が壊れると、人々は、十分に高くなかったのでマリア・カカオの船によって壊されたのだと噂する。その後、マリア・カカオから食器を借りることはできなくなってしまった。食器を借りた者のなかに、ちゃんと返却しない者があったためだということだ。*3

この伝承には洞窟で借り物をするというモチーフと、黄金の船が橋を破壊するというモチーフが統合的に語られているが、それぞれ別個に語られることも多い。ビサヤ地方には「皿（ピンガン）」に由来する「カンピンガノン」「カピンガガン」といった小地名が多いが、それは借り物モチーフに関係した空間の固有名詞である。このような食器の無償借用をゆるしてくれるという点で、洞窟の恩恵的側面が示されている。しかし同時に、橋が破壊される（それは通常の現象としては、大雨や嵐のあとに起こりがちなことであるが、そのような「自然」現象をもマリア・カカオの仕業として解釈される）という災厄の側面も持ち合わせている。つまりマリア・カカオの伝承の基層には、「災因」「福因」の原初形態としてのアニミズムの観念を見出すことができる。

このようなアニミズム的観念を基層部分に持つ民俗的世界観が、キリスト教的信念と遭遇し融合したとする考えが「フォーク・カトリシズム」と呼ばれるものである。すなわち、フィリピンの人々の大半はローマ・カトリック信者だが、実践しているのは正統カトリシズムではなく、それに先行するアニミズム的観念と融合し民俗的解釈をへた独自の宗教であるという議論である。この議論は一面の事実を捉えており、カトリックの諸聖人とさまざまな精霊的存在の関係や、聖霊の降臨と精霊の憑依など、相互に関連づけて見ることが有意義な場合もありうる。

しかしたとえば、アニミズム的観念が先行・既存のものとしてあったとして、それがキリスト教的信念に難なく継承されていってしまうであろうか。本節の事例に引き寄せていえば、先の二つの伝承のあいだに「フォーク・カトリシズム」と「アニミズム」という二本のパイプラインを引けば、マリア・カカオは聖母マリアに、何の障碍もなく変換されうるのだろうか。

本章ではこのような問題意識のもと、まず「フォーク・カトリシズム」という考え方そのものを再検討する。そしてその重要な部分を担っているアニミズムに見られる自然認識のあり方と、アニミズムによって成り立つ民俗世界のありようを再考してみたい。それによって、古典的宗教民俗誌の主題としてのアニミズムではなく、われわれが現在のフィールドでも対面するアニミズムをいかに捉えるべきかについて考察をすすめていきたい。

2 フォーク・カトリシズムという〈神話〉

一般に、カトリシズムはプロテスタンティズムに比べると地域ごとの文脈に、より埋め込まれやすかったという指摘はよくなされる。それは、キリスト教会の側から教義の範囲において地域文化に歩み寄る解釈をする側面に焦点をあてれば文化適応（inculturation）と呼ばれ、逆に地域文化の側がキリスト教の教義や儀礼体系を取り込んだという側面を重視すれば土着化（indigenization）と称される。たとえば日本のカトリック教会が仏壇や位牌の祭祀を認めるのは前者にあたる（諸宗教委員会編　一九八五）が、アニミズムとカトリシズムのシンクレティズム（宗教的混淆）からビサヤ民俗世界の成り立ちを照らし出そうとする場合は後者に近い立場をとることになる。

フィリピンにおいては、外来のキリスト教（カトリシズム）が地域特有の信念体系と融合したシンクレティズムは「フォーク・カトリシズム」と呼ばれ、多くの研究がなされてきた（Bulatao 1966, Lynch 1975, Jocano 1981）。たとえばフランク・リンチは、「公式」に対する「非公式」なカトリシズムは、教会は黙認・不許可・非難のいずれかを表明するが、民衆的起源をもって民俗世界において実践されており、そのような宗教実態をフォーク・カトリシズムと呼んだ。また、そこでの宗教的心性は、ブラタオが「二段重ねのキリスト教」と称する乖離したパーソナリティ、すなわち互いに首尾一貫しない複数の思考や行動原理、価値体系などが、ある個人のなかに共存している状態によって特徴づけられる。一方では西洋出自の観念・思考・行動様式への支持を表明しながら、他方では先祖から伝承した生活様式を「わがもの」としている二重性は、何もフィリピン「低地民」に限ったことではなく、われわれの生活実践の多くの場面でも見受けられることである。

本章冒頭で紹介した、聖母マリアの前にマリア・カカオをおいて両者に連続性を見出す考え方は、ヒスロップのいう「アニティズム（anitism）」の好例である。ヒスロップによれば、先スペイン期のフィリピンではバトハラと呼ばれる至高神の観念があり、その下に人間と直接接触する祖霊や悪霊などの観念があった。これら諸霊はビサヤ地方でディワタ（diwata）、タガログ地方でアニト（anito）と呼ばれ、階層的な神観念をすでに持っていたために、唯一絶対神と諸聖人や天使というカトリックの神格の位階構造を受容しやすかったのだという。したがってキリスト教化されたフィリピンにおいて信奉されているのは、じつは多神教的精霊信仰（つまりanito-ism）であり、キリスト教は表層の添加物にすぎない、というのがアニティズムの主張である（Hislop 1971）。この考えにもとづけば、マリア・カカオは聖母マリアに容易にとってかわられるのである。

このようなフォーク・カトリシズム論を、擬似的歴史主義であるとして退けるのは容易であろう。すなわちこれは、多神教的精霊信仰がカトリックの神観念へと推移する歴史的因果関係は認められず、概念上の類同関係という傍証のみによって歴史を推測しているにすぎないのだ。ただし、ここではこの点について深く掘り下げるのではなく、別の角度からの検討を試みたい。

フォーク・カトリシズムの担い手は、カトリック「信徒」であると同時に「フォーク」でもあるような実体が想定されているが、しかし実はそのどちらでもないという矛盾についてである。まず「信徒」であるかどうかについては、表面上の添加物であるという指摘から、うわべだけカトリックを受容した見せかけの「信徒」が想定されているという否定的な方向性が明らかである。では「フォーク」かといえば、「信徒」と対置された瞬間に集合名詞としての単体が仮想されるが、その集合体を「フォーク」として規定するためには、民衆的起源を持った伝統を共有している必要があるという、トートロジーに陥ってしまうのである。この点で、単体としての「信徒」と「フォーク」の純然たる合体は、「生《なま》」の認知から意味世界を紡ぎ出していくような動態をともなった民俗世界というイメージとはほど遠いものになってしまう。

マリア・カカオの伝承にたちもどって考えるならば、そこには椀貸し系のモチーフと、黄金の船系のモチーフの二系統が見られ、決して神聖なる聖母の住地としての洞窟イメージに一元化されるわけではない。また椀貸し系モチーフには、人間の要請に応じて協力的な精霊の側面と、人間の過失に対して因果応報的にふるまい交流を謝絶する厳格な側面の両方があらわれる。さらに、そもそも椀貸しで提供される食器類はカカオの交易で得た利益から生じるのだが、それは橋を破壊するという代償をともなった行為であり、この伝承において利益と損失は循環しているのである。

このようにいくつもの想像力が複雑に絡まり合った様態こそが民俗世界における意味生成を効果的かつ正確に描出しているとすれば、フォーク・カトリシズムにおいて問うべきは、「信徒」と「フォーク」の単一性ではなく、むしろ「フォーク」の複数性ではないだろうか。この点について、次節ではフォーク・カトリシズム論の前提となっているアニミズム論を再検討することによって、さらに深く追究したい。

3　民俗的自然認識論とアニミズム

自然に霊威を感じとったり、それが人間に禍福いずれもの作用をおよぼしたりするという考えは、アニミズムと呼ばれてきた。アニミズムを体系的に論じたエドワード・タイラーによれば、「霊的存在者を一般に信ずることを、生気説という。……生気説は、二大教義に分れ、一は、死後も連続して生存する個々の生物の霊魂に関し、二は、有力な神々の階級へと向かう諸霊に関している」（タイラー　一九六二〔一八七三〕：一〇二）（この翻訳では、アニミズムに「生気説」という訳語をあてている）と説明される。かつての宗教の原初形態としてアニミズムをとりあつかう議論は現今ではまったくというほどなされないが、人と自然のつきあい方、認識としてのアニミズムに注目が集まりつつある。ここではその議論を検討したい。

まず民俗的自然認識のあり方であるが、たとえば、民間暦が発達したり農事に関する慣用表現が生まれたりすることについて、高取正男は「農民たちがながい自然観察の結果を圧縮したものとして、いちいちもっともである」と述べる。しかしそれらの観察やその表現がまったく客観的な自然観察と同様のものであるかというと、「極端なたをすると、子どもが空飛ぶ雲をみて、自動車のかたちになったとか、電車になったといっているのとおなじであり、その根拠はまことにこころもとない」ものであるという。とくに表現の仕方が主観的であり、誰が見ても自動車や電車のかたちに見えるわけではない。ではなぜそれが特定の民俗社会では民間暦や農事暦になりうるかというと、「まずは村の人の心のなか、その共同の主観のなかに春がしだいに育ってきていることがすべての前提となる。そうした主観の暗黙の一致のうえに、客観的な自然現象が指摘され、このふたつが感応しあって、その現象に意味がつけられ、農事開始の宣言となる」。ここで重要なのは、「共同の主観」とか「主観の暗黙の一致」とは、いったい、いかなるものなのかということである。民俗の自然観察は科学的自然観察とは異なり、数値や専門用語で示されるわけではないので、それを第三者が共有することはむずかしい。ただ完全に個人的な表現とも異なり、「共同の主観」や「主観の暗黙の一致」によって相互了解されるような自然認識であり、その共同の範囲が民俗社会であったといえる。このようにある範囲において共有される主観と、事実としての自然現象の「感応」、あるいは「人の心と外界の現象、主観と客観の微妙なふれあいのうえに構築されている」のが「フォーク（Folk・常民・民俗）の論理」であったと説明している（高取　一九九五〔一九七五〕：一七三―一七五）。

ここには、民俗的自然認識が成立しうるのが「曖昧模糊」とした認識世界であり、それが「見立て」などの技法によって表現される恣意的・主観的なものであるが、それが「共同の主観」として通用する一定の範囲があることなど、アニミズムを考えるうえで重要な点がいくつも示唆されている。さしあたり、次のような三つの問いをたてることができるだろう。①「曖昧模糊」とした認識世界と、そこでの観察の問題。通常、観察には明晰な視点が必要なはずであるが、それは曖昧な認識とどのように折り合いがつくだろうか。②観察された結果の表現技法の問題。恣意的・主観的といってもまったく個人的なものではなく、ある一定範囲の人々には理解可能なその技法、とりわけ「見立て」とはいかなるものだろうか。③観察と表現の技法が共有される仕組みについての問題。上記の二つの問いが収斂する問いでもあるが、主観の共同性とはいかなるものであろうか。これは、民俗の民俗たる所以とはいかに規定されるのかという問いでもある。

まず主観と客観の微妙なふれあいから生じる認識とは、科学的自然観察に要求されるように主体と客体がはっきりと二分されるような（したがって明晰な）認識とはおのずと異なるものである。人間の精神と肉体、あるいは自然と超自然といった近代的二分法が必ずしも妥当性を確保できないのと同様に、環境世界と人間という対置もまた民俗的自然認識にはそぐわない。あるいは、民俗的自然認識とはそもそも、人間と自然を明確に対置させるような類のものではなかったと考えられるかもしれない。そのような近代的二分法では、個人と環境が相互に関連づけられる様態を捉えそこねてしまうからである。このように考えれば、宗教の進化図式のひとこまにアニミズムを置くことの誤りも明白となろう。つまりそれは、近代主義的個人概念と環境認知の普遍性を前提としているのである。そうではなく、タイラーが「原初的アニミズム」と命名した実践に内包されているのは、ある状況におかれたものごとが行為者 - 認知者といかなる関係性を持つか、その行為者 - 認知者の観点からいかに意味づけられるか、という関係論的認識論である（Bird-David 1999）。

同様に、スチュアート・ガスリーは、アニミズムは認知に根本的にそなわっており、正常な認知的ストラテジーを素地に持つものであると指摘する。この意味で、アニミズムは古い信仰でも誤った観念連合でもない。ただし高取正男が述べたように、幼児が雲を自動車や電車に見立てるような単純なやり方とも異なり、もう少しこみ入った経路をたどる。アニミズムにおいて対象化される霊的存在が生物か無生物かの確証が得られないとき、それを生きていると想定するのは、一つには「活化・動化（animation）」、いま一つは「擬人化（anthropomorphism）」という二つの作用である。これら二つの作用を促すのは、解釈としての認知、すなわち「〜として見る」という知覚である。この知覚は意味を求める行為であり、そして意味は一般的に、認知を組織化する度合いに一致する（Guthrie 1993）。多くの宗教において神格が人間のように見立てられるのは、自らを超越するものを理解しようとするからであり、前節の事例にあげたビサヤ地方の精霊観においても、「われわれのようでないもの（dili naton kaipon）」[*4] という名辞化からして、人間との連続性・類似性が端的に示されているといえよう。

ガスリーが前提としているのは、ウィトゲンシュタインのアスペクト論である。解釈としての認知という命題において、見ようによってはアヒルにもウサギにも見える有名なジャストロウ図形を示しながら、ウィトゲンシュタインは次のように述べる。「われわれはまたこの図形を、あるときはその一つのもの、あるときは別のものとして見ることができる。――それゆえ、われわれはこれを解釈しているのであり、自分たちが解釈するようにこれを見ているのである」（ウィトゲンシュタイン　一九七六〔一九五三〕：三八四）。視覚的知覚には「～を見る」と「～として見る」があり、ジャストロウ図形の長く突き出た部分を嘴と見るか耳と見るかによって、それがアヒルに見えるかウサギに見えるかが変化するのである。このアスペクト知覚は、見える人にとっては簡単であるが、見えない人にはいくらその図形がアヒル（あるいはウサギ）を示していることを言葉で説明しても無効である。民俗的自然認識の「見立て」の技法とは、このアスペクト知覚のことであるともいえる。

この点は、観察の理論負荷性とふかく関連している。観察の理論負荷性とは、観察が先行し、思考・分析という操作が後継するという継起序列を逆転させ（もしくは否定し）、観察・事実・データなどに対する理論や知識の認識論的先行性を主張する科学哲学上の概念である。つまり観察を行う際には、いかに見るかという前提がすでに用意されているということである。アスペクト知覚でもある「見立て」を成り立たせるのは、ある種の芝居や創作に参加することと同様であり、それらの文脈を理解することによって可能となるものである。あるいは文脈は、想像力によって創設・補完・転換されるものだといってもよい（野家　一九九三）。観察の理論負荷性は意味理解の文脈依存性に転換されうるから、アスペクト知覚は観察の理論負荷性のことでもあると同時に、意味と認知は両立的に獲得されるものであるというガスリーの指摘においても、とりわけ重要なのは「文脈」であるということになる。

ここにいたり、先にあげた問いの三つめ、主観の共同性の意味とは、意味理解のための文脈のことであったのだと一応の理解には達する。高取正男がいみじくも「フォークの論理」といったのは、文脈に依存する認知のことであり、この文脈に依拠してこそ、洞窟から霊的なものを感知したり、天候の運行から暦を読み下したりすることができるのである。ただしここで誤解してはならないのは、この「文脈」とは、「民俗」として客体化されてしまった段階のものではないということである。精霊の出現譚や民間暦が確定的に存在する以前の、自然環境にまつわる「生《なま》の」認知が出発点とならなければ、「文脈」がきわめて固定的に捉えられてしまい、自然認識からアニミズム的意味世界が生成する動態を捉えそこねてしまうのである。洞窟から霊威を感じ取れない者、自然の運行に暦の法則を見出すことができない者はアスペクト盲[*5]なのではなく、あらたなアスペクトを提起するポテンシャルを持っていると見るべきであろう。この点を、次節において掘り下げよう。

4 「信徒」と「フォーク」のあいだにあるもの——洞窟の多義性

じっさい、ビサヤの人々にとって、洞窟は多義性を帯びた空間である。第一にそれは死者の地下他界への通路であり、遺骸が埋葬されることもあった。同時にそれは呪術師が呪力を獲得する鍛錬の場でもあり、キリスト教的神聖性とは別の意味での霊力が見出される異空間でもあった。

民間治療者になるためには数段階の修行が必要とされるが、最終段階にロボスと呼ばれる最終試練（もしくは自分の獲得した能力の確認）がある。ロボスは、それをじっさいに経験した呪術師の語りから、いくつかのバリエーションが存在することがわかる（川田　二〇〇三：二一九—二二六）。たとえばバシリオという呪術師は、二二歳のとき、四旬節の金曜日に十字架の道行きの祈祷会が行われるごとに近隣村落の洞窟に入って修行した。四旬節は七週間続くので、合計七回入り、最後は聖週間の聖金曜日にあたった。洞窟のなかでは塗油治療に用いるオイルを作ったり、薬草を集めたりした。ロボスを完遂した呪術師とそうでない者とのちがいは勇敢さである。ロボスを終えた呪術師は「生きるか死ぬかの経験をする」わけなので、恐がることがなくなり、治療に用いるオラシオン（呪文）への信頼感も高まる。オラシオンへの信頼感が不足している呪術師は、それが効力を発揮するかどうかわからないので、ヘビなどにも恐怖を感じる。しかし実際は、ヘビは近づかなければ害は与えないし、たとえ近づいても自分のオラシオンはヘビを弱めることができることが実証されているので、恐れることはないという。

アルフォンという別の呪術師の場合、ヒガンテ島からレイテ島まで海底でつながった洞窟でロボスを行なった。この海底の地下道は健脚なら八日ほどで歩けるといわれているが、順調に行ってもすぐに洞窟から出ると、大気と陽光で視力を失う危険性があるため、洞窟のなかにしばらくとどまらなければならなかったという。洞窟のなかで頼りになるのはロウソクの明かりだけであるが、その数は一二〇本と定められていて、定数を精霊が要求するのだという。これは外の商店で買えるものではなく、一一〇本とか一一五本とか、足りないときは、中にあったものを使う。

さらにもうひとりの呪術師、ルイスの場合は洞窟ではなく、教会と墓地でロボスを行なった。彼は精霊から二年間の訓練を受けたという。精霊が毎日家にやってきて、常にいっしょに過ごし、治療行為などを行なっても金品は受け取らず訓練として行なったのである。その最後の段階として、精霊は彼のもとを去る前に、教会と墓地へ行ってロボスをするよう指示を与えた。それで夜八時から一二時までのあいだ、精霊が教えてくれた祈り（pangadye）を指定された場所で行い、それが終わると精霊は去って二度と現れることがなくなり、彼は単独で呪術師として活動するようになったという。

このようにロボスとは、バシリオの事例に典型的に示されているとおり、修行者がそれまで習得してきた技法を総括的に実演する機会である。この事例では、恐怖の象徴としてヘビのような不快な生物をあげ、それを克服するだけの質が自分の呪力に具わっているか否かを試すのがロボスだと説明されている。それと同時に、「生きるか死ぬかの経験をする」とか「視力を失う」といった、自分の身を危険にさらす場面であることが強調される。アルフォンの場合は、明／暗の対比と、それを媒介する精霊の存在が強調されている。暗所であり畏怖の対象である洞窟は、自らの獲得した呪力を高めるという利得も提供しているわけだが、その援助をしているのが精霊であるという。またルイスの場合は、洞窟ではなく教会と墓地へ行くよう指示された。教会と墓地の機能的相同性もさることながら、洞窟に教会と墓地のダブル・イメージが付加されていることも注目される。バシリオの語りにもキリスト教儀礼（四旬節や十字架の道行きなど）との関連が示唆されていたが、ここでは、洞窟と墓地が地下という共通項によって連動することを確認しておきたい。

民間治療者はある種突出した世界観を持っており、ビサヤ地方の生活感覚をすべて言い尽くしているとは言い難いという割引はしておかなければなるまい。しかしながら、山や洞窟、地下といった自然環境に対する人々の認識を反映していることは理解できる。そしてかような環境認知は、民間治療者ではない「ふつうの人々」にとっても、生活表現の一選択肢として確保されるのである。洞窟はあるときには危険な場所であり、あるいは死者の赴く他界であり、怖れや不吉な感情の対象となる。しかし同時に、恩恵的で畏敬の対象ともなる重要な場所でもある。

5 関係の「複数性」のためのアニミズム

これらの資料から読み取れることは、洞窟に付着する多義的なイメージである。洞窟はまず死者の赴く世界としての地下他界への入り口として想像される。同時に呪力の源泉として、[*6]畏怖の対象であると同時に薬効の保証を得られる場所でもある。しかし一方で、椀貸しの伝承に表象されるように、何らかの利得が得られる場所でもある。それに対してグアダルーペの聖母小聖堂が建設されカトリックの教理に回収される洞窟は、奇蹟が起きる神聖な場所としての意味を帯びる。フォーク・カトリシズム論に乗っ取ると、マリア・カカオのような精霊への観念が先行し、そのうえにカトリックの神観念が覆い被さることになるが、この事例に限っていえばむしろ逆で、カトリックにおける聖なる女神のイメージは、多義的に表象される洞窟のイメージを体現したマリア・カカオの一部をなすようになったと考える方が妥当であろう。

ここに、万物にやどる霊的存在への信仰という古典的アニミズム論から、「人／神」関係を「人／自然」関係（あるいはその逆）へと置換する思考装置としてのアニミズム論への転機が得られるだろう。既知の事象でもって未知なるものを類比したり推察したりするやり方は「具体の科学」とも呼ばれるが、人と自然の関係といい、人と超越的存在との関係といい、一対一に対応する法則的な関係を持ったものではない。むしろ両者は複雑に絡まり合い何重にも糾われた縄のようである。その糾える縄を解きほぐすとっかかりとして、アニミズムを関係の「複数性」という視点から見ていくというのが、本章で検討した方向性であった。

写真 1-3　洞窟小聖堂の礼拝に集う人びと

写真 1-4　グアダルーペ教区教会堂

アニミズムは人類学のはじまりとともに活発に議論され、いまでは下火になってしまった古い問題のように思われるが、現在でも、われわれがフィールドでひんぱんに出会うという意味では、決して決着のついた問題ではない。アニミズム論的な思考や哲学、またそれに根ざした実践に対面したとき、その思考と実践に深くインターヴェンションしていくために、本章で検討したことの一つは「主観の共同性」という民俗学からの視角であった。そしてそれは「主観の（許容範囲の）共同性」を意味していた。つまりある単一の関係論的認識は、「フォーク」というまとまりで完全に均質に共有されているわけではなく、各個人が別個に獲得する認識内容とその多様な表現形態を、ある程度の幅を持って受けとめるのが民俗世界のありようであった。ここまでがわかれば、民俗の伝承を、ある集団に均質に共有されたものとして探り当てることではなく、いったいどの範囲までの主観が許容されるのか、いかなる主観がどのような状況の下でより優勢に共同性をかちとるのかといった問いから共同性をふたたび捉え直す課題が浮上するはずである。

いま一つ、科学哲学を援用して「意味の文脈依存性」という論点を引き出した。こちらも補足語を継ぎ足してその意味するところを拡張するとすれば、「意味の（複数形の）文脈依存性」であった。文脈が複数であれば意味も複数になるので、この「複数形の」は、「意味」と「文脈」の両方にかかっている。三節の最後に、アニミズム的意味世界においてアスペクト盲は存在しないと指摘したのは、この意味であった。すなわちグアダルーペの洞窟の奇蹟譚のように、個々人が自然環境とのつきあいのなかから個別の経験を紡ぎ出し、それを読み込むことによって新たな意味が付与されると、文脈も豊かに膨らんでいくのである。したがってこの論点は、「主観の（許容範囲の）共同性」という主題とふかく結びついているのである。

アニミズムを発見する地点を最終ゴールとするのではなく、アニミズムから、人と自然の関係の複数性を読み解いていく端緒とするという立場が、これらから拓かれるのではなかろうか。

◆注

＊1　二〇〇〇年の統計によると、セブ市全体の人口七一万八八二一人に対して、グアダルーペの人口は四万五〇一二人、全体の六・二六%をしめるセブ市最大のバランガイである。なおバランガイとは、province（州）- city（市）- municipality（町）

の下位におかれるフィリピンの最小行政区分で、「村」と訳されることもある。グアダルーペの場合、「町」ではなく、セブ市広域都市圏（Metro Cebu）に直結するバランガイである。

＊2 グアダルーペ教区が発行する小冊子『グアダルーペの聖母に関する物語（Mga Kasaysayan sa Birhen sa Guadalupe）』による。なお、本文で触れたバリエーションのなかには、洞窟で最初に発見されたのは聖像ではなく聖画であったとするものもある。

＊3 教育・文化・スポーツ省が定型化したこの伝承の関恒樹による全訳を、筆者が要約した（関 二〇〇二）。この全訳では、アルガオ周辺の地名もすべて実名で入っており、地域的伝説であることがわかるが、固有名詞を入れ替えてビサヤ地方一帯でひろく語られている。

＊4 ビサヤ地方における精霊の名称は、複数の地方語を反映して、いくつかある。関一敏は、シキホール島における dili ingon nato という名称を採っている（関 一九九五）。また dili nato parehas という名称もある。「われわれと同じではない存在」という意味であり、いずれもフィリピン全般にみられるスペイン語から借用した「エンカント（engkanto）」という外来語表現を取り除くと、地方語表現として互いに近い意味がうかびあがる。

＊5 たとえばジャストロウ図形において、アヒルをあくまでもアヒルとしてしか知覚できず、ウサギとしても見るように見方を転換できない状態。

＊6 本文では diwata について霊的存在そのものとして言及したが、diwata にはもう一つ、精霊への供物という意味がある。このことばが熟語的に用いられるのは「洞窟への供物」という表現であり、これが「呪い」という意味になる用例を関一敏が紹介している（関 一九九五：五一）。洞窟へ何らかの捧げ物をすると邪術の効力を発揮するということは、民間治療者が呪力を獲得する以外に、洞窟そのものが呪力を発揮することが想像されていると考えてよいだろう。

◇参考文献

ウィトゲンシュタイン、L 一九七六（一九五三）『哲学探究』藤本隆志訳、大修館書店。

川田牧人 二〇〇三『祈りと祀りの日常知――フィリピン・ビサヤ地方バンタヤン島民族誌』九州大学出版会。

諸宗教委員会編 一九八五『祖先と死者についてのカトリック信者の手引』カトリック中央協議会。

関一敏　一九九五「われわれのようでないものたち――フィリピン・ビサヤ地方シキホール島の精霊譚をめぐって」『社会人類学年報』二一：二七―五三。
関恒樹　二〇〇二「マリア・カカオと黄金の船――フィリピン・ビサヤ海域社会における口頭伝承の生成」『史苑』六二（二）：六―二九。
タイラー、E・B　一九六二（一八七三）『原始文化』比屋根安定訳、誠信書房。
高取正男　一九九五（一九七五）『日本的思考の原型』平凡社ライブラリー。
野家啓一　一九九三『科学の解釈学』新曜社。
Bird-David, N. 1999. 'Animism' revisited: Personhood, Environment, and Relational Epistemology. *Current Anthropology* 40: 67-79.
Bulatao, J. 1966. *Split-Level Christianity*. Ateneo de Manila University Press.
Guthrie, S. 1993 *Faces in the Clouds: A New Theory of Religion*. Oxford.
Hislop, S. 1971. Anitism: A Survey of Religious Beliefs Native to the Philippines. *Asian Studies* 9(2): 144-156.
Jocano, L. 1981. *Folk Christianity: A Preliminary Study of Conversion and Patterning of Christian Experience in the Philippines*. Trinity Research Institute, Trinity College of Quezon City.
Lynch, F. 1975. Folk Catholicism in the Philippines. In Mary Racelis Hollnsteiner (ed.), *Society, Culture, and the Filipino*. Ateneo de Manila University Press.
Mojares, R.B. 2000. The Woman in the Cave: Genealogy of the Cebuano Virgin of Guadalupe. In Ushijima & Zayas (eds.), *Bisayan Knowledge, Movement & Identity: VMAS III, 1996-1999*. Quezon City: Third World Studies Center, University of the Philippines, pp.7-30.
Mojares, R.B. 2002. Stalking the Virgin. In *Waiting for Mariang Makiling: Essays in Philippine Cultural History*. Quezon City: Ateneo de Manila University Press, pp.140-170.
Wolf, E.R. 1958. The Virgin of Guadalupe: A Mexican National Symbol. *Journal of American Folklore* LXXI: 34-39.

読書案内

◆自然景観に対する畏怖と崇拝の観念があらわれた民俗事例についての詳細な紹介
野本寛一『神と自然の景観論』講談社学術文庫、二〇〇六年。

◆アニミズムに関して、日本から東南アジア（フィリピン）という比較的広い地域範囲を設定して比較研究をこころみたもの
村武精一『アニミズムの世界』吉川弘文館（歴史文化ライブラリー）、一九九七年。

◆本章でも引いた『日本的思考の原型』とともに、神道や仏教を受容する以前の日本的宗教観の視点から、死生観や霊魂観（アニミズム）を照らし出す
高取正男・橋本峰雄『宗教以前』ＮＨＫブックス、二〇〇四（一九六八）年。

◆シンクレティズム（宗教混淆）を既成のカテゴリーとしてではなく、生成プロセスとして問うために
Charles Stewart & Rosalind Shaw. *Syncretism/Anti-syncretism*. Routledge, 1994.

［第2章］かかわり合うことの悦び

大村敬一

1　大地とともにある悦び

「生業は一般的な意味での職業ではない。生業は生き方なのだ。生き方としての生業には、ハンターの指針となる具体的なルールとしきたりがある。そのような不文律が、環境との相関関係はどうであるべきかを教えてくれる。大地との関係を断ち切ってはならないように私たちは教えられている。イヌイトは自然摂理の一部にすぎないということを常に意識している。尊厳、敬意、そして相互の利害関係を守ることが行動の指針であり、環境的な倫理である」（当時イヌイト野生生物協会連合の幹部で、その後カナダのヌナヴト準州〔Nunavut Territory〕の初代総監〔Commissioner〕になったピーター・エグネック〔Peter Ernerk〕のことば〔Ernerk 1989: 23, Wenzel 1991: 157より引用〕、和訳はスチュアート〔一九九五〕に準じた）。

「大地は冷たく、広大である。それは荒野だ。容赦がない。無慈悲でさえある。しかし、大地は憩いの場（home）でもある。生命を育み、息づいている。血を流すことすらある。それは我々の母なる大地の一部である。それは美しい。それは私たちの文化を育む。私たちはその一部であり、それは私たちの一部である。我々は一つなのだ」(イヌイトの先住民運動のリーダーであり、「ヌナヴトの父」と呼ばれるジョン・アマゴアリク〔John Amagoalik〕のことば〔Amagoalik 2001: 9〕)。

「『大地とともにあって幸せなのか』と白人(*qallunaak*)から尋ねられたら、私は『大地とともにあってとても幸せだ』と告げるだろう。そこには動物がいて、何マイルにもわたってよく見渡せる。一見すると不毛にみえるが、そこを旅すれば動物を見ることができる。生きている動物を見ることはイヌイトにとって何よりもよろこばしい」(イグルーリクのハンターであるルイ・アリナルク〔Louis Alinaluk〕のことば〔Brody 1976: 195〕)。

右にあげた三つの引用は、カナダ極北圏の先住民であるイヌイトが、狩猟・漁撈・罠猟・採集からなる生業を通して紡ぐ、極北の環境と自らの関係について語ったことばである。

カナダ・イヌイトは、一九五〇年代から一九六〇年代にかけて、カナダ連邦政府の国民化政策のもと、季節周期的な移動生活から定住生活に移行させられて以来、社会・文化の全般にわたって急激な変化の波に洗われてきた。毛皮や彫刻などの販売や賃金労働を通して産業資本主義経済の世界システムに依存するようになり、学校教育、医療・福祉制度、法制度、貨幣制度などの浸透を通してカナダという近代国民国家へ統合され、マスメディアを通して流入するカナダ主流社会の消費文化の波にさらされてきたのである。その結果、季節周期的な移動生活をおくる自律的な「狩猟・採集民」という、かつて数々の民族誌やドキュメンタリー映画に描き出されてきたイヌイトのイメージは、現在のイヌイトの実像からほど遠いものとなってしまっている。今日のイヌイトは、オフィスや工場、工事現場、スーパーのレジなどで働き、セントラル・ヒーティング完備の住宅に住み、スノーモービルや四輪駆動バギー、船外機付き金属製ボートを駆使し、衛星テレビ放送やＤＶＤ、ファミコンに興じ、村のスーパーやコンピュータ・ネットワークの

写真 2-1　イヌイトの村
（カナダ、ヌナヴト準州、クガールク村）

写真 2-2　生協のスーパーで買い物をする
（岸上伸啓撮影）

通販で買い物を楽しむなど、私たちと変わらない高度消費社会に生きているのである。

　こうした状況にあっても、イヌイトの生業はその生活とアイデンティティを支える基盤としての重要性を失っていない。たしかに今日ではそのやり方は大きく変わってしまっており、多くのハンターは賃金労働と生業を兼業している。生業活動は高性能ライフルやスノーモービル、四輪駆動バギー、船外機付きの金属製ボートなどの装備によって高度に機械化されており、ガソリン代や弾薬費をはじめ、それら装備を調達して維持するための現金が必要だからである。しかしそれでもなお、生業は活発に実践されており、「生業をしないイヌイトはイヌイトではない」とまで言われる（大村　一九九八、スチュアート　一九九五、一九九六）。また、現金収入による加工食品の購入が一般化しているとはいえ、生業で得られる野生動物の肉はエスニック・アイデンティティを維持するのに必須の「真なる食物」（*niqinmarik* あるいは *niqituinnaq*）として愛好され、その肉の分配は社会関係を維持する要の一つとして機能し続けている（岸上　一九九五、一九九六、一九九八、スチュアート　一九九二、一九九五、一九九六、Wenzel 1991）。

このように今日のイヌイト社会においても生業が活発なのは、生業が生存のために資源を確保すること以上の意味を持っているからである。冒頭に引用したイヌイトの語りにあるように、イヌイトにとって生業とは単に生きるための糧を得る手段なのではない。極北の環境と密接な関係を取り結ぶことによって、環境と一体化して生きる幸せを実感しながら自らのアイデンティティを確認する実践である。だからこそ、過去半世紀にわたる社会・文化の変容によって生活のスタイルが大きく変化し、たとえ賃金労働だけで生活することが可能であったとしても、イヌイトは生業に熱心に取り組むのである。生業の実践を通した環境との密接な関係は、今日のイヌイト社会においても、イヌイトがイヌイトとして幸せに生きるための基盤であり続けているのである。

それでは、この生業の実践を通してイヌイトが紡ぎ上げる環境との関係とは、どのような関係なのだろうか。その関係を紡ぐイヌイトにとって環境とは何なのか。そもそも、生業を通して極北の環境と一体化するとは、どのようなことなのだろうか。そして、その一体化を通してイヌイトが経験する幸せとは、どのような経験なのだろうか。

この章では、イヌイトが生業の実践を通して育んできた環境に関する知識を読み解くことによって、これらの問いに答えながら人間と環境の関係について考え、環境のなかで生きるという経験から人間のあり方を考えるための視座を提示したい。

2 環境に関する伝統的知識——人間と環境のつきあいの一断面

イヌイトは「極北の科学者」の異名を持つ。環境の微妙な変化も見逃さない鋭い観察力、飽くなき好奇心、徹底した経験主義、厳密さと精確さへの執念、そして何よりも過去数世紀にわたる生業の実践を通して蓄積されてきた豊かな知識。これら知的な資質と所産に対する敬意が込められた呼称である。

イヌイトに限らず、世界のさまざまな先住民や在来の人々は、狩猟・漁撈・採集や農耕、牧畜など、多年にわたる生業の実践を通して、それぞれの環境を持続的に利用してゆくために、「野生の科学」とでも呼ぶべき知的所産を築き上げてきた。近年、こうした先住民や在来の人々の知的所産は、「環境に関する伝統的知識」(Traditional Environmental Knowledge) や「伝統的な生態学的知識」(Traditional Ecological Knowledge)、「在来の知識」(Indigenous Knowledge) という呼称のもと、多方面からの注目を集めている。「環境に関する伝統的知識」とは、先住民や在来の人々が多年にわたる環境との相互作用を通して培ってきた知識と信念と実践の複合体のことであり、[*1]「(人間を含む) 生命体相互の関係と生命体と環境の関係に関する累積された知識と実践と信念の総体であり、適応の過程で発達し、文化的な伝達によって世代を超えて伝えられる」(Berkes 1999: 8) と定義される。

かつて、この環境に関する伝統的知識は、近代科学よりも劣る「未開の科学」と見なされるにすぎなかった。しかし、一九八〇年代以来、数多くの民族誌的な研究が行われ、この知識と信念と実践の複合体が、幾世代にもわたる環境との密接な関係を通して育まれてきた智恵の宝庫であることが明らかになるにつれ、近代科学に主導されてきた環境開発の問題点を補う可能性が、この知識に期待されるようになってきた。生物多様性を維持し、持続可能な開発を可能にするための智恵としてのみならず、これまで従属的な立場に甘んじてきた先住民や在来の人々のエンパワーメントに貢献する智恵として注目されるようになっているのである (e.g., Battiste and Henderson 2000; Berkes 1999; Ellen, Parkes and Bicker eds. 2000; Maffi ed. 2001; Sefa Dei, Budd and Rosenberg eds. 2000; Sillitoe 1998)。

カナダ・イヌイトの環境に関する伝統的知識もこの例外ではない。一九七〇年代後半から進められてきた民族誌調査によって、イヌイトが環境に関する伝統的知識に基づいて、極北の環境と持続可能な共生的関係を築いてきたことが明らかにされてきた。そして、その伝統的知識が近代科学と異質でありつつも対等な妥当性と正当性を備えていることが示され、その知識に野生生物管理をはじめとする環境管理に貢献することが期待されるようになっている。[*2] 定量的、分析的、還元主義的、客観的、機械論的な近代科学が、自然を人間とは分離して捉える二元的な世界観に基づいているのに対し、イヌイトの環境に関する伝統的知識は定性的、全体論的、直感的、主観的、経験的、精神論的で、自然と人間を分離せずに一体的な全体として捉える一元的な世界観に基づいており、その世界観に沿って読解すれば、精確さや説明力の点で近代科学に勝るとも劣らないことが明らかになったのである。

このイヌイトの一元的な世界観では、「客人としての動物」(animal as guest)や「人間ではない人格(non-human person)としての動物」というルート・メタファーに基づいて野生生物は擬人化され、さまざまな野生生物種はそれぞれ同種ごとに社会を形成して人間と同じような社会生活を営んでいるとされる(e.g., Bodenhorn 1990; 1989; Fienup-Riordan 1990a; 1990b; 大村 二〇〇二a、二〇〇二b)。そして、人間の社会を含め、これら「人格」たちが同種ごとに形成する諸社会の間では、排他的な敵対関係や相互に助け合う互酬的関係など、異種間に社会間関係が結ばれていると説明される。こうした説明はたしかに、自然/人間の二元論に基づく近代科学から見れば、人間と野生生物の根元的差異を混同している荒唐無稽な「神話」にしか見えない。しかし、観察されるさまざまな現象についてイヌイトの説明と近代科学の説明を対照的に比較する研究が進むにつれ、イヌイトが社会間関係のメタファーで説明している現象が、実際にその通りであることが明らかにされたのである(*cf.*, Collings 1997; Freeman 1985; 1993; 大村 二〇〇二a、二〇〇二b)。

このように、イヌイトの環境に関する伝統的知識が、近代科学とは異なるかたちでとはいえ、環境で生じるさまざまな現象を精確に捉えていることは、今日でもイヌイトが生業の実践を通して極北の環境と密接な関係にあることを考えれば、それほど不思議なことではない。しかし、その環境に関する伝統的知識は、どうして近代科学とそれほどまでに異なってしまうのだろうか。次に、イヌイトがその知識を語る現場に分け入り、その特質を明らかにしながら、イヌイトが生業の実践を通して極北の環境と取り結ぶ関係のあり方について考えてゆこう。

3 経験の再演——環境についてのイヌイトの語り方

すでに別稿（大村 二〇〇三、二〇〇五、Omura 2005; 2007）でくわしく検討したように、イヌイトが環境に関する伝統的知識を語るやり方には、一つの大きな特徴がある。それは、環境に関して知っていることを一般化された情報としてではなく、その時その場で自らが環境と取り結んだ関係を再演する逸話のかたちで語ることである（*cf.* 大村 二〇〇五、Omura 2005; 2007）。

たとえば、私がナヴィゲーションの技法についてインタビューを行った際、隣村への訪問や生業活動のために広大なツンドラを安全かつ効率的に移動するためのルートを地形図に示すようにたのむと、イヌイトの古老や熟練ハンターは、いつも使っている一般的なルートではなく、かつて実際に自らが辿ったルートを一つ一つ示してくれた。しかも、そのルートを示す際に、以下に引用する逸話にあるように、あたかもそれぞれのルートを使った旅を地図上でもう一度再演するかのように、身振りを交えながら一回ごとの旅のありさまを再現したのである。[*3]

［［地図上でルートを辿りながら］ちょうどこの辺りで雪が溶けきり、このルートに沿って進んだ。どこで何回かは忘れてしまったけれども何度も宿営した。まだ川は流れ始めていなかったので、この川に沿ってこちらに向かった。この辺りにさしかかった時、四頭のカリブーを見つけた。こちらにカリブーは逃げた。［地図上で追跡の様子を辿りながら］そのカリブーを追跡し、この辺りで仕留めた。そして、亡き妻と干し肉を作った。（中略）［身振りと地図で地形的特徴を示しながら］この淵と川の湖口の間には浅瀬があり、そこでは川幅が狭くなり、水が濁っていた。この浅瀬は湖のようになっており、魚でいっぱいだった。［手で腰の辺りを指しながら］その浅瀬で腰から胸の辺りまで水に浸かりながら魚を獲った。［身振りで妻

との協働作業を示しながら〕川を下る魚が下流の湖に行かないように、亡き妻は湖口の手前に立ってヤスの柄で魚を追い立てた。追い立てられた魚に私がヤスを投げた。こうして沢山のマスと陸封ホッキョクイワナを獲った。どれも大物だった。（中略）ケッンゴックシュリエック湖での魚獲りを終えると、〔身振りで作業の様子を示しながら〕イヌをソリに繋ぐ綱を解き、それらを繋いで長くし、魚を干すための長いロープを作った。〔身振りで魚を干す作業を示しながら〕義理の兄弟と私はそのロープを魚のエラに次々と通し、そのロープを川の浅瀬に沿って張って魚を干した。ロープはとても長く、沢山の魚がロープに吊された。沢山の魚だった。とても楽しかった。当時は楽しかったものだ。いかに楽しかったか、よく憶えている。（中略）魚を干し終えた頃、氷も完全に解け、カリブーの毛が冬毛から夏毛に生え替わった。当時は、カリブーの毛が生え替わる間、いつも湖で魚を獲りながら春を過ごした。冬毛のままのカリブーの毛皮は衣類を作るのに適さないからだ。いつもケッンゴックシュリエック湖でカリブーの毛が生え替わるのを待った。毛が生え替わる頃に干し肉と干し魚を作り終え、夏のカリブー猟のためにこちらに向かった。もう毛皮が衣類にちょうどよい頃になったからだ。九月にトゥルッカーット山に直行した。（中略）〔地図上で場所を示しながら〕亡き従兄弟と義理の兄弟、母方の叔父がすでにこの辺りに来ており、私たちのテントを見つけ、川が凍り始めるとすぐに私たちを訪問してきた。彼らはペリー湾のクーガッグロアガーッグルク川から歩いてきたのだった。そこでは十分なカリブーを獲ることができなかったからだ。彼らは双眼鏡で私たちを見つけ、私たちを訪問してきたので一緒に宿営することになった。この辺りにいる間、私は沢山のカリブーを獲った。たしか二三頭だったと思う。私たちは沢山のカリブーを獲った。私がカリブーを獲ってくるといつも妻は骨髄を採った。カリブーを持ち帰る度、〔身振りで作業の様子を示しながら〕妻は骨を砕いて骨髄を採り出し、幼カリブーの胃に詰め込んだ。幼カリブーの胃が一杯になると、残りの骨髄は心臓の上

写真2-3　夏のツンドラでカリブーをしとめる

半分の心膜で作った袋に詰められた。（中略）その夏、私は沢山のカリブーを獲った。私たちはその獲ったカリブーの毛皮を巨大な岩と地面の隙間に貯蔵した。［身振りで地形的特徴を示しつつ作業の様子を示しながら］その巨岩の周囲に岩を積み重ねて貯蔵所を造り、三頭分の成獣の雄カリブーの毛皮で沢山の毛皮を包み、その貯蔵所に入れた」（大村　二〇〇五、［　］内は特徴的な身振りの要約）。

これは、イヌイトのある古老が、一九五〇年代の五年間にカリブー猟のために行った毎夏の旅について語った物語の要約の一部である。この物語では、毎夏に数ヶ月にわたって内陸部へ移動しながらカリブーの群れを探索し、最適な毛皮のカリブーの大群を発見して利用する様子が語られている。そして、その各所で、移動可能なルートの探索や移動の様子をはじめ、カリブーとの不意の遭遇、カリブーの追跡と捕獲、魚の豊富な湖での漁撈など、その時その場で環境と取り結んださまざまな関係が再現されている。この古老は、半世紀前の内陸カリブー猟の旅で五年間にわたって辿ったルートを二五万分の一の地形図上で年ごとに克明に辿りつつ、毎年ごとのルートの微細な差異を含め、その時々の狩猟や漁撈で環境と取り結んだ関係を、あたかももう一度その関係をやり直しているかのように、身振りをまじえながら、活き活きと再演したのである。

こうした語りの性格はこの古老が語った旅の物語に限られることではない。ホッキョクグマやアザラシなど、さまざまな野生生物についての語りでも、次に引用するホッキョクグマとの遭遇の逸話に代表されるように、自らが、あるいは誰かがそれら野生生物と遭遇して交わし合ったやりとりを、あたかも目の前に相手の野生生物がいるかのように身振りを交えて再演する傾向にあった（*cf.* Omura 2007）。

「去年、アザラシを獲ってソリに括りつけていると、ホッキョクグマが私に向かって走ってきた。スノーモービルのエンジンをつけたままだったので、運良く逃げられた。しかし、このホッキョクグマは私を追跡してきた。しばらくして、もうその姿が見えなくなったので、イグリヴィガクトグヴィク島でソリをアザラシごとおいて、別の場所でアザラシ猟をはじめた。そこでは何も獲れず、ソリのところに戻ると、追いついてきたホッキョクグマが、ソリに括りつけたアザラシを食べていた。私に気づいたホッキョクグマは、アザラシをソリごとくわえて持ち上げ、うなった。ものすごい力で恐ろしかった。ホッキョクグマが逃げずにアザラシをまた食べはじめたのでホッキョクグマを撃つと、アザラシのうえに倒れて死んだ。飢えたメスの成獣で、解体するとほとんど脂がなかった。この時は、後ろから襲われるのではなく、前からホッキョクグマと遭遇したので好運だった。その後、アザラシ猟にもどると、氷のうえにキツネのようなものがいた。近づいてみるとホッキョクグマがアザラシを食べていた。立ち上がって逃げたので、追跡して獲った」（大村　二〇〇七、Omura 2007）。

写真 2-4　真冬の海氷上でアザラシ猟をする

こうした傾向は私がインタビューした数人のハンター全般に見られ、イヌイトの地図について分析を行ったランドストーム（Rundstorm 1990）によっても指摘されている。イヌイトは探検家や人類学者の求めに応じて、海岸線や河川などの地形的特徴を細部まで再現する精確な地図を描いたことでよく知られている（e.g. 大村　二〇〇六、Rundstorm 1990; Spink and Moodie 1972）。ランドストームは、こうした地図が、狩猟や旅の後にハンターが身振りを交えながらその経験を再演する習慣の延長線上にあることを指摘している。そうした再演が紙の上で展開された結果が、今日残されている精確な地図なのである。イヌイトが描いた精確な地図は、イヌイトの間に、日々、狩猟や旅で自らが環境と取り結んだ関係を物語のかたちで再演する習慣があることを物語っているのである。

4 アフォーダンスを現実化する過程——環境についてイヌイトが知っていること

このようなイヌイトの語り方の特徴は、そこで語られている知識の内容の特徴と深い関係にある。その特徴とは、イヌイトの知識は、イヌイト個人から切り離されたホッキョクグマそれ自体や地形それ自体など、環境のさまざまな要素それ自体についての情報なのではないということである。むしろ、イヌイトが知っているのは、生態心理学者のリード（二〇〇〇）がいうところの「エコロジカルな情報」を環境に探索しつつ、その探索を通して拾い上げた情報から環境内の「アフォーダンス」を察知し、そのアフォーダンスを引き出す過程で、イヌイト個人が環境と実際に取り結んだ無数の具体的な関係である（*cf.* Omura 2007）。

「アフォーダンス」とは、ある生物がその活動の調整を通してその環境と適切な関係を切り結ぶことによって利用することのできる実在の潜在的資源であり（リード　二〇〇〇：三五―三七）、「エコロジカルな情報」とは、そのアフォーダンスを特定するために生物が利用することができる情報のことである（リード　二〇〇〇：九八―九九）。環境内の潜在的資源としてのアフォーダンスは、個々の生物によって実際に利用されていないときにも、その生物から独立して環境のなかに潜在的に実在する。しかし、それが実現され、「歩くこと、噛みつくこと、噛み砕くこと、突き刺すこと、掘ること、そしてこれらのさまざまな組み合わせやその他の行動」（リード　二〇〇〇：七九）のなかで個々の生物によって活用されるためには、その生物がエコロジカルな情報に依拠して自らの活動を調整しつつ、環境と適切にかかわらなければならない。

たとえば、ホッキョクグマはその本質として、人間と関係を切り結ぼうと結ぶまいと、人間が見たり、追跡したり、射撃したり、食べたり、衣服やさまざまな道具を作ったりすることを人間に潜在的に許容（アフォード）する。これら、ホッキョクグマが本質的に人間に許容することが、人間にとってのホッキョクグマのアフォーダンスである。しかし、このアフォーダンスは、先に引用したホッキョクグマの逸話にあるように、あるホッキョクグマと遭遇したある人間が、狩猟の実践を通して自らの行動を適切に調整し、そのホッキョクグマと適切な関係に、たとえば「ハンター／獲物」という自他関係に入らなければ実現されない。そのアフォーダンスを実現する適切な関係に入り損ねれば、そのアフォーダンスは潜在的なままであり、誤って逆に「獲物／ハンター」という自他関係に入ってしまえば、その人間はホッキョクグマに食べることを許容（アフォード）してしまうことになる。つまり、アフォーダンスは環境に常にすでに潜在的資源として実在してはいるが、それを実現して活用するためには、その生物が自らの行動を適切に調整して、その環境の要素と適切にかかわらなければならないのである。

イヌイトが環境に関して知っているのはもっぱら、このアフォーダンスを実現するためにイヌイト個人が環境と取り結んだ具体的な個々の関係であって、その関係から切り離された環境それ自体についての情報ではない。たとえば、ホッキョクグマに関する知識であれば、イヌイトが知っていることは、近代生物学や生態学が、人間との関係から切り離された独立の存在として描き出すようなホッキョクグマの生態ではない。むしろ、先にあげたホッキョクグマの逸話に典型的に見られるように、ホッキョクグマの潜在的なアフォーダンスを現実化する過程で、ホッキョクグマと交わし合ったやりとりをはじめ、これまでに誰かが具体的な時と場でホッキョクグマと取り結んだ実際の関係である。その知識では、野生動物との相互行為の逸話ではもちろんのこと、たとえ野生動物が何かをしているのを見たという逸話の場合であっても、野生動物はアフォーダンスを現実化しようとする個々の人間とのその時その場でのかかわりのなかで把握されているのである（*cf.* Omura 2007）。

この特徴が最も鮮明に現れているのが、先に引用した旅の物語である。この物語は、すでに別稿（Omura 2007）でくわしく検討したように、その物語を語った古老が環境を動き回りながら、そこに潜在するアフォーダンスの存在（カリブーや魚など）を知らせるエコロジカルな情報を探索しつつ、そのエコロジカルな情報をうまく拾い出しては、自己の活動を調整して環境のアフォーダンスを現実化する具体的な過程（個々の狩猟・漁撈活動）を再演することに終始している。そもそも、この物語で再演されている旅は、内陸部に群れで散在するカリブーを探索して獲ることを目的としており、物語の大きな筋自体が、数ヶ月にわたって内陸部へ移動しながら、カリブーの群れを示すエコロジカルな情報を探索し、最適な毛皮のカリブーの大群というアフォーダンスを発見して利用する物語になっている。そして、その大きな筋の各所で、移動可能なルートの探索と移動、カリブーとの不意の遭遇、カリブーの存在を示すエコロジカルな情報を使った追跡と捕獲、魚のいる湖での漁撈など、その時その場でのアフォーダンスの発見と利用が繰り返されている。

さらに、この物語では、より複雑なプロセスを経るアフォーダンスの利用や制作についても語られている。それは、カリブーの肉や骨髄、毛皮、魚を処理して貯蔵したり、他のハンティング・パーティと交渉したりするといった活動である。獲物の処理や貯蔵も、道具の制作や使用、場所の変形などが「（さまざまな物や場所、事象を）発見し、組み合わせることによって、みずからが利用する必要のあるアフォーダンス、あるいは利用したいアフォーダンスをつくりだす」（リード　二〇〇〇：二四六）ことであるのと同様、岩や日光などのアフォーダンスを利用しながら野生生物の身体を変形し、貯蔵したり持ち運んだりするための新たなアフォーダンスを作り出すことである。また、語り手から見た他の人間も、語り手の環境のなかにあって、語り手との社会関係に基づいた役割を潜在化している資源であり、社会的な活動も環境の潜在的なアフォーダンスを引き出す活動にほかならない。

興味深いのは、この物語の各所で、環境に潜在しているアフォーダンスを引き出して利用したり、新たなアフォーダンスを作り出したりするための巧みな智恵が示されていることである。たとえば、そこでは、湖と淵の間の浅瀬の潜在的なアフォーダンスが引き出され、そのアフォーダンスがヤナとして利用されたり、いくつかのイヌゾリのハーネスに「繋ぐ」という変形を加えることで、魚干し用のロープという新しいアフォーダンスが作り出されたり、巨大な岩と地面の隙間の潜在的なアフォーダンスを引き出しつつ、それに周囲の岩を組み合わせ、貯蔵庫という新たなアフォーダンスが作り出されたりしている。この物語は、環境に潜在しているアフォーダンスをうまく引き出したり、それらのアフォーダンスを巧みに組み合わせて、新たなアフォーダンスを生み出したりするための智恵で埋め尽くされているのである。

このように、イヌイトが環境について知っていることが、環境のアフォーダンスを現実化する過程で個々のイヌイトが環境のさまざまな要素と取り結んだ具体的な関係であって、その関係から切り離された環境それ自体の情報ではないのであれば、イヌイトの環境に関する知識の語り方が、実際に環境と取り結んだ関係の再演となるのも不思議なことではない。もし、イヌイトが知っていることが、イヌイトとの関係から切り離された環境それ自体の情報であるならば、近代生物学や生態学の知識のように、環境それ自体の特徴を自己との関係から切り離し、一般化して示せばすむだろう。しかし、イヌイトの知識は、潜在的なアフォーダンスを現実化するために、自らの行動を調整して環境と関係を取り結ぶための適切なやり方なのだから、そこからイヌイト自身の経験を切り離すわけにはいかない。アフォーダンスを現実化するための智恵としてあるイヌイトの知識では、イヌイト自身が環境と関係を交わす具体的な過程こそが枢要なのである。

5　関係から開示される諸本質——知ること、かかわり合うこと、イヌイトになること

もはや、これまでに検討してきたことから、イヌイトの環境に関する知識が、先に紹介したような特徴を示す理由は明らかだろう。イヌイトの環境に関する伝統的知識には、次のような特徴が指摘されてきた。すなわち、定性的、

直感的、倫理的、主観的、経験的、全体論的、コンテキスト依存的で、万物を擬人化する精神論的な説明原理に基づいており、その形成に時間がかかるが、柔軟性に富み、空間的に限定された地域での長期間の環境の変化にくわしいという特徴である。これらの特徴は、その知識が環境に潜在するアフォーダンスを現実化するための智恵であることの、必然的な帰結として生じてくる。

まず、イヌイトが知っていることが、アフォーダンスを現実化するために個々のイヌイトが環境と関係を交わす具体的な過程であるならば、その知識が主観的で経験的になり、実際に生業活動が行われてきたテリトリーでの長い経験に支えられて、その環境の長期間の変化にくわしいものとなるのは当然である。また、潜在的なアフォーダンスを現実化するにふさわしい関係を環境と取り結ぶためには、先に引用したホッキョクグマの逸話や旅の物語に典型的に見られるように、その時々に異なる環境の表情からアフォーダンスの徴候となるエコロジカルな情報を鋭敏に読み取り、その時々の状況に適合するように自らの行動を巧みに調整してゆかねばならない。そのためには、その時々に異なる環境の定性的な表情を全体として直観的に把握し、刻々と変化する状況にあわせて自らの行動を柔軟に調整することが肝要となる。イヌイトの知識が定性的、直感的、全体論的、コンテキスト依存的で、柔軟性に富むのは、このためである。

さらに、そこで示されているのが、アフォーダンスを現実化するためにイヌイトが環境と取り結ぶ関係であって、イヌイトから切り離された環境それ自体ではないことを考えれば、イヌイトの知識が倫理的になるのも不思議なことではない。環境を自らから切り離された存在として考え、その後に自らとの関係について考えるならば、環境それ自体についての知識から、環境との関係にかかわる倫理を分けて考えることができる。しかし、まず自らとの関係から環境を捉えるならば、環境それ自体と環境との関係を分けることはできない。むしろ、環境といかにかかわるべきなのかという倫理がまずあって、その結果として環境のあり方がその倫理に応じて開示されるのである。

このようにイヌイトと環境の関係を出発点とするイヌイトの知識にあっては、環境は常にすでにイヌイトとの関係を通して立ち現れるため、「人間／自然」という分割はそもそも意味をなさない。先に見たように、潜在的なアフォーダンスを現実化しようとするイヌイト個人から見れば、他のイヌイトも「自然」のさまざまな要素もその個人の環境である。そして、イヌイト同士の間で社会関係を築くことも、「自然」の要素と生態的な関係を築くことも、自らの行動を調整して相手と適切な関係に入り、環境の潜在的なアフォーダンスを現実化するという点で等価である。関係から出発するイヌイトの知識では、「人間」も「自然」もイヌイト個人とのかかわりから開示されるのであって、世界はそのかかわりを基点に一元的に把握されるのである。

この意味で、インゴールド（Ingold 2000）が指摘しているように、イヌイトの知識が万物を擬人化して世界を精神論的な原理で説明するという言い方は適切ではない。擬人化は、「人間／自然」という分割を前提に、「自然」の現象に「人間」の現象を投影するメタファーのことを意味している（*cf.* Bird-David 1990; レイコフ&ジョンソン 一九八六、二〇〇四）。しかし、イヌイトの知識では、そのような投射が行われているわけではなく、どちらの現象もイヌイト個人とのかかわりを基点に開示されるのである。むしろ、こうしたイヌイトの知識のあり方は、関係によって本質が開示されるという意味で、関係に先立って「人間／自然」の分割が本質規定される擬人化、あるいはメタファーとは対照的である。したがって、この対照性をはっきりさせるために、関係に先立つ本質規定を基点とする擬人化は本質主義と、関係が本質を開示するという考え方を基点とするイヌイトの知識は関係主義と呼ばれるべきだろう。

もちろん、このように関係を基点とするからといって、イヌイトの知識が環境の本質を捉えていないわけではない。イヌイトの知識では、イヌイトが環境と実際にかかわった出来事を通して、その時その場での環境の本質がアフォーダンスとして開示される。しかし、その関係を通して開示される本質は、関係に先立って本質が規定される本質主義でのように、イヌイトと環境のかかわりという出来事とは独立に真で、永遠に不変であるわけではない。関係によって開示される本質は、その時その場でのイヌイトとのやりとりごとに特異で、出来事ごとに多様な複数形の本質である。この意味で、関係によって開示される環境の諸本質は、それぞれの出来事でイヌイトが環境と交わす関係に応じて相対的であり、その関係を軸に、その時々のイヌイトのあり方と対になっているのである。

したがって、イヌイトの関係主義的な知識では、知られる環境の本質のみならず、知るイヌイトの本質も、その時々の関係のあり方に相対的なものとなる。それどころか、イヌイトは環境の本質をそのアフォーダンスとして現実化して知るために、自らの行動をその時々の環境の様相に合わせて調整しながら、そのアフォーダンスに適切な関係を環境と取り結ばねばならないため、むしろ積極的に自らを変えてゆかなくてはならない。イヌイトの関係主義的な知識においては、環境について知ることは、潜在的に多様な可能性を秘めた環境から、その時々の出来事に固有な本質としてのアフォーダンスを現実化するのみならず、そのアフォーダンスにふさわしい関係を環境と取り結ぶために、自らに潜在している多様な可能性を現実化し、自ら変わってゆくことでもあるのである。

もちろん、環境について知ることを通して変わってゆくのはイヌイトだけではない。先に引用した旅の物語にあるように、イヌイトが環境の諸本質としてのアフォーダンスを引き出して活用したり、新たに作り出したりする過程で、環境にも手が加えられ変えられてゆく。そのため、環境には、次に引用するイヌイトのイホックトックという場所の説明にあるように、そのかかわりの対としてのイヌイトの姿が刻印されてゆくことになる。

「そこ（イホックトック）は父のお気に入りの猟場の一つだった。彼はその場所が好きだったのだ。彼はそこで魚を獲り、そこからアザラシ猟に出かけた。でも、カリブーは獲らなかった。魚とアザラシだけだ。そこからはクーク川が近かったので、彼はよくクーク川にも魚を獲りに行った。（中略）そこは本当に素晴らしい場所だった。美しい場所だった。父と母はいつもそこにいた。いつもそこにキャンプを設営した。だから、そこでは、今でも両親のキャンプの跡を見ることができる。それは美しい。そこへ行ってそのキャンプ跡を見るといつも、私は両親のことを思い出す。そこでは今でも、二人が造った岩製貯蔵庫、テント・リング、魚干し用の石柱列、カリブーの肉の干し台、魚干し台、魚頭を発酵させる岩製貯蔵庫を見ることができる」(大村 二〇〇七、Omura 2007)。

ここで語られているように、イヌイトが環境について知る過程で、自らの潜在的な可能性を開きながらかかわり合い、その潜在的なアフォーダンスを現実化してゆく環境は、イヌイトから切り離された「自然」ではない。それは、先人と環境のかかわり合いがすでに常に刻み込まれた「大地」なのである。この意味で、「大地」とかかわり合いながら「大地」を知ってゆくことは、極北の生態系とイヌイト社会を「大地」という一つの生活世界に織り上げてゆく営みに参加し、そこに新たな可能性を開きつつ、その可能性にふさわしいように自らを象ってゆくこと、すなわち生態=社会的な「大地」と共にあるイヌイトになってゆくことなのである。

写真2-5 川に造営されたヤナで魚を獲る
(スチュアート ヘンリ撮影)

6 かかわり合うことの悦び——「人間(社会)/自然」の二元論を超えるために

いまや私たちは、本章の冒頭で提示した問いに次のように答えることができる。

イヌイトにとって環境は、人間と切り離された「自然」を指すのではない。生業の実践を通してイヌイトがかかわり合いながら知ってゆく「大地」は、生態系とイヌイトの社会が分かちがたく編み込まれた生態＝社会環境なのである。そして、その「大地」と関係を取り結ぶということは、生態的であると同時に社会的なかかわりに参加しながら、「大地」と共にあるイヌイトになってゆくということである。この意味で、生業はたしかに生存のための資源を確保すること以上の意味を持っている。イヌイトにとって生業の実践とは、「大地」とかかわり合いながら「大地」と自らの潜在的可能性を開いてゆくことであり、「大地」と一体になったイヌイトとして、絶え間なく新たな可能性に向かって生成し続けることなのである。だからこそ、冒頭にあげたアマゴアリクのことばにあるように、イヌイトにとって自己と「大地」は一つなのであり、「私は私であり、環境である」（Stairs and Wenzel 1992）ということになるのである。

そして、このように生業の実践が「大地」と一体化してゆくことであるならば、この生業の実践には、自己の地平が拡大されてゆく解放の経験が伴っているに違いない。ちょうど優れた運転者が操る機械を自らの身体の一部のように感じ、卓越した球技の選手が放った球を自らの身体の延長線上に感じるように、生業の実践のなかにあるイヌイトには、その実践の最中に交わされる関係を通して、自らが生態＝社会環境としての「大地」に浸透してゆく経験が感じられているはずである。そこでは、それぞれに特異な生を歌う自己と生態＝社会環境の旋律が出会い、即興で応え合い、共鳴し、新たな旋律を生み出しつつ、相互に絡み合って「大地」という壮大なシンフォニーの流れが紡ぎ出されてゆく。世は音に満ちて、音は世に満たされる。このように自己と「大地」が共に相互的に拡大して浸透してゆく経験こそ、イヌイトが生業の実践で「大地」と共にあることを通して実感する悦びと幸せなのである。

このような意味で、イヌイトが生業で実感する悦びと幸せは、イヌイトの生業を根底で動機づけて駆動する感情なのであって、生業の実践の結果として喚起される付随的な感情なのではない。イヌイトは何よりもまず、自らが「大地」と共にある悦びと幸せを実感するために生業を実践し、その実践のなかで、「大地」と共にあるイヌイトとして自己実現する悦びと幸せを味わうのであり、イヌイトとしての悦びと幸せは、生業を実践することそれ自体と一体となっているのである。そして、冒頭のエグネックのことばにあるように、イヌイトの生業はイヌイトの生き方そのものでもあるのだから、社会・文化・政治・経済のすべてを包み込むイヌイトの生のあり方すべては、この悦びと幸せの実感に根源的に支えられているに違いない。イヌイトが生業の実践を通して実感する「大地」と共にある悦びと幸せこそ、イヌイトが十全に生きることのはじまりであり、終わりなのである。

こうしたイヌイトの生き方としての生業が教えてくれるのは、かかわり合うことそれ自体にある悦びと幸せこそが、生のあり方を開示するということである。はじめに「人間（社会）」と「環境」という画然とした圏域があって、その圏域の間に関係が橋渡しされ、その結果として感情が喚起されるのではない。かかわり合うことそれ自体のなかで、私やあなた、あるいはその環境をなすさまざまな存在者が、感情を持つ存在として立ち現れるのである。こうしたかかわり合いとともに立ち現れる感情に立ち返ること。これこそ、「人間（社会）／自然」の二元論を超えて、環境のなかで生きるという経験から、環境との関係はもちろんのこと、社会関係、政治・経済的な関係を含め、私たちの生の成り立ちを理解するための出発点とならなければならない。

◆注

＊1　環境に関する伝統的知識には、人間の頭のなかに蓄積され、客観的に検証することができると仮定されている情報としての知識だけではなく、その知識に基づいて展開される生業活動などの実践、客観的に検証することができない主観的な信念が含まれる。この定義の詳細と学史については別稿（大村　二〇〇二a、二〇〇二b）で紹介したので参照願いたい。

＊2　イヌイトの環境に関する伝統的知識の研究は無数にあり、ここに列挙すると煩雑になるため省略した。その学史については別稿（大村　二〇〇二a、二〇〇二b、Omura 2007）にまとめたので参照願いたい。

＊3　現在、クガールク村で話されている言語はアグビリグユアク下位方言（Arvilirjuak subdialect）と呼ばれるイヌイト語の下位方言である。この下位方言は西カナダ・イヌイト語集団（West Canadian Inuktun Group）に含まれるナチリク方言（Natslingmiutut dialect）の下位方言であり、この西カナダ・イヌイト語集団は、エスキモー・アリュート語族（Eskimo-Aleut family）の一言語であるイヌイト語（Inuit language）のなかの一方言集団である（Dorais 1990）。イヌイト語は膠着語であり、一語一文を基本とする。一語は語幹にいくつもの形態素が繋げられることによって形成される。アグビリグユアク下位方言の音韻体系とその表記法については拙稿（Omura 1998）を参照願いたい。本章では、このイヌイト語の語りを多数取り上げているが、直訳するとあまりにも長くなってしまうため、その要約を示すにとどめた。なお、本章で要旨を提示した古老の語りは、イヌイト語／英語のバイリンガルの助手の補助を受けたフォーマルなインタビューから採られたものである。これらのインタビューはデジタル・ビデオに記録され、イヌイト語の語りは一語一語書き下ろされて一語ずつに英訳と和訳が付けられた。その作業はイヌイト語／英語のバイリンガルの助手の補佐のもとで私が行った。

◇参考文献

大村敬一　一九九八「カナダ・イヌイトの日常生活における自己イメージ――〈イヌイトのやり方〉の〈戦術〉」『民族学研究』六三（二）：一六〇―一七〇。

大村敬一　二〇〇二a「〈伝統的な生態学的知識〉という名の神話を超えて――交差点としての民族誌の提言」『国立民族学博物館研究報告』二六（四）：二五―一二〇。

大村敬一　二〇〇二b「カナダ極北地域における知識をめぐる抗争――共同管理におけるイデオロギーの相克」秋道智彌・岸上伸啓編『紛争の海』人文書院、一四九―一六七頁。

大村敬一　二〇〇三「近代科学に抗する科学」『社会人類学年報』二九：一―四二。

大村敬一　二〇〇五「差異の反復――カナダ・イヌイトの実践知にみる記憶と身体」『文化人類学』七〇（二）：二四七―二七〇。

大村敬一　二〇〇六「旅の物語のタペストリー――イヌイトの地図とナヴィゲーションにみる環境観」『環北太平洋の民族と文化』北海道大学出版会、二四六―二六四頁。

大村敬一　二〇〇七「生活世界の資源としての身体――カナダ・イヌイトの生業にみる身体資源の構築と共有」菅原和孝編『資源人類学第九巻　身体資源の共有』弘文堂、五九―八八頁。

岸上伸啓　一九九六「カナダ極北地域における社会変化の特質について」スチュアート　ヘンリ編『採集狩猟民の現在』言叢社、一三—五二頁。
岸上伸啓　一九九八『極北の民——カナダ・イヌイット』弘文堂。
スチュアート　ヘンリ　一九九二「定住と生業——ネツリック・イヌイットの伝統的生業活動と食生活にみる継承と変化」『第六回北方民族文化シンポジウム報告書』北海道立北方民族博物館、七五—八七頁。
スチュアート　ヘンリ　一九九五「現代のネツリック・イヌイット社会における生業活動」『第九回北方民族文化シンポジウム報告書』北海道立北方民族博物館、三七—六七頁。
スチュアート　ヘンリ　一九九六「現在の採集狩猟民にとっての生業活動の意義——民族と民族学者の自己提示言説をめぐって」スチュアート　ヘンリ編『採集狩猟民の現在』言叢社、一二五—一五四頁。
リード、E・S　二〇〇〇『アフォーダンスの心理学——生態心理学への道』細田直哉訳、新曜社。
レイコフ、G／ジョンソン、M　一九八六『レトリックと人生』渡部昇一・楠瀬淳三・下谷和幸訳、大修館書店。
レイコフ、G／ジョンソン、M　二〇〇四『肉中の哲学』計見一雄訳、哲学書房。
Amagoalik, J. 2001. What Is This Land? In H-L. Blohm (ed.), *The Voices of the Natives*. Penumbra Press, pp.9-10.
Battiste, M. and J. Henderson 2000. *Protecting Indigenous Knowledge and Heritage*. Saskatoon: Purich Publishing Ltd.
Berkes, F. 1999. *Sacred Ecology*. Philadelphia: Taylor and Francis.
Bird-David, N. 1990. The Giving Environment: Another Perspective on the Economic System of Gatherer-hunters. *Current Anthropology* 31: 189-196.
Bodenhorn, B. 1989. *The Animals Come to Me, They Know I Share: Inuipiaq Kinship, Changing Economic Relations and Enduring World Views on Alaska's North Slope*. Ph. D thesis, Cambridge University.
Bodenhorn, B. 1990. I Am Not the Great Hunter, My Wife Is. *Etudes/Inuit/Studies* 14(2): 55-74.
Brody, H. 1976. Land Occupancy: Inuit Perceptions. In M.M.R. Freeman (ed.), *Report: Inuit Land Use and Occupancy Project* Vol.1. Ottawa: Department of Indian and Northern Affairs, pp.185-242.

Collings, P. 1997. Subsistence Hunting and Wildlife Management in the Central Canadian Arctic. *Arctic Anthropology* 34(1): 41-56.

Dorais, L-J. 1990. *Inuit Uqausiqatigiit: Inuit Languages and Dialects*. Iqaluit: Arctic College.

Ellen, R., P. Parkes and A. Bicker eds. 2000. *Indigenous Environmental Knowledge and Its Transformations: Critical Anthropological Perspectives*. London and New York: Routledge.

Ernerk, P. 1989. Presentation in the Session 'Environmental Ethics and Wildlife Harvesting'. In R. Keith and A. Saunders (eds.), *A Question of Rights: Northern Wildlife Management and the Anti-Harvest Movement*. Ottawa: Canadian Arctic Resources Committee, pp.22-25.

Fienup-Riordan, A. 1990a. *Eskimo Essays*. New Brunswick: Rutgers University Press.

Fienup-Riordan, A. 1990b. Introduction: Eskimo Iconography and Symbolism. *Etudes/Inuit/Studies* 14(1-2): 7-22.

Freeman, M.M.R. 1985. Appeal to Tradition: Different Perspectives on Arctic Wildlife Management. In J. Brosted, J. Dahl, A. Gray, H.C. Gullov, G. Henriksen, J.B. Jorgensen and I. Kleivan (eds.), *Native Power: The Quest for Autonomy and Nationhood of Indigenous Peoples*. Bergen, Oslo, Stavanger, Tromso: Universitetsforlaget as, pp.265-281.

Freeman, M.M.R. 1993. Traditional Land Users as a Legitimate Source of Environmental Expertise. In N. Williams and G. Baines (eds.), *Traditional Ecological Knowledge: Wisdom for Sustainable Development*. Canberra: Center for Resource and Environmental Studies, Australian National University, pp.153-161.

Ingold, T. 2000. *The Perception of the Environment*. London and New York: Routledge.

Maffi, L. ed. 2001. *On Biological Diversity: Linking Language, Knowledge, and the Environment*. Washington and London: Smithsonian Institution Press.

Omura, K. 1998. A Research Note on the Color Terminology System in Natsilingmiut Dialect of Inuktitut. *Etudes/Inuit/Studies* 22(1): 123-138.

Omura, K. 2005. Science against Modern Science: The Socio-political Construction of Otherness in Inuit TEK (Traditional Ecological Knowledge). In N. Kishigami and J. Savelle (eds.), *Indigenous Use and Management of Marine Resources*. (Senri

Ethnological Studies 67) Osaka: National Museum of Ethnology, pp.323-344.
Omura, K. 2007. From Knowledge to Poetics: The Sophia of Anti-essentialistic Essentialism in Inuit Traditional Environmental Knowledge. *Japanese Review of Cultural Anthropology* 8: 27-50.
Rundstorm, R. A. 1990. A Cultural Interpretation of Inuit Map Accuracy. *Geographical Review* 80(2): 155-168.
Sefa Dei, G., H. Budd and D. Rosenberg eds. 2000. *Indigenous Knowledge in Global Contexts: Multiple Readings of Our World.* Toronto: University Toronto Press.
Sillitoe, P. 1998. The Development of Indigenous Knowledge: A New Applied Anthropology. *Current Anthropology* 39(2): 223-252.
Spink, J. and D. W. Moodie 1972. *Eskimo Maps* (Cartographica Monograph 5). Toronto: University of Toronto Press.
Stairs, A. and G. Wenzel 1992. I am I and the Environment. *Journal of Indigenous Studie*s 3(1):1-12.
Wenzel, G. 1991. *Animal Rights, Human Rights.* Toronto: University of Toronto Press.

読書案内

◆アフォーダンスの視点から人間と環境の関係をとらえなおし、「人間／自然」の二元論を超えるための指針となる生態心理学の著作
リード、E・S『アフォーダンスの心理学――生態心理学への道』細田直哉訳、新曜社、二〇〇〇年。

◆アフォーダンスという考え方をわかりやすく解説し、その可能性について論じた野心的な著書
三嶋博之『エコロジカル・マインド』日本放送出版協会、二〇〇〇年。

◆身体を軸に人間と環境の関係をとらえなおそうとする野心的な論文集
菅原和孝編『身体資源の共有』（資源人類学　九）、弘文堂、二〇〇七年。

◆生態、心理、社会、文化を包括する全体論的な視点から人間と環境の関係を一元的にとらえなおし、「人間／自然」の二元論を超えようとする野心的な著作
Ingold, T. The Perception of the Environment. London and New York: Routledge, 2000.

［第3章］山に火をいれること

藤村美穂

1　農業の楽しみ

農林業が継続して続けられるためには、それらの生業から、現在の社会のなかで生活を維持し、自分たちが必要とする社会活動を続けてゆくための収入が確保されることが大前提である。国の政策、たとえば法や規制や輸出入のコントロールや補助金制度によって保護されている一方で、個々の農家による自由な農業が制限されていることの是非や、今後の制度のあり方については、研究者や政策立案者にとっても、個々の農家にとっても大きな関心事であり日々議論されている。

しかし、人々に話を聞いていてこれらの議論と同じくらい印象に残るのは、猟における動物との駆け引きや、カラスや猿との駆け引き、野焼きの際の武勇伝、近所の「クソおやじ」や「悪ガキ」とのやりとりなどの話になると、農政を語るときとはうってかわった調子で、話しはじめる語り口である。誰にでも面白さが共有できるという思いや、物語を修飾できる楽しさもあるだろう。また、畑に雑草がはえると何時間もかけて黙々と手で草取りを続ける人々、過疎の集落で一人になっても家を離れない人々。町に行くと退屈だという老人たち。メディアの普及によって情報の入手は容易になり、交通網の発達によって移動も頻繁に行われるようになった現在においても、このような暮らしを続ける人々がいるのはなぜだろうか。除草剤などをとりいれることなく、黙々と草と格闘し続けるのはなぜだろうか。語り口だけを聞いていると、獣害や草取りを「しょうがない」と言って、楽しんでいる部分もあるように見える。

ここにあげたこのような現象に注目したのが「マイナーサブシステンス」の概念を打ち出した松井らである（松井一九九八）。松井らの論考は、生業としては重要な意味を持たない活動であっても続けられていることへの関心からはじまり、「自然と直接的に触れ合う活動」の魅力についての原理的な考察へとすすめられている。それに対して本章では、ある農家のライフヒストリーを通して、自然と直接的にふれあう生業としての農業の意味や魅力について考えている。

写真 3-1　一日かけて畑の草を抜く（諸塚村にて）

本章でとりあげるある阿蘇の農家は、農山村の暮らしや労働の喜びは、自分たちの労働が社会的にも経済的にも報われるということが前提であるが、もう一つの側面は、それが自然を相手にすることであり、その楽しさを共有する仲間がいるということだという。そして、この数十年の農業離れは、自分の子ども時代から成人するまでにかけて、その両方の側面で農業から魅力がなくなったからだという。

2　山の火入れ

水の制御

阿蘇の農業の特徴のひとつは、水田と草原を利用した有畜複合農業だということである。そして、このような形態を維持するために、何世紀にもわたって山の野焼きが続けられてきたことである。自然の制御という側面からそこで行われる営みをみると、水田と草原には異なった時間が流れている。ライフヒストリーを見る前に、自然の制御という視点から農業の営みを整理しておきたい。石井・桜井（一九八五：六―七）によると、農業をふくめた生業文化という点からアジアを大きく分けると、年間を通じて大量に雨の降る「木の世界」（ゴムが代表する熱帯雨林地帯）と、モンスーンの影響をうけて雨季に大量の雨が降り冬季には乾燥する「草の世界」（イネを代表とする湿潤稲作地帯）、そして北方や西アジアを中心とした乾燥畑作地帯があるという。そして、日本は、湿潤稲作地帯と乾燥畑作地帯の遷移帯にある「草の世界」であるという。

たしかに、日本の多くの地域においては、平地での水田稲作や山地部での稲・粟・黍・稗・蕎麦・麦などの栽培によって食の多くの部分をまかなってきた。そしてそのいずれも、モンスーン期の雨を利用した農業であった。日本の農業の歴史を見ると、なかでも稲（米）に対する思いはたいへん強く、稲作には条件が厳しい高冷地や山間部にまで水田を広げるために多大なエネルギーがつぎ込まれてきた。灌漑システムの整備は江戸時代から大規模に行われ、寒冷地でも育つ米の品種改良は国を挙げて取り組まれてきたし、山地部でも苦労して灌漑や開墾を続けてきたという話は各地で聞くことができる。

そして、その稲作を中心としたかつての日本の村は、自然の天然更新をうまく利用することによって自分たちの生活範囲のなかで新たな循環をつくりだし、持続的な土地利用を可能としてきた。地域資源を持続的に利用するためのしくみや、そのために絶え間なく続けられてきた自然への働きかけがもたらす諸機能は、近年になって研究のうえでも政策のうえでも注目をあびている。たとえば水利のための小川をとおして季節的な貯水が繰り返されることによって、地下水が豊富になり新たな水の循環を生み出しているばかりか、このような人工の生態系が維持されることによって、鯰や泥鰌、鮒などの魚や田螺などの生息場所が確保されて水産資源が利用できるようになったり、太古からの固有種が残ってきたとも指摘されている（たとえばダルマガエルなど）。また、山の斜面に長い年月をかけて築き上げられてきた水田群は、美しい棚田の景観として文化資源とみなされるようにもなっている。

写真3-2　熱帯雨林地帯のゴム農園（ベトナム・ビンズォン省）

このような日本の農業の歴史を、自然をうまく制御するための働きかけや技術という側面から見ると、モンスーンによってもたらされる「水」の制御と、作物を含めた「草」の制御の歴史、あるいはそれらへの働きかけの歴史だといってよいだろう。

モンスーン地域においては、水は地球・地域を循環するとともに、季節的にその量が変動する。そして、それが生産効率のよい平地での稲栽培（水田稲作）ばかりか、生活用水の確保にも決定的に重要であったため、為政者や農民自身によって、さまざまな規模で技術的な改良が加えられてきた。山間部では川の上流から水路をつくって、水田をまんべんなく潤すための複雑な灌漑設備や水の分配システムがつくられてきたし、海岸沿いの低平地では排水のための設備が整備されている。水利の組織はむらの共同やむら間の緊張関係のあり方を左右する大きな要因ともなった。そして、それらの灌漑や水利のあり方が、クリーク地帯や棚田など、地域特有の景観をつくりだしてもいる。

「草の世界」の農業

「草の世界」の農業、すなわち湿潤稲作地帯といわれる日本の農業のなかで、水との格闘に加えてもう一つの自然との格闘は、「草」との格闘である。

日本の農村においては、草はその種類によって、稲や雑穀、野菜、豆などの農作物としても、その肥料や家畜の飼料、あるいは家の床や屋根材としても生活に欠かせない重要な資源であった。

稲やその他の作物の品種改良が、古くは農家たちの取捨選択（種を残すという実践も含めて）から、近代の科学技術を用いての品種改良にいたるまで、営々と続けられていることは説明するまでもないだろう。山からとってきた野草や山菜（蕨、薇、野蒜、茗荷など）を庭周辺で栽培している家も少なくない。しかし草への働きかけには、作物としての草への対処のほかに、もう一つの側面がある。

農村では、五月をすぎると、山のなかから、田畑や道路や家の周辺にいたるまで、どこにでも雑草が波のように押し寄せてくる。それは、田畑の農作物の栄養を吸収し、長い間放置しておくと蛇や虫が発生し、やがては潅木が生えはじめるという、やっかいなものでもある。除草という作業は、草に覆われた土地を手入れして「きれいにする」ことである。とくに九州のような暖かい地域では、田畑の除草のほかに、鎌や草刈り機で行う「道きり」というかたちで四月から一一月の終わり頃まで、この草と格闘し続けなければならない。水田のなかの雑草については、除草剤の改良によってかなり制御できるようになった一方で、畦の草刈りは田植え前から稲刈りが終わるまで、年に数回行わねばならない手間のかかる作業である。機械を傷つけることなく田の隅々まで稲を植えるため、畦を土のままに残しているからである。

水をはらない畑の雑草についてはなおさらである。宮崎県の山村（諸塚村）には、長い間にわたって草とりを続けてきた結果、指の第一関節が曲がってしまった老人がいる。その女性は年老いて田畑まで歩けなくなった現在でも、体調のよいときには何時間でも家の周辺の垣や庭に生えた草を曲がった指で抜き続けているのである。

一方、先に述べたように、草は枯葉と同じく水田や畑の肥料であり、牛馬のための飼料でもあった。とくに交通の便が悪い山間部や、土地が痩せた地域においては、耕作や運搬のための畜力としても肥料（糞堆肥）としても牛馬は不可欠であり、家畜をつかった農業が古くから行われていた。そのため、阿蘇をはじめとする多くの九州の山村では、肥料としての草のほかに、牛馬のための草（採草地）もまた不可欠であったという。これらの地域では、水田や集落がある里地から離れた山の上の方に、共同の放牧地や採草地、屋根を葺くための萱場を持っており、草地として維持するための働きかけが続けられてきた。

写真 3-3　草原の草焼き（阿蘇市）

水の制御と対象づけていうなら、草の制御技術としてこれらの地域に共通していたのは、火入れをして草地を管理する技術である。冬の低温と少雨によって原野や山や川原の葭や畦の表面の草や木が枯れて乾燥することを利用して、そこに火を入れ、小潅木を燃やすと同時に、日あたりをよくして再び草地や農地として利用することを可能にするのである。
火を入れて山や野を利用する方法は、稲や麦藁の野焼き、川原での葭焼き、伐採した枝や草を焼いて肥料にするものなど、さまざまな方法が報告されているが、なかでも焼畑は戦前までは全国的に行われていた方法である（佐々木　一九七二）。たとえば先ほど述べた諸塚村や隣接する椎葉村では、ヤボ焼きと呼ばれた焼畑が、一九六〇年代はじめに大規模に山への植林（林業）が行われるようになるまで続いたという。

農耕用の牛馬のための採草や萱を採る草地を維持するために行われてきた野焼きは、九州各地でさらに時代が下るまで続いた。諸塚村では、野焼きは「のっぱら」と呼ばれる採草地や萱場で行われていた。一九五〇年代では、萱は屋根を葺くだけではなく、炭俵としても使われており、貴重な資源であった。年配の女性たちが、山の持ち主に手間を払って萱を刈って小遣い稼ぎをしていたという。草場は「野割り」を行い、さらにそのなかで四、五軒ずつの「組割り」を行って平等に分配されるように工夫されていたという。五軒の家が暮らすある集落では、山の高いところに一〇町歩もの共同の「草場」があり、火入れをするときは、女性も含めて大人が総出で行った。火が大きくなるところは防火帯をつくる、人の雑木を焼いてしまったときは、焼酎をもって詫びを入れにいくなどの習慣があった。

阿蘇谷でもやはり、草原は組ごとに野割りが行われ、その中でまた家ごとに野割りが行われている。火山灰で覆われた阿蘇地方では、畜力としても肥料としても牛馬は不可欠であり、家畜をつかった農業が古くから行われていた。肥料としての草のほかに、牛馬のための草（採草地）もまた不可欠であり、そのため広い草原が必要であった。

野焼きや山焼きについては、これらの働きかけによって草原の状態を維持し続けることが、火を扱う知恵や技術の伝承だけではなく、草原固有の希少種を維持したり、害獣や昆虫から周辺の田畑を守ったりする役割も果たしてきたことが指摘されている（六車　二〇〇七）。

火の制御

ところで、自然への働きかけを制御という視点から見た場合、火をもって草を制御してきた山や草原の農業は、平地の水田のようにはうまく制御されていない。火を扱うためには地形や火の性質を熟知して戦略をたてる必要があるのだが、阿蘇の野焼きのように毎年同じ場所で行う場合でも、地形や草の量などは微妙に変わるため、完全に予期することはできないという。実際に野焼きがはじまると、火の動きにあわせながら火をコントロールしてゆくしかない。野焼きでは、天候だけではなく、火の強さや地形によって風が生じる。一九八〇年に、長年野焼きを経験してきて当日も陣頭指揮をとっていた阿蘇のある地区の区長が、火に巻き込まれて亡くなったほかにも、山火事に発展して林野を焼くなどの事故は数年に一度は起こり、人々の記憶のなかに鮮明に残されている。[*1]

写真 3-4　棚田の畦焼き（諸塚村）

　また近代以降になると、世界の各地で、焼畑農業は常畑での集約的農業に変更するように誘導されている。[*2] 日本においても集約化された水田稲作への誘導が行われてきた。一九〇八（明治四一）年に農政官僚として阿蘇を訪れた柳田國男がこのような農政の方針に対して、、田山花袋あての書簡で「阿蘇山下より一書奉呈候、筑後川低地の民生を見たる後阿蘇の高原に入るときは、殆コントラストの耳目を驚かするもの有之候。（略）土地利用の進歩せさること此の如くに候へ共、小生が観る所之にも亦言ふべからざる妙味これあり、古日本の風気精神の猶此山間に存するあるは全く右主畜農業一毛作農業と相関聯するかと存候。（略）勿論此の如き粗暴耕作の永続すべからざるは明白に候へ共、願くは統一に過ぎたる行政方針を以て平地の標準を適用し急激なる経済組織の動機を引起さぬやう致度候」[*3] と記したことは有名である。

　地理的にも諸塚・椎葉などの焼畑山村地帯と筑後平野・佐賀平野の稲作地帯の中間にあり、火山灰の影響で地力が乏しかった阿蘇では、草原の草を利用することによって稲作も維持され続けてきたと考えることができる。すなわち阿蘇では、水の制御と火の制御を組みあわせてそのバランスをとって農業を続けているともいえるのである。

いまの自分たちの暮らしから草原や牛がなくなったら農業など楽しくないというのは、このような生活のなかの言葉である。

以下では、戦後まもなく阿蘇に生まれ、高度経済成長期を経て、農業も村の生活様式も大きく変動する時代に半生を送った一人の農家の生き方を通して、阿蘇の水田の世界と草の世界が、具体的にどのような意味を持っているのかをみてみたい。

3 ある農家の半生

みなからリキさんと呼ばれ、今年六〇歳になる彼は、水田稲作と肉牛生産とハウス（イチゴ）栽培の複合経営を行いながら、地区の入会原野を管理する原野管理委員長、財産管理組合長などの役職を担っている。

リキさんが生まれ育ったむらは、阿蘇のなかでは熊本から来た入り口に当たる部分にあり、大津町の通勤圏であるため、江戸時代は五〇戸あまり、一八九一（明治二四）年には一三九戸、大正時代の豊肥線の開通や国道五七号線の舗装開通を経て、二〇〇二年には三一四戸にまで増えている。

リキさんが生まれたのは戦後まもない一九四七年であり、当時の村は、ほとんどの家が牛馬を用いた農家であった。母はとなりの集落から嫁いできた。鉄道や車道はすでにあったが、車は普及しておらず、里に帰るときは山道を数時間かけて歩いて帰っていたという。その途中にあった小集落は現在では廃村になり、竹と杉に覆われてわずかに墓石や石積みが残るのみである。

リキさんは、男四人兄弟の長男として生まれた。家は農家で、大人たちは牛の世話や田畑の作業で朝から夕方まで働いており、農作業に出るときは、小さな子どもは柱にくくりつけられていた。自分も、弟たちもそうであった。少し大きくなった子どもたちは、徒党をくんで水田や小川で小魚をとったり山で鳥をとったり山芋を掘ったりして遊んでいた。危険な遊びや怪我をしても今のように心配される時代ではなかった。あるとき、山で一人で遊んでいるときに転んで、木の枝が手のひらに深くつきささった。それを見て怖くなって泣こうとしたのだが、誰もいない。山では泣いてもしょうがないと思ったから必死で枝を抜いて家まで走って帰り、親の顔を見てから大声で泣いた。しかし親は「そんなところに行くからじゃ」と一言ですませた。彼が子どものころは「世の中が大らか」な時代であり、学校についても弟や妹の子守をしながら小学校に通う子どももいたし、汽車に乗って隣町まで先生の給料をとりにいったり、冬のストーブの薪や先生が家で使う薪をとることも子どもの仕事だった。

当時は体が大きくて丈夫なことが価値のあることであり、リキさんの家ではとくに強いことに価値があった。秋になると原野を区切って一家ごとに飼料用の草を刈る草地が割り当てられたため、大鎌で何日かかけて草を刈り小積みを作るのであるが、草の刈り方は家ごとに特徴があった。村の老人によると、リキさんの一家は、みんなで原野にやってきて、イノシシのような勢いで草を刈っていったという。

とくに気の強い祖母は、彼が生まれたときに大きかったことが自慢で、喧嘩に負けることだけは許さなかった。一方、彼はほかの兄弟よりも勉強が好きだったので、親からは勉強するようにいつも言われた。親の世代は戦後の価値観の崩壊とその後の社会の急激な変化を目の当たりにして生きてきた世代であり、自信をもって農業をすすめることはなかったという。親が、何がよいか、何が当然かという指針を示さないなかで育った。紀伊山地のある山林地主の子は、長男には小さい頃から「お前が跡を継ぐのは長男なのだから当然だ」と言って育てるとそのとおりになるという。そこでは親は、山林地主として生活をしていけることや、してゆくことを当然だと思っている。それに対して、リキさんの場合は農家を継げということは一度も言われなかった。リキさんは中学から汽車に乗って大津町の学校に通うことになった。小学生の頃は家に帰ったら自分の背丈より大きい牛をひいて草や水のあるところまでつれてゆくのが仕事であったが、遠くの学校に行くようになって家の仕事はあまり手伝わなくなった。

阿蘇の農業が大きく変わったのもこの頃であった。リキさんが子どもの頃は、水田や小川でとれた泥鰌や鯰や鮒が食卓にならぶことも多かったが、六年生の頃（一九五九年）になると、水田には赤い旗がたてられ、水路では小魚や蛙が大量に死んでいたのを覚えているという。農薬のポリドールが導入されたのである。

そのまま高校まで進み、当時の同級生ではたいへん稀ではあったが、一九六六年には関西の大学に入学した。新聞配達をして住む場所や学費を得た。その当時から集団就職が大規模になり、同級生たちは、ほとんど農業以外の職につくようになった。三人の弟たちも、それぞれ手に職をつけて働いていた。農業が魅力を持たなくなると同時に、農業だけでは食べていけなくなりはじめたのである。

大学時代はちょうど学園紛争の時代で、勉強よりは、自分たちの社会や生き方を考え、変革してゆこうという雰囲気の時代であった。そのような時代背景のなか、大学を終えても阿蘇には戻らず、しばらく関西で暮らしていた。当時、関西は万博の影響で全国から労働者が集まっていた。九州から大阪に出て働いた経験を持つ人も多い。

世の中を知りたくて、日雇い労働者になって飯場に寝泊まりして働き、見張りの隙をついて二階の窓から脱走したこともあった。飯場で労働者たちと話をしたり、「弱いものを搾取していた」親方と喧嘩をしたり、食堂を経営していた朝鮮出身の若夫婦と話し込むこともしばしばであった。免許をとって大阪市内でトラックの運転手もした。海外を放浪もした。

このようにして二〇代は動き回り、二〇代後半にはいって、そろそろ人生を考えようと、阿蘇に戻った。当時の友人のなかには、大きな世界の改革を考える人や、海外で理想の共同体をつくることを夢見て誘う人たちもいたが、リキさんは、阿蘇で地に足をつけて何かやってみようと思った。学歴社会や会社の規則などに振り回されて暮らすのはいやだと思っていた。百姓なら、天気だけを気にしていれば、あとは自分の力で自由にやれると思った。

しかし実際にはじめてみると、お天道様だけを気にして自分の力を発揮してゆくというイメージとはまったく異なったものであった。集落の人間関係においても、農業のあり方においても、予想とは違った。まず一九七〇年代前半の阿蘇は、子どものころとは異なり、草刈機や田植え機などが普及し、牛がいなくなっていた。そして農薬も肥料も普及して作業は驚くほど省力化されはじめていたにもかかわらず、農業を継ぐ若者はほとんどいなくなっていた。父親に農業をすると言ったとき、父親は「よい」とも「悪い」とも何も言わなかった。しかし他の兄弟たちがみなよそで働いていたこともあって、そのまま家にい続けて、家の仕事を手伝うようになった。

家に戻って数年たつと、父親に代わって自分が寄り合いに出るようになる。当時は、何も考えずに大学紛争時代に覚えた話術で意見を口にしていた。村の人は黙って聞いていたので、自分の言うことに聞き入っているのだろうと解釈して話し続けた。村の大人たちにとっては奇抜なことや正論を主張していたため、しばらくたつと、「あいつはアカだ」と噂されるようになったこともあった。このようなことを経験しながら、村のなかでの若者としての自分の立場や寄り合いでの話し方、ものごとのすすめ方を覚えていったという。中学から外に出ていたものとしては、むらの人からむらの一員だと認められるまでには相当長い時間がかかったのである。このときに、学生時代をすごした都市における人間関係とむらの一員としての人間関係の違いということを学んだ。

地域には、いろんな利害関係やいろんな性格を持った人たちがいる。かつては農家であった家でも、息子や孫の代になっていて、ほとんど農業をしていないところもある。草原も利用していない。これらの者たちをまとめて、物事をすすめていくことはたいへんなことであるという。

彼が阿蘇に戻った当時、同じむらには農業の跡を継いだ若者はほとんどいなかったこともあって、同じ阿蘇町ではあるが、集落を超えて若者たちとつきあうようになった。若い人たちは、外から帰ってきたリキさんから海外や関西での話しを聞き、毎晩のようにみんなで遅くまでこれからの農業について話し合った。農業については、元来の行動力と強いものに対する反骨精神を祖母から植え付けられてきたため、普通に田畑を耕すだけでは落ち着かなかった。阿蘇に戻ると、数人しか跡をついでいなかった農業の現状を見て、農業は一人だけではやっていけない、みんなが田畑を手放さなくても生きてゆけるようになんとかしたいという思いで、農協に加入した。学生時代の経験もあって、協同組合というものに対しての夢があった。

農業をする者がこれ以上減らないように、楽しく暮らせるようにとの思いで夢中で行動し、気がついたら全国の全農の青年部長になっていた。その縁で全国各地の農村の事情を見る機会もあった。政策への抗議のため全国の仲間を動員して先頭にたち、国会議事堂につめかけたこともある。

このような彼の行動力や人脈を見て、むらの中には彼が政治家になると思っている人も多くいたし、誘いもあったという。農業や農村のおかれた状況をなんとかするために、自分自身で、政策を変えたいという思いもなくはなかった。しかし、なにより制度や時間にとらわれるのは嫌だったし、さまざまな権力にまきこまれざるをえない政治家の力も信用していなかった。「おれが背広を着て毎日出かけるようになったら、田んぼや牛はどうする?」という思い、すぐに夢中になる性格であり、政治がおもしろくなってしまって百姓ができなくなったら何もならないという思いが常に彼をひきとどめた。結局は、政治の道には進まず、農業団体についても、自分が力を注いだ組織もまた農業を今のような状態に追い込んできた国の権力からは逃れていないことを認識したときから手をひいて、自分の手で自分の世界をつくろうと発想を変えた。

六〇歳になるまでは「農業」をそれをこえたら「百姓」を行おうと決め、経営が成り立つように、若い頃から借金をして農地を買い集めた。また、乾燥機やトラクター、コンバイン、田植え機なども大型のものをいちはやく取り入れた。米の乾燥機も購入して、家の庭には、当時の隣家が驚くような大きな乾燥機小屋を建てた。農地についてみれば、一九七〇年代半ばには、高齢化や兼業化によってこれまでのように自作できなくなる農家が増えはじめたことを感じ、仲間と請負グループをつくって、近隣町村までビラをまき、請負の仕事もはじめた。また、一九八〇年代には、阿蘇の米を宣伝する目的もあって、仲間たちと年末に熊本市内に餅を売りに行くことを計画した。市内で餅をつき、その場で販売する。餅は飛ぶように売れた。これは一部の後輩たちによって現在も続けられている。

もともと二町くらいあった農地が七町になり、さらに、頼まれたり借りたりして現在では一〇町の田を耕作している。ほかにも、メロンやりんごの栽培も仲間数人と試したことがある。阿蘇の気候にあうものを見つけようと試行錯誤した。畜産もはじめて、現在では三〇頭あまりの母牛を飼育する畜産農家でもある。一九八〇年代後半には、村をこえた仲間たち数人と、法人組織をつくって農業を法人経営しようとした。集落営農という言葉や政策が生まれるより一五年以上も前に、集落をこえた営農組織を作ろうとする試みも行った。しかし、相談にいった役場の担当者に、個人が持っている土地を法人として登記を変えることは不可能であると言われてあきらめた。

農業法人は、農業を共同経営するだけではなく、都市の人と農村が交流する拠点（農業体験や研修、貸し農園、民宿などの設備やシステムをつくろうとするものであった。結局、法人化はかなわず、個人が代表となって財団法人をつくり、民宿や農業体験・研修をはじめることになった。民宿の建物は、廃校になった中学校の校舎をゆずりうけ、大工をしている弟や地域の若い仲間たちと一緒に民宿にした。このような活動が都市の大学教授の共感を呼び、ボランティアや農業に関心を持つ人たちも訪れて行き来するようになる。農業教室や研修生制度を行って農業で生きてゆく人を支援しようとも試みた。都市の人が草原に来て、そこを楽しんだり地元の人と触れ合える場にしようと、入会地である牧場を地区から借り受けた。来る人はほとんど受け入れ、コンサート会場として牧野の貸し出しもした。しかし、結局、地元の人たちと都市の人たちが触れ合うことはなかった。地元の人の警戒心にも歯がゆい思いはあるが、都市の人たちも、ただ草原という環境や景観を楽しむだけではなく、地元の農業や生活まで入ってゆこうとしてほしいという思いはずっと続いた。

若い頃から考えていたような、お天道様だけを気にした百姓になるためには、地域のなかに草原や農地が残され、それを地域の人が使えるための条件を整えておかねばならない。何よりも農業は、自分一人だけではできない。地域で農業を理解し、農業ができる環境を維持し整えておかなければならないのである。そのためには、「めんどうな」人間関係への配慮も不可欠である。現在は、入会団体である原野管理委員会や、財産管理委員会などのむらの要職をほとんど担う立場になってきた。むらでは、入会地である草原を観光企業に貸したりその契約内容を更新したり、あるいは入会権者の減少や市町村合併への対策を考えたり、と落ち着く暇はない。両親を若くしてなくした彼は、六〇歳を目前にひかえて、「人間も機械も古くなってきたから思うように動かんごとなった」と冗談を言いながら、地域の運営に奔走し、若い頃から考えていた「自由な百姓」に切りかえる方法を模索しているのである。

4 コントロールできないものとの「つきあい」

牛の時間

農村の生活の変化という点から見れば、リキさんの親やリキさんの世代は、激動の時代を生きてきた世代である。次々と入ってくる外からの情報をとりいれて、それに対応してゆかなければならない。地に足をつけて生き残ろうとしてきたリキさんの試み、すなわち機械化や農作業の請負や協業化、餅売り、都市農村交流などは、まさに農政や世論の動きを先取りし、時代を見すえた農業であろう。作業請負をはじめた当時は田植えや稲刈りなど、労働力の不足はユイや親戚が助けるのが当然であったため、金銭を仲介にした活動は年寄りには驚かれ、奇異な目で見られた。しかし、一度誰かが依頼をはじめると、数年たつうちに次々と依頼が来るようになる。最初は近隣町村まで出かけていたが、そのうちそれらの町村の若者も同じことをするようになったという。

農家たちは新しい制度や方策がうちだされると、それがどのようなものなのか、どう対応すればよいのか、クヤクや寄り合いや日常の作業で顔をあわせたときにリキさんを中心に議論を続ける。水路や農道、放牧牛の水飲み場の整備、草原の野焼きのための防火帯づくりや機械の共同購入などについても議論を重ねて、農業の省力化の工夫をする。その一方で、牛の脱柵や天候や自分たちの体力の低下、「かあちゃん」の機嫌など自分たちが制御できないものについては、それを笑い話の種として場をもりあげる。

木下は、「近代」とは、人の思いどおりにならないものを、人のコントロール下におく過程であるとして、以下のように述べる。

人の思い通りにならないものは無数にあります。あるいは昔はたくさんあって、むしろそれらが基本となって「生存の現場」を作り、それらとの「付き合い」の重畳が「生活の現場」そのものを創り出していました。思い通りにならないものが生存環境の基本であるなら、人はそれらと「付き合う」しかありません。すなわち相手の動き具合をリアルタイムに見計らいながら、常に多少の「あそび（余裕）」を持たせてこちらの掛かり具合を合わせて行く、そのような絡み掛けを人は行って来たわけです。このような物や人、また天候などの自然状況との「付き合い」の重畳が人の日々の暮らしの現場であり、それぞれが一筋縄ではくるめられない「付き合い」である……。[*4]

近代とは、あらゆる面において、このような「付き合い」をなくしてきた時代でもある。たとえば、かつては、草原と水田は、肥料である草や益牛である牛を通じて密接につながっていた。時代の流れのなかでそれぞれ独立した生産の場となった水田と草原には、現在、異質な時間が流れているように見える。

水田の場合は、ほとんどの作業が機械化されている。自分の足で田のなかを歩く時間は、著しく減少したであろう。一九七〇年からはじまった圃場整備の際に田の周囲をめぐる水路の底や側面はU字溝やコンクリートで覆われたため、かつてに比べると管理作業の手間が格段に減ったという。このような変化に先立って、一九六〇年代頃になって農業の機械化や化学肥料や農薬の普及が進むと、農繁期に家族が総出で水田の作業に通う姿もなくなり、魚がほとんどいなくなり、子どもの仕事であった水路や水田での魚とりもなくなっていったという。品種改良が進み、四月はじめの苗づくりから九月の収穫まで半年のあいだだけで終わるようになった。

しかし、それにもかかわらず、農家は、「生活に余裕がない」という。手間のかかる作業をやり続けなければならない忙しさにかわって、全国一律に決められた作業暦や、機械・薬・苗を買うための借金に追われるようになった。イチゴや野菜をつくっても、規格や出荷時間の制限にあわせて作業をしなければならない。水田や畑での農業で、自分のペースを守ることができなくなったのである。

近年では、畜産も、草と切り離すことによって人間の制御下におこうとする者もいる。放牧には強いが脂がつきにくい赤牛（褐毛和種）に変えて、高く売れる黒牛の種を購入して人工授精（ときには黒牛の雌雄の受精卵を赤牛の胎内で育てる）を行い、購入した配合飼料によって舎飼いで仔牛生産や肥育を行おうとする動きである。

それに対して、リキさんは、一年じゅう草原に放牧をするという方法（周年放牧）をとり、さらに、県から借り受けた無名の種牛を牧野にいれて自然交配をしている。多くの牛を飼い、大規模な米作も行う彼にとって、発情期を観察する手間がはぶけるということも大きな理由であるが、何より、種牛は人工授精士よりも何倍も優秀で、何年も種がつかない雌牛でも、種牛と一緒に入れておくと体調が回復して種がつくという。

仔牛は売られたあとは同じように肥育されるとしても、すくなくとも自分のところにいるあいだは草原を走り回らせたいと考え、そのうち肥育一環経営もはじめようかと夢を見る。それは、牛がかわいいからであり、牧野で牛を見るのが楽しいからである。放牧中の事故や冬場の栄養失調など、経済効率はよくないかもしれない。しかし、楽しみがなければ、毎日休みなく続く作業は続けられないのだという。

機械化という面から見れば、草原も、水田と同じように機械化が進んでいる。傾斜がゆるやかなところでは、防火帯（輪地）つくりと放牧地や植林地に行くための道路つくりを兼ねて機械で道を整備し、毎年、機械で草を刈ることができるように整備しつつある。かつては鎌をつかって手作業で行っていた採草や草の梱包も、機械でできるようになった。

写真3-5　仔牛に話しかける

ただ、草原の時間と水田の時間が違うのは、草原には牛のペースがあるからである。牛が、毎日水や餌をほしがったり、人間の都合にあわせず夜中でも出産するということだけではない。柵の向こうにおいしい草があることがわかると柵を押し倒してしまうこともあるし、あるいは、偶然に柵が開くことを覚えると牛たちはすぐに脱走する。それは田植えや稲刈りで忙しいときもおかまいなしである。群れのなかには脱走の名人がいて、すこし油断するとすぐに脱走する。昔は誰かが連れ戻して柵にいれておいてくれることも多かったが、現在では、すぐ隣にあるゴルフ場に入って糞をしたり芝を傷めるとたいへんなことになる。脱走した牛がそこに入り込まないうちに急いで連れ戻さねばならないのである。

田植えや稲刈りの忙しい時期に何度も脱走し、捕まえようとすれば逃げ出す牛もいる。あるとき逃げながらこちらをむいて「ニヤッ」とした顔をする牛に堪忍袋の緒が切れたリキさんは、軽トラックで牛に激突したという。結果は、牛は一瞬「何かが当たったようだ」と驚いただけなのに対して、軽トラックはへこみ、サイドミラーもフロントガラスも壊れてしまった。牛は、柵のなかに帰りたくなったらゆっくりと歩き出して帰るのかもしれず、飼い主がやっきになって騒いでいるのを不思議に思っているだけかもしれない。

これが、牛のペースである。かつて牛で田畑を耕していたときは、いくら作業が忙しくても、歩くのは牛のペースである。それにあわせながら、人々は田の土の感触を感じたり一枚ごとの田の状態を知ったり、牛と会話をしていたのであろう。現在、そのような時間を持つ人はほとんどいない。*5 しかし今でも阿蘇の牛飼いたちの多くは、草原で牛を飼う楽しみがなくなったら農業は何も楽しくないという。

火を入れて、草原を維持するという、むらぐるみの作業は、このような草原の時間と結びついているのである。

生業と遊びのあいだ

ところで、このように、農業を続けるうえでさまざまな葛藤を繰り返してきた農家であるが、リキさんの日常の作業を見ると、こだわっていることがある。それは美しさである。自分の外見（衣服の流行など）にはほとんどこだわらない一方で、畦きりや草原での採草のときに、草刈り機や機械の動かし方が美しく、それで刈った結果が美しいことにこだわるのである。草刈りのように、美しく揃えて刈ることが、草を集めて片付けやすくするという機能をもっている場合もある。

それに加えて人に見られることを意識して、技術を競い合うという側面もある。田の畦口の草刈りは特に念入りに行わなければ「素人がやったみたいで恥ずかしい」という。実際に、かつて大鎌をもってみなで草原の草刈りをしていた時代は、家ごとに刈り方の美しさやスピードを競い合った。

しかし、彼らがこだわる美しさは、人に見られない場においても意識される。たとえば、山の歩き方や牛にロープを結んでほどくまでの時間や手際よさというものである。町で歩くときと山で歩くときは足の運び方が違うという。山で美しい足の置き方をして歩けば、平地で歩くよりもずっと速く歩けるのだという。実際に山にいくと、そのような歩き方をする老人には若者でもついてゆくことはできない。また、稲刈りの際には、収穫量という点から見ればそれほど大きな影響はなくても、機械が刈り残した数本の稲やコンバインで刈り取れない田の端々まで残さずにきれいに刈り取る。畦や田の入り口の草も残さずに刈り取る。道路や、牧野の外の外来草が生い茂った部分には除草剤をまいても、牛にも作物にも害はないだろう。しかし、そのようにして徹底的に自然の息の根をとめることはせず、美しさや手際よさにこだわりながら草を刈ったり火を入れたりし続けているのである。このような自然とのつきあい方は、作法や礼節ということばに照らし合わせてみると、よく理解できる。礼節とは、他者への敬いの心を行動として表す作法のことであり、作法とはそれを表すかたちである。

礼節や作法は、人と人とのあいだに見られるものであるが、自然を相手にした暮らしのなかでは、それは人と自然のあいだの作法でもある。あるいは、人間の身体という自然そのものに対する作法でもある。たとえば水や火が「暴れる」ことを鎮める作法がある。奥深い山村の諸塚村では、水神はたいへん気が荒く、川に供え物（酒）をするときにお酒を少しでもカップに残したままであると暴れて、洪水や水の事故をまねくという。また釣りなどで川を下から上に上ると怒って魚をとらせないという。このように、礼節や作法は、思い通りにならないものに対する畏敬の感情にもとづいたものであり、自然からの働きかけに対する自分たちの心の平静を守るための型として、祀りや日常のしきたりのなかにもはっきりと見て取れるものである。

リキさんが暮らしている地域でも、日々の暮らしのなかには人や自然に対するさまざまな作法があって年配の者は守っている。しかしリキさんの世代の者たちは、そのような儀礼やしきたりはほとんど行わない。しかし、先ほど述べたそれぞれのこだわりは、自分自身の身体も含めて生命をもった「生きもの」とつきあい続けるというこだわりであり、そのかけひきを楽しむ技術でもある。そしてそれは自然からの働きかけを享受しようとする立場である。

冒頭で述べたマイナーサブシステンスについての議論のなかには、経済的価値に還元されない精神的・社会的価値を評価しようという視点、あるいは生産力を重視した産業的な営み（生業）と遊びの要素を多く含んだ営みとのあいだをあえて区別し、遊びの要素を含んだ営みのなかに人間と自然とのかかわりの原点を見出そうとする発想もある。

しかし、阿蘇の農家にとって事態は逆である。近年の景観政策や国立公園の指定によって草原保全を義務づけられてもいる彼らにとって、農政は農業全体をマイナーサブシステンスとして位置づけようとしているともいえる。すなわち、農業を商業的な部分とそれが成り立たない部分に二分し、生産性を制御しにくい部分については、経済的価値に還元されない機能の側面（公益性）を強調する政策になっているのである。しかしリキさんのような農家にとって、農業はそもそも楽しみながら行うことができる生業であり、そういう意味での農業を続けたいと願っている。本章で見たのは、その楽しみの根底に、自然からの働きかけを享受しようとする態度（礼節）があるということである。

◆注

＊1　本章でとりあげた地域でも、二〇〇七年にはいってからも日常の山仕事のなかで、山のことを知り尽くしていたと言われるにもかかわらず、枝を燃やしていた男性が、「火が暴れて」亡くなった事故がある。このように山の火入れは危険で、かつ重労働であることから、高齢化がすすんだところでは、野焼きができなくなりつつある地区があり、ボランティアがその助けができるように根気強く活動を続けている。しかし、地形や面積の事情によって一昼夜火を入れ続ける地区や、急斜面が多い地区など、ボランティアが入ることのできない地区も多い。

＊2　たとえばベトナムやラオス、中国雲南省などの東南アジアにおける少数民族の移住政策など。

＊3　柳田國男が田山花袋にあてた書簡で、「肥後の民風」（『斯民』三編五号、『農政論集』所収）。

＊4　木下鉄矢　http：//www.chikyu.ac.jp/Eura/aim-old.htm（二〇〇四年一二月現在）

＊5　以上、牛についての記述は、藤村（二〇〇三）の一部に加筆修正を加えたものである。

◇参考文献

石井米雄・桜井躬雄　一九八五『東南アジア世界の形成』講談社。

佐々木高明　一九七二『日本の焼畑』古今書院。

藤村美穂　二〇〇三「日本の農村——五〇年間をみすえて」『農業と経済』六九（九）：八〇—八三。

松井健　一九九八「マイナーサブシステンスの世界——民俗世界における労働・自然・身体」篠原徹編『民俗の技術』朝倉書店、二四七—二六八頁。

六車由実　二〇〇七「山焼きの民俗思想」『季刊東北学　特集焼畑と火の思想』一一：五六—七一。

読書案内

◆写真と文によって、村落がどのように周囲の自然と関わりあってきたかを切り取る

香月洋一郎『景観の中の暮らし——生産領域の民俗』（改訂新版）、未來社、二〇〇〇年。

◆「食べ物」「消費」という視点から、現在日本の「農」の位置づけを浮き彫りにする

岸康彦『食と農の戦後史』日本経済新聞社、一九九六年。

◆稲作農村とは異なった山の世界（狩猟）について詳細な聞き取りをもとにまとめられたもの

千葉徳爾『狩猟伝承』法政大学出版局、一九七九年。

［第4章］浜を「モリ（守り）」する

中川千草

1　放ったらかしでもいい

山々が海岸線に迫り、無数の小さな湾が形成された三重県熊野灘沿岸部に位置する相賀浦地区の集落は、春から初夏にかけて、イナサやトサと呼ばれる南東の風を海から受ける。これらの風によって起こされた大小の波は、海に漂うさまざまなものを乗せて、陸へと向かってくる。浜辺は次第に海からの「ヨリモン（寄り物）」で埋め尽くされていく。ヨリモンの大半は、今も昔も変わらず、川を下ってきた山の落葉である。浜辺へ流れ着いた落葉の量がピークを迎える六月半ば、毎年ハマソウジが行われる。

「ハマが汚れてくんのは、やっぱりいかんでな。そこそこ人手もいるけど。ほっといたら、たまってくだけやもん。まぁ、（流れてきたものを）取ったらんと。掃除、お掃除。手入れやな。モリ（守り）しとるんですわ、ハマの。孫のモリとちゃうで。ハマの（モリ）な」。

作業していた六〇歳代のある男性は、こう話す。落葉が溜まっていく浜辺を放ってはおけないから掃除をする。その手間が「モリ（守り）」だという。そばにいた女性は、「モリやわな。（浜辺は）自分では、なっともよーせんもん。孫らと一緒、子らと一緒。手がかかわる」と笑い、自分では葉っぱを取り除くことができない浜辺を、手のかかる孫や子どもに例えた。

掃除を終えた人々は口々に、「次は、また来年」と、帰り仕度をはじめた。ハマソウジは、年一回きりだ。

「（浜辺に）用事がない。ひっときなしに、かもとらないかんちゅう話でもないし。区（むら）からやってくれって言われて掃除もしとるけど、（むらから）言うてくんのは、年にいっぺんだけやでな。あとは、まぁ、ほっといても

写真 4-1　むらの浜辺

（注）かつては幅が 200m もあったというが、現在は浸食が進んでいる。

写真 4-2　ハマソウジの風景

（注）田中喜生氏撮影。集められた木々や葉っぱは、その場で焼かれる。

ええわ。みんな、それはわかっとるで。ほっといてもええとかな、そういうのは。むらが言うてくるでな」。ハマのモリをしていると話した男性が今度は、浜辺にとくに「用事」はなく、四六時中かまう必要はない、放っておいてよいと語る。

浜辺は、家々が立ち並ぶ場所から数百メートル離れたところに位置する。集落から浜辺を眺めることはできない。浜辺まで歩いたと話せば、「そんな遠いところまで」とむらの人は驚く。

世話が焼ける、モリしないといけない、と話していたかと思うと、用事がないから放ったらかしてもいいと語る。浜辺までの道のりは、近いようで遠い。むらの人々と浜辺とのつきあい方の「基準」は、どこにあるのだろうか。

2 自然とつきあう

主体としてのむらと個人

管理主体としてのむら

人間は、さまざまなかたちで自然とつきあうなかで、つきあうための規範を生成・再編してきた。これらの規範は、時間や空間によって異なり、利用や処分に関する暗黙の秩序や規制を含むものでもある。自然の様子をうかがい、自然からの応答に耳を傾けることによって、自然をめぐる規範を改めながら、地域社会＝むらは、自然を壊すことなく利用していくことをめざす（藤村　一九九四）。このとき、むらは、自然を管理する主体として立ち現れる。

むらにおける自然の所有と利用のあり方を考察した鳥越皓之は、土地の「総有」という観点から、自然をコントロールし、権利を平準化していくむらの姿を指摘した（鳥越　一九九七）。総有という土地の所有形態では、個人よりもむらの存在がものを言う。自然は、「個」や「私」という名のもとで切り売りされることなく、むらに総有されるもの、全体的所有の下におかれるものとして位置づけられるからだ。

海浜地域では、むらの地先の海を漁場とし、オオシキやムラバリと呼ばれるむらの網を有し、一つの漁場（磯）を複数の人が利用し、というように、共同作業としての自然への働きかけが目立つ。桜田勝徳は、漁業組織と社会構造を明らかにするなかで、「実際に出漁する日は如何に稀であり、村人は各自小釣りを為し磯草を採り或は農耕林野の伐採に従事していても、魚見の合図で集まり、直ちに各自の配置に就く組織さえできておれば、この漁業を維持してゆく事が出来た」（桜田 一九八〇：二七二）ことに注目し、むらの統制の下で個々人が海とかかわっている様子を指摘している。

自然をめぐる権利の平準化という点では、同じく鳥越がいうように「弱者の生活権」という視点から説明できる。土地の総有が実践されるむらでは、個人有であっても「空き」の土地は、むらの共有地として位置づけられる。すでに土地を占めている人々は、この空きの部分＝共有地の利用を遠慮し、まだ土地を占めていない他のむらのメンバーが利用、占有する。むらは、総有という土地所有を通して、むらのなかを平準化させる規範をつくる（鳥越 一九九七：八―九）。ここにもまた、自然とのかかわりにおいて機能するむらの姿が現れている。

つまり、むらは、自然とのかかわりにおいて、実際的な働きかけの主体というよりはむしろ、その働きかけをコントロールする主体であるといえる。

働きかけの主体としての個人

自然への働きかけは、労働や儀礼を通して具体化される。その大半が、共同体としての実践と観念双方にまたがるものである。自然の利用や管理においては、むらの存在がいっそう大きくなる。そのため、自然への働きかけは、常にむらと結びつけられてきた。しかしながら、先に見たように、共同体は規制や平準化の主体であり、さまざまな働きかけを縁取る役割を果たしているにすぎない。とするならば、自然への働きかけの具体的な主体は、誰か。やはりそこに暮らす個々人といえよう。ここでいう個人とは、「自然環境・社会的条件とのかかわりのなかで、さまざまな問題を判断する積極的な人間」（脇田　一九九四：七九）である。人間と自然との関係は動的なもので、その場その場の判断によって更新されていく（脇田　一九九四）。この判断する力は、自然に働きかける個人によって養われる。

ゆえに、自然への働きかけにおいては、二つの主体が並存していることになる。一つは、直接的な経験から自然とのつきあい方を判断し、更新していく実践主体としての個人、もう一つは、それらの実践をコントロールする立場にある共同体＝むらである。

積極的な働きかけという神話

生産活動に伴う利用や管理、所有といった人間から自然への積極的な働きかけは、従来の民俗学や環境社会学のなかで、ローカルな知にもとづく実践として取り上げられてきた（宮内　二〇〇一、菅　二〇〇六など）。一方、自然とのかかわりのありようを、むらのなかで「伝承」される「知恵」として一括りにしてしまうことが、いかに予定調和的かということは、すでに指摘されている通りである（篠原　一九九二、野地　一九九八）。

しかし、絶えず働きかけるということは、簡単なことではない。高齢化や過疎化に悩む地方の地域社会では、「自然の担い手不足」が叫ばれて久しく、放置される自然は明らかに増えつづけている。ローカルな知があったとしても、それを実行する主体が不在となってしまっているのだ。人間の手から離れた自然は、荒れていくと懸念される。自然を放置するな、無責任だと、地域社会が批判される可能性もある。その一方で、近年の里山や里海ということばの流行からは、自然とかかわる力を失った地域社会の外に、新たな担い手を求める動きをみてとることもできる。

放置された自然を荒れたもの、または、用済みのものとしてまなざす背景には、自然を働きかけられる客体として措定する考えがある。積極的な働きかけが自然を持続させるという認識や、その働きかけの具合が所有のありようを決定するという論理などにみられるように、働きかけるということは、「再生」が目指される生産活動の場で評価されてきた。また、経済的価値に特化せず、楽しみや喜びに重きをおいた自然とのかかわり方（松井　一九九八、菅一九九八、家中　一九九六など）も、自然を利用、保全するという前向きな働きかけが前提となっている。働きかけることを絶対的な善とする観点に立てば、当然、放置するということに意味を見出すことは難しくなる。

資源の枯渇や環境破壊などの諸問題をなんとか打開しようと、わたしたちは、ローカルな現場に自然とのつきあい方の手本を求めてきた。そこで発見され、見習うべきものとしてうたわれた環境保全のしくみとそれを支えるローカルな知や規範は、それぞれの土地に根ざしたものである。しかし、図らずも、固有の文脈のなかで練りだされた規範は、いつのまにか、「積極的な働きかけ」という一つの理想型へと収斂されてしまったのではないだろうか。積極的な働きかけという普遍的規範の生成は、個々の事情抜きに自然とのつきあい方を議論可能なものとする。同時に、放置のようなポジディブとはいえないものは批判の対象におかれたり、自然とのつきあいとしてみなされなくなる。とするならば、冒頭に記した相賀浦地区にみられるような、かまいつつも基本的には放ったらかしている姿勢は、どうなるだろうか。

本章の主旨は、この「放置」をあらためて評価するというところにある。「放ったらかし」と「モリ（守り）」という一見矛盾する自然への二つのまなざしを通して、従来の働きかけの論理には収まりきらない人間と自然との関係を明らかにし、その関係のあり方において、個人やむらはどのように働き、位置づけられるのかということを考察することが、本章の目的となる。

3　むらの歩みと自然

遠い海、近い浜

まぼろしの遠洋漁業

一九五〇年代後半、相賀浦地区は、遠洋漁業の最盛期を迎え、活気に満ちていた。秋も終わりに近づく一一月になると、「遠洋からの船が次々と港に帰ってきて、果物やら何やらとおみやげもってな。子どもらはそれを楽しみ」[*1]にしたという。中学校を出た男子は、親や親戚を頼ってなんとか遠洋漁船に乗せてもらえるよう奔走し、ようやく約束を取り付けると、安堵した。遠洋漁業で得る収入は、当時サラリーマンの給与の何十倍にもあたり、乗れば確実に稼ぐことができる「入れ食いの時代」をもたらした。遠洋漁師は、「誰もが飛びついた」魅力ある職であった。むらにも一〇トンを越える船が二〇隻近く有され、「のぼせたような」空気が漂っていた。ただし、その盛り上がりはどこか「まぼろしのようなもん」で、原油の高騰と漁獲高の減少によって、むらの雰囲気は一気に冷えていった。

――あのときは、誰もかもが必死やったんですわ。マグロをボンボン船へほりこんで、ずっと陸へあがらんと。行ってくるわ言うて船へ乗って、沖に出たらもう必死で。朝から晩までするこことがあってな。遠いところやったらミッドウェーまで行って。次、相賀（むら）へ帰ってきて一息つく日もなく、ジンサイ（むらの氏神の祭り）して。それで、またそれ出るぞーって、船に乗りますやろ。それが、すーっと引いてくように、魚が獲れんようになって。借金抱えた人も多かったやろな。それでもあの時分、アロハシャツ着て（沖から）帰ってきたりして、ほんと、のぼせるような感じやったな。そいでも、それは一瞬。結局は、また小漁師に戻りましたなぁ。長いことつづかんもん、あんなんな。獲りすぎたんかな。ま

あ言うたら、まぼろし。あっという間の……。※（ ）内筆者追記

一九五〇年代、男性は誰もが船に乗って何ヶ月も遠洋へ行き、必死に働いた。それだけの見返りがあった。しかし、一九六〇年代に入ると、遠洋漁業は衰退の一途をたどりはじめ、漁から手を引く者が増えた。この出来事は、「あっという間」の「まぼろし」のようなものとして振り返られる。遠洋漁業に伴った一連の出来事は、むらの歴史において、今も語られる象徴的なものであったといえよう。しかし、捨てるほど魚を揚げたときの興奮や、さっぱり魚をみかけなくなったときの失望感などは遠い海での出来事である。むらに残った人々がその様子を直接感じることはできない。遠洋漁業の隆盛と衰退は、多くの日本の海辺のむらが経験していることであり、この出来事をむらの繁栄と衰微に結びつけることも少なくない。しかし、むらの変化として語るには、実は、一瞬の出来事すぎる、ともいえる。むらの生き方、あり方を語る視点は、何も生業の盛衰に限らないといえるだろう。

浜辺は語る

相賀浦地区の人々は、むらの歩みや変化を浜辺の様子から振り返り、語る。むらが「よかった」とき、「悪かった」とき、むらに活気があったとき、さみしくなったとき、その節目や変化は、浜辺へのまなざしを通して語られる。

「ここがよかったんは、ボラが獲れとったころやな」。

春先、むらに時折ほら貝の音が響いた。音を聞きつけたむらの男衆は、手に持っていたものを「放りなげて」浜辺へ走る。海岸沿いの高台からボラの群れを見つけたアラミョウジと呼ばれる見張り番がほら貝を吹いて、それをむら中へ知らせるからだ。子どもでも「授業中、ほら貝の音が聞こえてくると、それーって教科書ほっといて、戸から窓から、みんなハマに走った」。浜辺に引き上げられている大小の船——網を張る役目を果たすアミブネや、魚群を網

のなかへと追い込む役を担うヤコブネ——にわかれて乗り込み、海へ出る。大漁となれば、海上で網を引き上げることができず、浜辺で待ち構えている人々と共に、網を浜辺へ揚げた。その活気を聞きつけ、さらに浜辺へと足を運ぶ人の数は増えていったという。浜辺の賑わいは、ボラ漁が栄えていたころの記憶としてよみがえる。

「エビ網の時期も、ハマは、よお賑おうたよ」。

もう一つの浜辺の賑わいは、エビ網漁の時期に重なる。毎年冬に解禁となるエビ網漁の漁場は、岩場である。岩にひっかかり破れてしまった網を毎日、浜辺に立ち並んだアミゴヤの前で繕った。エビ網漁の解禁に先立ち、浜辺はくじ引きによって操業者の数と同数に区画分けされる。場所が決まると、それぞれが二畳ばかりのアミゴヤを立てる。毎朝六時の網の引き上げを終えると、アミゴヤで朝食をとった。家族そろって、そこで食事をとるということも珍しくなかった。浜辺には、エビ網を夫婦そろって網針で繕う風景が広がった。

また、浜辺には、流れ着いたさまざまなものを拾い集める人々の姿が年中みられ、「浜へ行くと、誰かしらに会えた」。風呂の薪に使用する木々や、ワカメ、ときにはマグロに追われたイワシが浜辺にあがり、それを夢中で集めたことを、むらの人々、とくに五〇代以上の人々は思い出す。

しかし、その他の地域と変わりなく、沿岸漁業が振るわなくなると、浜辺から賑わいはいよいよ遠ざかることになる。伊勢湾から熊野灘沿岸にかけてボラ網漁はすっかり衰退し、むら単位で営まれることがなくなった。船の動力船化にともなって、港が整備され浜辺に船が引き上げられなくなったことも浜辺に変化をもたらした。アミゴヤは各家の庭先へと移され、作業や朝食の場は浜辺から遠ざかった。ヨリモンも減り、浜辺は一年を通してひっそりとしていることが多くなっていく。そうして、今となっては、年に一回のハマソウジと、神事の場としての年二回の利用だけとなった。

浜辺の賑わいが消えた時期と遠洋漁業が衰退した時期にさほど変わりはない。にもかかわらず、遠洋漁業は「あっというま」の出来事であり、むらの歴史というよりは、生業の歴史としてなぞられ、他方、浜辺の変化は、むらの歩み・変化を物語るものとなる。遠洋漁業に携わる人は男性に限られ、むらから遠く離れた場がその舞台であったことに対し、浜辺には誰もがアクセスすることができ、常に開かれた場であったからともいえるだろう。ガヤガヤと人が集まる様子、人の足が遠のき、音が消えていくことを浜辺は人々に伝える。人々は「思い出す」という行為を通して浜辺へと働きかける。浜辺は人々に過去を語る。浜辺と人々とのやりとりは、目に見えるわけではない。しかし、人間と自然とのつきあいすべてを目にすることができるとは限らない。

浜辺がつなぐもの

相賀浦地区の浜辺は、むらの過去と今、人間と自然とのつながりを喚起させる。ただし、浜辺を「超歴史体」として捉えてしまうと、この土地にみられる人間と自然とのつきあい方のバランスが崩れてしまう。むらの人々にとって、自然は脅威の対象でもあれば、親しみを持つ相手でもある。いつもかかわっていることもあれば、ときにはしばらくその存在を忘れてしまうこともある。人間と人間とのつきあいとなんら変わりない関係が、そこにある。たとえるならば、ときどき、ふと顔をあらわし、昔こんなことがあったと四方山話をはじめる訪問者のような存在といえよう。少し離れたところに暮らす親戚の一人ともいえるかもしれない。そんなふうに、人々は浜辺とつきあってきた。

さらに、浜辺は、「二つのむら」をつなぐものとして、人々からまなざされている。「二つのむら」とは、熊野灘沿岸部における「浦方（ウラカタ）」と呼ばれる漁村と、「竈方（カマカタ）」[*2]と呼ばれる漁業を営まないむらを指す。

熊野灘沿岸部の小さな入り江には、わずかばかりの平地に集落が構えられている。その数は三〇を超す。これらの集落の大半は、「浦方（ウラカタ）」と呼ばれる漁村である。一方、沿岸部に位置しながらも漁業を営まないむら、「竈方（カマカタ）」がある。竈方に属するむらの数は七つである。竈方のむらは、目前に海があるにもかかわらず、漁業権を未だ持たない。その由縁は、竈方の人々が平家の末裔として、つまり「よそ者」として当地に流れ着いたという平家落人伝説をもって説明される。平家落人伝説は全国的に流布するもので、その信憑性は常に疑われる。しかし、当地ではこの伝説が現代まで語り継がれ、生業の選択にまで影響を与えつづけている。[*3] 沿岸部において非漁村であるからと、差別の対象となることはないものの、浦方と竈方双方に属する人々は互いに、「なんとなく」違いを感じながら暮らしつづけてきた。

本章が取り上げる世帯数三二七、人口八九七（二〇〇六年一〇月現在）のむら、相賀浦地区は、一八七五年に浦方に当たる相賀浦と、竈方の一つである相賀竈が合併して誕生したという経緯を持つ。浦方と竈方という二つのむらのあり方は、合併から一三〇年以上経過した今でも、相賀浦地区という一つのむらのなかに生きつづけている。この二つのむらの出会いとその後の経験は、現在の相賀浦地区のはじまりであり、さまざまな規範の生成において必ず振り返られるものでもある。むらのあり方に深く作用しつづける経験は、浜辺からはじまった。

一二〇〇年後半から一三〇〇年代前半に当地に流れ着いた竈方の人々は、「よそ者」として漁業への参入が認められなかった代わりに、当地の領主を数々の戦において援護し、その功績として拝領した沿岸部の山々を元手に、平時は山仕事に従事していた。加えて、その山から切り出した薪と海水を利用して製塩業をはじめる。竈方による製塩業は、海水を直接煮詰める方法で営まれた。切り出す薪、および海水の汲み入れに便利な土地を求め、竈方の人々は定住することなく、沿岸部の漁村集落の隙間を縫うように移動を繰り返していた。その過程で、竈方は八つの集落をつくり、そのうちの一つである相賀竈の人々が、当時、相賀浦の人々が暮らしていた浜辺へとたどり着く。そうして、住居が構えられていない浜辺の空き地を製塩の場として利用させてほしいと申し出た。

「一　往古より相賀山二十八谷　木柴共相賀浦領分ニ而御座候処　百二十年以前天正五年牢人ども罷越　相賀浦之浜辺

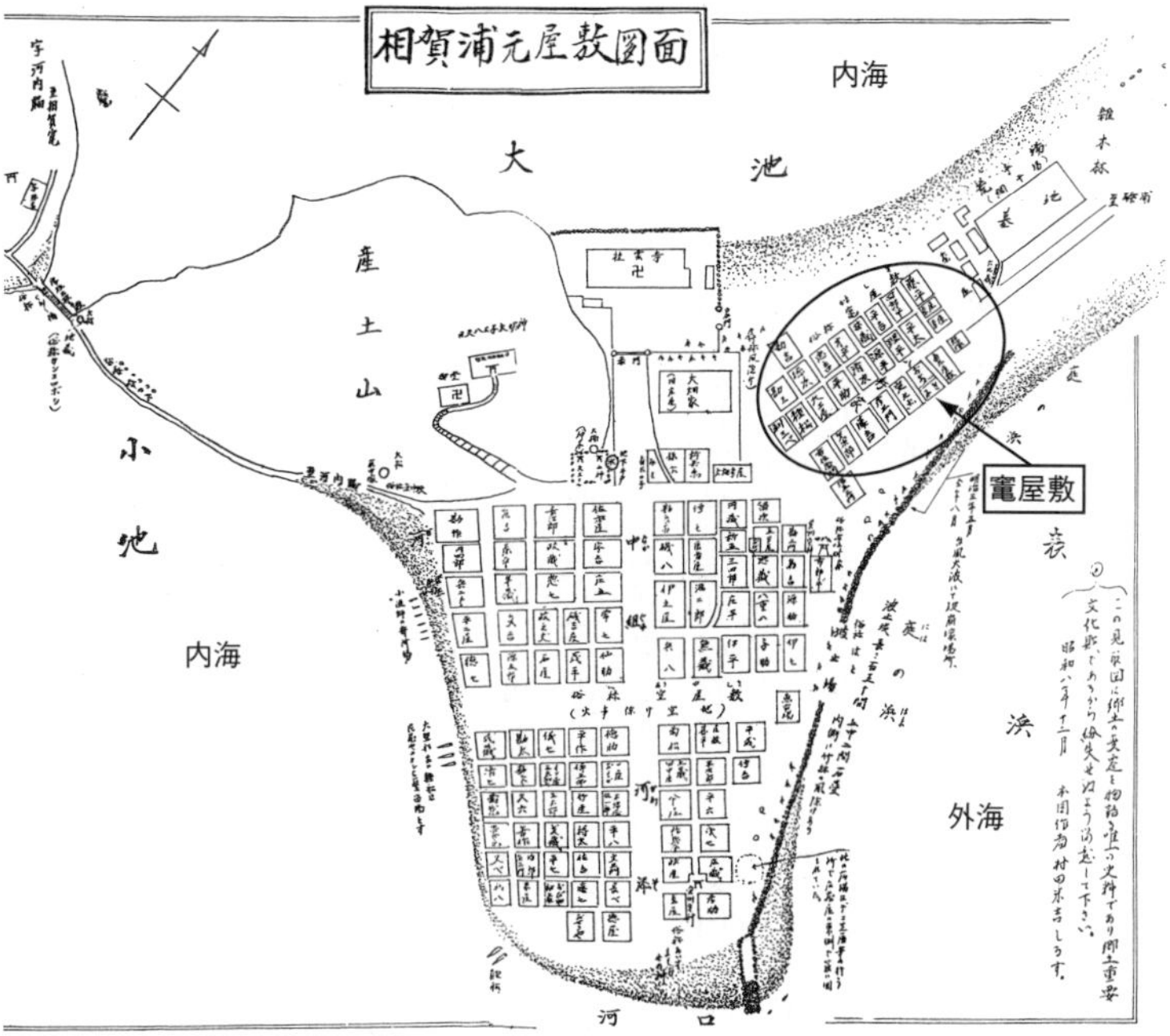

図 4-1　浜辺の集落
(注)『相賀浦郷土誌』所収。村田米吉氏が複写したものに筆者が加筆し作成。

ニ而塩竈を仕度申ニ付　相賀浦地下へ塩年貢百八十俵づヽ取申定ニ而塩竈立させ申候処　塩竈初目候ものども八牢人もの之儀ニ御座候得ハ方々へ行申候処百二年以前之文禄二年ニ只今竈之もの共神津佐村平松より浅生田へ罷越　相賀村ニ居申度と申ニ付右之通　塩年貢相定置申候（中略）其御竈之者家職を替へニ罷成方々へ（後略）」（村田　一九六五：四二）。

浜辺の利用をめぐる交渉は、一五七七年のことである。相賀竈が浜辺に塩竈を設ける「賃借料」として、塩一八〇俵を相賀浦へ納めるということで話がついた。その後数十年に渡って、相賀竈の人々は、相賀浦の浜辺に塩竈を構え、その生活様式を定住型へと変化させていった。江戸後期に記された浜辺の集落の古地図には、相賀竈の人々が住居を構えた「竈屋敷」という小字名が記されている。その後まもなく製塩業は廃れることになるが、約一〇〇年のあいだ、相賀浦と相賀竈は共に浜辺で暮らすこととなる。しかし、一六八四年浜辺の相賀竃の集落は大火により大きな被害を受け、浜辺の向いの山側、つまり現在地（小字名、糀脇、もしくは河内脇）へと移転する（相賀浦漁業協同組合　一九六四）。のち一八七二年、今度は浜辺に残っていた相賀浦の集落が高波によって全壊し、現在地（河内脇となりの大向）へ移った。こうして一八七五年、相賀浦と相賀竃は、行政合併するにいたった。

このとき、相賀浦と相賀竃は、二度目の自然の権利をめぐる交渉の機会を持つ。この交渉は、「海と山の交換」であった。それまで漁業権の取得は浦方に属する者、五〇町歩以上の広大な山の所有は竃方の人々というように、長年、沿岸部の自然の利用や所有はすみ分けられてきた。[*4] 行政合併にあたり、この二つの自然をめぐるすみ分けは、議論の焦点となり、最終的には合併後の「新しいむら（相賀浦地区）」のなかにこれら二つの権利を組み入れ、両者「対等」で合併することとなった。竃方からしてみれば、「山ばかりでは食えない」うえに、やはり目前の海からの恩恵を受けたいという願望もあった。浦方にしてみれば、当時竃方の領分であった五〇町歩ほどの山林が合併後の相賀浦地区の財産となることに意味を見出した結果であった。[*5]

このように、相賀浦地区は、浜辺の賃借と、海と山の交換という二度の大きな交渉を経て、現代にいたっている。今もなお、それぞれのむらのあり方は、色濃く生きつづける。異質な存在が常に目に入るという生活は、なぜ自分たちはこのようなむらに生きるのかという素朴な問いを現在化し、むらの歩みを再確認する機会を増やす。自らの歩みを振り返り問うなかで、浜辺はいつも顔を出す。熊野灘沿岸部で、相賀浦地区のようなむらのあり方は、ほかにない。強烈ともいえる個性を持つ相賀浦地区に暮らすからこそ、歴史が持つ意味、歴史に意味を持たせる浜辺の存在が意識化されるのではないだろうか。

4　モリするということ

人々は、浜辺を見て過去を振り返る。拾い集めたイワシの山の大きさ、アミゴヤで口にしたエビジルの味など、浜辺は、それぞれの記憶を呼び起こさせる。これらの記憶は同時に、イワシの山を比べ合った友人やエビを一緒にとった漁の仲間に共有されている。それぞれの自然とのつきあいは、過ぎ去ってしまえば、あのとき、あの場のものとして残り、むらのあのとき、むらのあの場として記憶されている。このように、意味ある場、むらの歴史を表す場としてまなざされる一方で、浜辺は放ったらかされる。従来の働きかけの論理では、やはり、「放ったらかし」を評価することは難しいだろう。しかし、放ったらかすことは、自然とのつきあいの一つであると考えると、それが可能にするものとそこに込められた想いがみえてくる。

モリをする人々

ハマソウジが「モリ（守り）」の一環であるということは、はっきりしている。では、放ったらかすことはどうか。「守り」は、「傅く（かしずく）」と同義で、世話をするという意味を持つ。世話をするには、手間と暇が必要となる。ハマソウジでは、人々が時間と労力を割いて浜辺とかかわる。とはいえ、子どもの世話としての守りをみてみると、あやしたり、食べ物を与えたりと手間と暇をかけながらも、子どもが寝静まれば、そっとしておくし、多少動き回っていても目の届く範囲ならば、そのままに遊ばせておくこともあるというように、守りには、「かまう」と「放ったらかす」という二つの意味があることがわかる。手をかける頃合をわかっているからこそ、「放ったらかす」ことができる。かまうことと同じぐらい、またはそれ以上に「放ったらかす」ことは、知と技が込められた実践ではないだろうか。こう考えてみると、自然とのつきあいが見えないことや、自然に手が加えられていないことを単純に自然の荒れに結び付けてしまうことに疑問を禁じえない。

琵琶湖の漁師と自然とのかかわりについて論じた大槻恵美は、人と自然との関係を資本主義的経済活動としての漁撈活動を通して検討するなかで、「意味のつまった自然と意味のつまっていない自然」（大槻　一九八八）のリアリティを目の当たりにした。漁師たちの自然認識が生半可なものではないことが強調されることが目立つなか、大槻は、琵琶湖沖島の漁師たちは「技術的に対応できない」ことを理由に「働きかけを放棄する」（大槻　一九八八）姿を捉える。資本主義的な思想が常に漁師を支配しているのであれば、漁師は常に資源化に励む。しかし実際には、将来が決して明るいとはいえない琵琶湖の漁への対処として「生きてゆく」だけの「自給自足」を展望する声が聞かれることも少なくない。大槻は、「資源として働きかけるためにある実体」としての自然と、資本主義的経済活動においては「ほとんど意味を追求しないで働きかけを放棄する自然」との双方に漁師たちは対処していると指摘し、前者を「意味のつまった自然」、後者を「意味のつまっていない自然」として捉えた。

大槻は、自然を資源化するかぎり働きかけることは必須であり、逆に働きかけられない自然は資源としての価値がないものとして捉えている。この観点に立つかぎり、積極的な働きかけを理念とする自然とのつきあいのあり方から逃れることは難しくなる。「本当の」放ったらかしは、あいかわらず、自然とのつきあいとして数えられない。大槻による自然に対する二つのアプローチをふまえ、顕在化した働きかけに加え、「何もしていないという働きかけ」の意味を捉え直す必要があるだろう。時間や空間といった文脈が異なったとしても、そこに人が暮らし、そこに自然があるかぎり、意味ある関係が結ばれているのではないだろうか。

モリを可能とするもの

「見守り」は曖昧で目に見えないうえに、その達成は、心意や観念によるところが大きく、論理的に説明することが難しい。しかし、「見守り」は、個人の存在以上に、むら＝共同体の存在が大きな意味を持つつきあい方であるという点に留意したい。かつて、浜辺を生活の「資源」と考え、さまざまなかたちでかかわっていたことは、むらの豊かな時代として記憶されている。それだけに、そのかかわりがなくなってしまったことは、決して明るい話題とはいえない。浜辺との関係の希薄化を最も シビアに感じるのは、やはり、むらの人々である。これといった「用事」がなくなり、モリすることによって、かろうじて浜辺とのつきあいを保っているというのが現実である。

——モリしとるいうても、何もしてないけど。それでも、ハマがどうなっとんのかという気持はある。掃除の時期も、今までそうやったから、同じときにしよかというところもあるけど、みんな気にして、いつがええのかと。一人で気にしとっても何もできんやろ。むらの人らで寄って、こうしよかと（決める）。

モリというかかわり方は、どこか心許ない。誰かと話し確認しあうことによって、少しばかりの自信を得ることができる。むらは、具体的なかかわりがなくなったとしても、その自然を見放してはいないという安心と確信を得るための受け皿となるのではないだろうか。つまり、自然とのつきあいにおいて実際的な働きかけの主体は個人であり、共同体はそれをコントロールする存在にすぎないが、逆に、放ったらかしつつ見守る、「モリ」というつきあいのなかでは、むらが働きかけの主体として立ち現れるということである。

5　放置の向こう側

浜辺とむらの人々との関係から、モリという自然とのつきあい方を明らかにしてきた。モリという自然とのつきあいにおいては、何もしない＝放ったらかすということが意味を持つ。人間からの働きかけを受ける客体である限り、現在の浜辺は、手が加えられていない寂しいものとみなされてしまう。しかし、人間と浜辺との相互作用をあらためて意識し、浜辺を単なる客体としてではなく、人間に対して何かを発信する能動的なものとして捉えてみると、手が加わっているか否かということを単純に不安や批判の矛先としてしまうことにはならないだろう。環境民俗学を試みとして展開した鳥越は、「人間と自然とは根元的につながっているものであるから、人間の自然に対する働きかけは、また、自然から人間への主体性を持った働きかけを生じさせる」ことを指摘した（鳥越　一九九四：三〇）。

相賀浦地区の浜辺の例は、この指摘が現実のものであることを示している。しかし、働きかけないということを、従来の人間と自然とのつきあいから外し、むしろ由々しき事態、自然の放棄として捉えてきたことに潜む暴力性をも露にする。働きかけていないのは人間による実践のある一部、しかも私たちに見える相においてのみである。見えない相に降り立ってみると、人間側からの働きかけ、思い出しや見守りが、確かにある。モリそのものがいったい何かということや、モリの具体的な例を出すことは難しい。ましてやそれを論理的に説明することはさらに難しい。むらに暮らし、浜辺と実際にかかわってきた人々にもその説明はつかないだろう。しかし、モリは何をもって可能となり、何を可能とするのかという問いにズラしてみると、「働きかける」ことと同じぐらい豊かな自然とのつきあいが浮かび上がる。

第一次産業が振るわなくなった現代、むらは、これまでのむらとしての歩みとこれからの方向をどうつないでいくのか、またはつなぐことは可能なのかということを思案せざるをえない状況にある。過疎に悩み、それに付随するさまざまな問題を抱え、むらとして立ち行かなくなっても、なんらおかしくない。しかし、曖昧で心許ないモリという実践は、むら＝われわれの意識を必要とする。放ったらかしを肯定し、モリを可能とするまなざしは、むらという単位で再編され、過去と現在、人間と自然、個人とむらとのあいだをつなぐ。そうして、浜辺をまなざし、モリすることが可能となるのである。

本章では、見えない働きかけをも人々は実践しているということ、自然が動的な存在であり人間とのあいだで相互作用をなしているということを明らかにし、「何もしない」という観点から人間と自然とのつきあい方を再考した。ここにきてはじめて、ますます複雑化していく環境問題への対処として、現代社会のなかに伝統的でローカルな知をいかに再編するのかという次の課題に進むことができるのではないか。一足飛びに、自然の放置や荒れという事態を判断するのではなく、その場をまなざす視線がどこから生まれているものなのか、今一度、個々の事情からみなおす必要性を最後に強調しておきたい。

◆注

＊1　以下、本章における語りの引用は、二〇〇六年に数回にわたって聞き取りした七〇代の男性からである。

＊2　その名の由来は、塩を炊き生計を立てる際に使用した「竈」にある。

＊3　竈方の人々は現在、主に林業や農業、建設業などに従事し、生活している。

＊4　相賀浦地区に暮らし、かつては相賀竈の総代を務めたMT氏のコメントより（三重県企画調整部広報外事課　一九七九）。

＊5　二〇〇五年八月のMT氏への聞き取りより。

◇参考文献

相賀浦漁業協同組合　一九六四『相賀浦郷土誌』。
大槻恵美　一九八八「現代の自然――現代の琵琶湖漁師と自然とのかかわり」『季刊人類学』一九（四）：一八六―二一一。
桜田勝徳　一九八〇『桜田勝徳著作集二　漁民の社会と生活』名著出版。
篠原徹　一九九二「聞き書きのなかの自然」『日本民俗学』一九〇：二七―三七。
菅豊　一九九八「深い遊び――マイナー・サブシステンスの伝承論」篠原徹編『現代民俗学の視点一　民俗の技術』朝倉書店、二一七―二四六頁。
菅豊　二〇〇六『川は誰のものか――人と環境の民俗学』吉川弘文館。
野地恒有　一九九八「自然（生態・環境）『環境民俗学』の動向と移住誌のかかわり」『日本民俗学』二一三：一四―二四。
鳥越皓之　一九九七『環境社会学の理論と実践――生活環境主義の立場から』有斐閣。
鳥越皓之編　一九九四『試みとしての環境民俗学――琵琶湖のフィールドから』雄山閣出版。
藤村美穂　一九九四「自然をめぐる『公』と『私』の境界」鳥越皓之編『試みとしての環境民俗学――琵琶湖のフィールドから』雄山閣出版、一四七―一六六頁。
松井健　一九九八「マイナーサブシステンスの世界」篠原徹編『現代民俗学の視点一　民俗の技術』朝倉書店、二四七―二六八頁。
三重県企画調整部広報外事課　一九七九「過疎問題を考える　その一一　現代に生きる平家の末裔――竃方と誇り高き過去の遺産」『県民グラフ』一〇三：二〇。
宮内泰介　二〇〇一「住民の生活戦略とコモンズ――ソロモン諸島の事例から」井上真・宮内泰介編『コモンズの社会学――森・川・海の資源共同管理を考える』新曜社、一四四―一六四頁。
村田米吉　一九六五『南伊勢竃方古文書資料集』三重県郷土資料刊行会。
家中茂　一九九六「新石垣空港建設計画における地元の同意」『年報村落社会研究』三二：二一一―二三七。
脇田健一　一九九四「湖岸漁師の判断力と戦略」鳥越皓之編『試みとしての環境民俗学――琵琶湖のフィールドから』雄山閣出版、七四―九八頁。

読書案内

◆アジア・太平洋地域のコモンズを分析。地域と地球をつなぐ視点や、文化・歴史・生態を統合的にとらえる
秋道智彌『コモンズの人類学――文化・歴史・生態』人文書院、二〇〇四年。

◆風景への人びとの感情や行為がもつ価値を問い直し、地域における合意形成のあり方を問い直す
桑子敏雄編『風景のなかの環境哲学』東京大学出版会、二〇〇五年。

◆所有、公共性などの近代的概念ではとらえきれないコモンズのしくみに迫り、レジティマシー（正統性）のダイナミズムを描く
宮内泰介編『コモンズをささえるしくみ――レジティマシーの環境社会学』新曜社、二〇〇六年。

コラム

ゴミに隠れた神様

ネパール・カトマンズにおけるゴミ処理制度の変化

中川加奈子

ネパールの首都カトマンズの旧市街では、道ばたにさまざまなものが落ちている。カトマンズの旧市街では、道、井戸、洗い場などの生活の基盤が、街並み形成当初の中世の頃からほぼ変わっていない。道ばたにはさまざまな神様を祭る祠や、人々の信仰の対象となっている石が、所狭しと並んでいる。祠や石には、それぞれに花やお米粒、お菓子などがお供えしてある。近所の住民が日々お供えをし、これを野良犬や牛が日々食べているので、結果としてお供え物は新しいものへと入れ変わり続けている。

一方で、お供え物以外のものが道ばたに落ちていることもある。辻に、レンガ、藁と共に衣服などが置いてあれば、その直前に葬送行列が通ったことの形跡である。服、枕、布団など、死者が死を迎える直前に使用していたものは、辻に置き去られる。これらの遺留品は、後に葬儀屋が持ち帰って再利用したりする。

各家庭から毎日排出される生ゴミは、道ばたに捨てるのではなく、「サー・ガー」と呼ばれる穴に入れて堆肥化する。サー・ガーは、各家の一階部分にあることも多いが、家々の間にある場合もある。堆肥化された生ゴミは、後に自家農地で使用したり、近隣の農民に売ったりしていたそうだ。一九九〇年の民主化と、それに伴い大量消費経済の波が押しよせる前、食糧や油などの日用品は量り売りで購入することが主流であったカトマンズにおいては、プラスチック製のゴミがほとんどなかったという。日々の暮らしで不要となったものは、いったん道ばたやサー・ガーに落とされ、それらは次の用途を持たされ、有用なものへと転じてきた。

また、住民の間には、サー・ガーには、「ルクマーデヨ」というシヴァ神の一化身が隠れているという伝説が伝承されている。ルクマーデヨのご神体である石は、主に年に一度、ピサークチャトゥルダシ（ネパール暦チャイトラ月〔太陽暦三〜四月頃〕の新月の一日前）の時期に取り出されてきれいに洗われ、サー・ガーも掃除される。掃

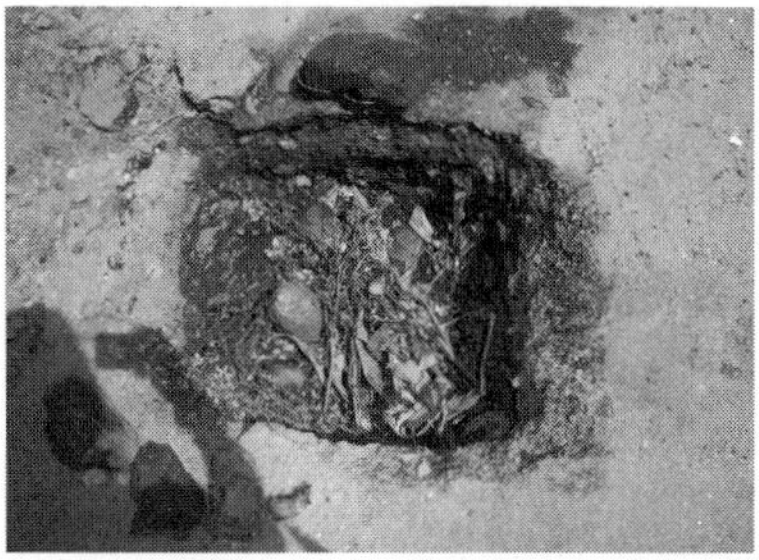

ピサークチャトゥルダシの日、きれいに掃除され、振る舞いを受けた、ゴミに隠れた神様

除の後、住民は、花やお香と共に、通常は禁じられているニンニク、酒、肉も振る舞う。伝説によると、ルクマーデヨは、年に一回、ゴミのなかに隠れて、通常は食べてはいけないものをこっそりと食べており、満足した後で一年にわたって、地域を病気や災いから守ってくれるのだという。また、この伝説の背景には、なかに神様が隠れているのだから、あまり無碍にゴミを放り込んではいけないという教訓があったのかもしれない。

一九八〇年代より、カトマンズでは外国支援により近代的ゴミ処理制度が導入されるようになった。また、長引く政治的混乱に伴い、地方での治安悪化を受けて多くの国内避難民が流入し、人口は急増し続けている。現在、カトマンズの旧市街では、毎週決まった時間にゴミ収集車が走る。ゴミ収集車が走ってくるとサイレンが鳴り、人々は戸外に飛び出して、プラスチックのゴミも、生ゴミも、動物の死骸も、ほぼ分別しないままにゴミ収集車に放り込む。その後、ゴミは郊外の埋立場に運ばれる。埋立地に落とされたゴミが次の用途を持たされる日、埋立地に神様がこっそりやってくる日は、来るのだろうか。

トイレのない島

川田牧人

構造主義のおしえでは、人間は自らの活動領域を自然から切り分けることによって、文化を創造するのだという。たとえばトイレという創意は、自然の空間のなかからある一部を特定することによって、人がどこででも排泄してよいわけではないという規則を生み出す。かくして自然と文化は対立する二項となる。

かつてフィリピンのある島に住み込みの調査をしていたとき、開始当初に最も苦労したのはトイレであった。その島すべてがそうであったわけではないだろうが、私が寄宿した家にはトイレがなかった。もよおしたら、誰も来そうにない草陰などを探して、そこで用を足す。それはそれで慣れれば問題ないのだが、場所探しにうろつきはじめると、寄宿先の子どもが「トイレか？　トイレか？」といって、後をついてくるのには閉口した。その子はいっしょに場所を探してやろうと親切心からついてきてくれるようなのだが、当人の存在が最も邪魔していることを、彼本人が気づいていないのである。

島の浜辺

しばらくして、そういう日々の苦労を見かねてか、寄宿先のおじいさんがある日、セメントをこね出した。「お前のために、トイレを作ってやろうと思ってな」と彼は説明した。やがてトイレの形にセメントを固めた彼は、おもむろに金隠しのあたりに私の名前を彫りつけた。かくして私の排泄行為は、島の草むらや木陰の任意の場所から、そのセメントの箱一つに限定されることとなった。自然から文化が切り分けられたのだ。

しかし本当に自然から文化は切り分けられたのだろうか。それ以前もそれ以後も、私は島をずいぶん歩いたが、いかなる木陰や物陰でも、人が排泄している瞬間に出くわしたことがない。どうやら排泄場所を探すのにはコツがあって、通りがかりの人とは決して遭遇しないようなやり方があるのだ。したがって自然がのっぺりとどこもかしこも排泄可能地帯なのではないはずだ。つまり、自然と文化が乗り合わせている場合だってあるのだ。

水死体とエビス神

山　泰幸

　私が住んでいる兵庫県西宮市には、「えべっさん」の愛称で親しまれている、西宮えびすがある。西宮えびすは、えびす神社の総本社であり、「恵比寿」「大黒」と並び称される商売繁盛の福の神ということもあって、毎年、十日戎にたくさんの参拝客でにぎわうことで知られている。

　エビス神は商売繁盛の福の神であることから、都市に暮らす人々の信仰を集めてきたが、元来は、豊漁を願う漁民たちが信仰する神でもある。現在でも、漁村を訪れれば、エビス神を祀る祠を港で見かけることができる。たとえば、エビス神の代表的な図柄に「えびす鯛」と呼ばれる、エビスが釣竿を持って、鯛を脇に抱えている図柄がある。エビスがもたらす福は、エビス神が釣り上げた鯛として表現されている。エビス神には、漁民が望んでいる海からもたらされる福のイメージが重ね合わされているのである。

　以上のように、全国各地でエビス神は厚い信仰を集めてきたわけだが、そのなかにじつに風変わりなエビス神の信仰がある。それは水死体をエビス神として祀るというものである。

　波平恵美子が調査した長崎県壱岐郡勝本浦の事例では、海上に死の穢れを持ち込むことは厳格な禁忌の対象となっているにもかかわらず、水死体を「おえべっさん」

と呼び、水死体に出会ったら必ずそれを拾わなければならず、拾えば豊漁をもたらしてくれると強く信じられているのである。ここには、水死体という一般的には不浄性を帯びたものが、豊漁をもたらす神として聖性を帯びたものとして捉え直されるという価値の転換が生じているのである。従来、このような奇妙な信仰が生じる理由を、エビスが境界的・両義的な性格を持った神であることを踏まえて、分類体系のなかで曖昧さを持つ存在は、不浄性を付帯され、危険視されると同時に、神聖を帯びるとする人類学的な象徴論から説明されてきた。

長崎県福江島黒瀬のエビス神の祠

　しかし、環境民俗学的に興味深いのは、海上で水死体に遭遇するという、どちらかといえば気味の悪い出来事を、死の穢れのイメージ通り、「不漁」の徴候として捉えるのではなく、むしろ「豊漁」というイメージに結び付けて積極的に捉え直していく、漁民の言説的・非言説的実践の具体の方である。そして、こうした実践に目を向けることは、人々による自然環境の多様な表象行為が、豊漁を求める人々の切実な願いが込められたものであることに思いいたることでもある。

◇参考文献

波平恵美子　一九七八「水死体をエビス神として祀る信仰――その意味と解釈」『民族学研究』四二（四）：三二四―三五五。

第Ⅱ部

資源

第Ⅱ部で焦点をあてたいのは、人と自然がかかわりあう実際のやり方、やりとりの仕方である。人と自然のつきあい方を多様性を重視しながら、なるべく要約や一般論でひとまとめにせず詳細化するというのが、本書のねらいの一つである。

表題となっている「資源」について、序論では「利用にかかわる知識と技術、およびそれによって得られる精神的・物質的産物を包括したもの」とのべたが、このパートでは、まず資源獲得の活動を陸と海の二つの現場から捉える。その際に着目するのが、それぞれの場での活動を成り立たせるための所有や利用についての観念である。そしてその後、農業や漁業などの営みにおけるやりがいや「楽しみ」といった精神的な部分に踏み込んでいくという二段構えで展開される。

まず、第五章「環境民俗学は所有と利用をどう考えるか?」（菅豊）では、土地の所有と利用をめぐって議論が展開される。その前提は、慣習と近代制度としての法律が対立的な構図を描くような事象において、「伝統」がいかに表出するかを捉えることが民俗学の独自性だという主張である。所有と利用が一対一対応せず微妙にズレることに頓着することなく「昔からそうだった」としか説明しない人々の生から歴史的蓄積を読み取り、本源的土地所有論、土地所有の二重性論、コモンズ論など、他領域にも通用するような概念化を通して、生活のなかで見過ごされてきた側面を照らし出すことが環境民俗学の使命だとしている。

これに対し、つぎの第六章「水産資源をめぐる平等と葛藤」（中野泰）では、海洋資源である海産物（スケトウダラ）について、資源管理の観点から考察が加えられる。スケトウダラ延縄漁業の展開を歴史的に回顧すると、早い者勝ちだったオープンアクセスの原理から、平等な資源利用をめざす共同体所有制への移行がみられるという。漁民各自の競争心理に裏打ちされた平等性の志向を描き出しながら、生活者の知識や経験を「環境にやさしい」といった一面的理解へと平板化させない方向性が模索される。

自然環境をめぐる所有や利用の観念ならびに制度化の議論を受け、後の二つの章では資源をめぐる精神活動の側面に焦点をあてる。第七章「棚田に生きる人々と水とのつきあい方」（山本早苗）は、環境に対する働きかけとして複雑なシステムを持つ棚田の排水利用や、それによって生まれる共同性についての詳細なエスノグラフィーである。大津市仰木地区では、限られた生態条件としての水を地下水や伏流水までふくめて幾重にも利用する人々が、水を媒介として生態的・社会的・歴史的に関係性を立体化させる。このような自然環境を媒介とした人々のつながりを、筆者は「水掛かり共同性」と名づけている。このような自然環境の共有は、しかしながら、自然環境の管理や利用という実利的な側面ばかりでなく、棚田がまた隠し田ともみなされ、秘匿性と投機性の営みであるバクチにもつながる。

第八章「復活、田んぼの魚捕り――現代社会の水田漁撈」（安室知）では、高度経済成長期までのたいていの日本人が経験したであろう「田んぼでの魚捕り」＝水田漁撈をとりあげる。漁撈は経済的側面だけでなく、自給的側面、社会的側面、娯楽的側面など、多くの特徴を持った複合的営みであることが、水田漁撈から明らかになる。高度経済成長期にいったん途絶えたかにみえた水田漁撈は、一九九〇年代以降、復活のきざしを見せているが、それには伝統技術の環境思想化と文化資源化という二つの要因が考えられるという。

娯楽性の側面が強調される現代の水田漁撈は、「自然体験」や懐かしさの演出など、文化的な価値づけがなされているのである。

本パートの特徴は、人が自然とつきあう実際のやり方を詳細に再構成しながら、しかしそれを経済的な意味に限定した資源獲得方法として捉えることにとどめない視点を展開させているところである。もちろん、農業や漁業などの活動は生産手段として物質的な獲得を大前提としているが、それだけではなく、それらの活動の支柱となるような精神的ささえや娯楽性、気分の昂揚などの領域にまで視野を広げようとしている。それは第Ｉ部であつかった狩猟や林業などの活動にも共通して見られたことである。

もう一点の特徴は、このパートであつかわれる資料の重層性である。従来、民俗学においては口承の資料が中心となっていたが、本パートの各章では歴史的資料や制度面に関する記述が重厚である。利用できる資料を縦横無尽に用いて人と自然のつきあい方を解きほぐしていこうとする環境民俗学の方法論が、ここにはいかんなく発揮されている。（編者）

［第5章］環境民俗学は所有と利用をどう考えるか？

菅　豊

1　政治を避けた民俗学

民間伝承論から伝統論としての民俗学へ

民俗学において、「伝承」という言葉が、ことのほか重要なテクニカル・タームとして位置づけられてきたことは、改めて述べるまでもない。しかし、その重要性のわりには、民俗学において、それはことのほか不用意に、そして安易に使われてきた言葉でもある。

未だ学として民俗学が固まらぬ草創期、その創始者である柳田國男が、研究対象を確定するために、「伝承」という言葉を意識的、選択的に用いたことは、民俗学にかかわるものならば誰でも知っていることである。また、それが、あくまで仏語の「トラヂシオン（tradition）」の翻訳であったことも、民俗学の常識である。この「トラヂシオン」を、現代の日本人が素直に訳せば、「伝統」と訳すのが一般的であろう。あえてここに「伝承」の語を当てはめる必然性は、いっさいない。しかし、柳田がそれを「伝統」と訳さなかったのには理由がある。

柳田は、昭和初頭の論考「木思石語（一）」のなかで「我々が通例『伝承』と訳して居るトラヂシオンは、事によると永年の法律制度のやうな、或少数の権力者の考へで定めたものまで、一しょくたにされる懸念がある故に、特に民間の『伝承』と断らねばならぬ必要を認める」（柳田　一九六二〔一九二八〕：三四六）と述べる。しかし、この文章において、「伝承」と「伝統」との根源的な意味の違いを見出すことはできない。わずかに、「民間」という形容詞を「伝承」の語へ冠する点においてのみ、意味の違いを見出すことができる。それがなければ、民俗学に知悉しない人々にとって、「トラヂシオン」は「伝統」の語を以て翻訳した方が、やはりわかりやすいはずである。ただし、柳田は、「伝承」という語以上に、それを修飾する「民間」という言葉に重きを置いていた。そのため、あえて「トラヂシオン」を、「伝統」ではなく、手垢がついていない語である「伝承」と表現したのである。

まず、私たちは、ここで柳田が「伝統」という言葉に、強く政治性、階級性を読み取っていたことに気がつかなければならない。彼は、『民間伝承論』のなかで、自身が推進しようとする新しい学問である「民間伝承論」は、「欧羅巴大陸若干の旧国に於て、Les Traditions Populaires などと謂つて居る一団の知識」であるとしている（柳田　一九八〇〔一九三四〕：一八）。しかし、その Traditions、すなわち「トラヂシオンといふ語は、其本国に於ても色々政治上の聯想があつて困ることは、日本今日の『伝統』という訳語が之を推測させる」（柳田　一九八〇〔一九三四〕：一八）と述べるように、柳田にとって「伝統」という語は、「政治上の聯想」がなされるものであった。すなわち「伝統」という言葉に、柳田は政治性を少なからず嗅ぎ取っていたのである。

さらに、私たちは、ここで柳田が新たなる研究分野――後の民俗学――から、そのような政治性を積極的に排除すべく努力していたことにも、気がつかなければならない。たとえば、先に紹介した『木思石語』では、法律制度――これも「政治上の聯想」がなされるものであろう――など特権的性格を有する少数者が創出した文化事象を、その研究の対象から外すことを明らかに要求している。また、『民間伝承論』のなかでは、「政治上の聯想」が、柳田自身「困ること」だったことを明確に表明している。そのため「ポピュレールという形容詞に、非常に重きを置いてもらふことになつて居る」のであり、さらにその「ポピュレール」は「民間」としか表現しえないため、その代わりに「新たな感じのある伝承といふ語を以て、情実《（緒カ）》纏綿する伝統にさし替へ」たのである（柳田 一九八〇〔一九三四〕：一八）。つまり、「伝承」という語は、「伝統」という語が有する政治性から意図的に逃れる、あるいはそのような政治性を排除するために柳田によって選択された訳語なのである。

この「伝統」という言葉に、政治的な臭いを嗅ぎ取った柳田の嗅覚が鋭敏であったことは、『民間伝承論』が出てから、ほぼ五〇年後の一九八〇年代以降、歴史学や人類学を席巻した「創られた伝統（The Invention of Tradition）」論において、「伝統」の政治性が数多く暴露されたことからも明らかである。柳田の「伝統」の語に対する位置づけは間違っておらず、その位置づけ自体は先見性があったと評価できる。

ただし、残念なことに、柳田はその政治性を無視し、看過し、排除し、それから逃避しようとした。その柳田の本質主義的な思考の狭隘さは、現代において批判と修正がなされなければならない。柳田は「民間伝承」を、「インテリゲンチャ、即ち有識階級と向き合せて」対置される民間層（非・有識階級）が持つ「古臭いもの」とした（柳田 一九八〇〔一九三四〕：一九）。しかし、そのような「インテリ」ではない人々が持つ文化でさえ、政治性のみならず、経済なども含み込んだ、より外部的な社会状況とひとり無縁に連綿と本質を変えずにきたなどという妄想は、構築主義的思考が未だ十分に浸透していない民俗学においてすら、もはや成立しなくなっている。さらに、いくら「古臭いもの」とはいえども、それが政治性から完全に逃れることなど至極困難だったはずであり、ましてや現代の社会状況において、その「古臭いもの」が政治性と不可分であることは、文化財や世界遺産の動きを見れば火を見るより明らかである。その点において、民俗学は、現時点で「民間伝承」論ではなく、「伝統」論——政治性などを含めた社会状況の文化への影響が自明なものとして——へと移り変わっていることを自覚しなければならない。

慣習と法律

さて、本論で問題とする土地をめぐる所有論・利用論という言葉は、オーソドックスな民俗学とはいささか縁遠い響きがあるかもしれない。たとえば、現在の所有権という言葉。現在の所有権という権利は、民法第二〇六条で「所有者は、法令の制限内において、自由にその所有物の使用、収益及び処分をする権利を有する」という形でその内容が法律に定められるもので、まさに先に柳田が述べた「永年の法律制度」であり、そして「政治上の聯想」がなされるものである。そのため、民間伝承論としての民俗学では、それを研究課題として十全に掬い上げることは、ほとんどできないであろう。しかし、民俗学者が血眼になって、自らが「民俗らしい」と感じるものを聞き取り、古風を穿鑿する背後で、その対象となる農山漁村の多くの人々が生活を長年営み続けるにあたって、この「永年の法律制度」が切実、喫緊の重要課題であったことは、疑いのないことである。

法律をよく見てみよう。ナイーブな民俗学者は、法律が常民——死語になって久しい用語ではあるが——と無縁なところで作られ、民間伝承の研究には含まれないと考え、その影響に関心すら払ってこなかった。しかし、その法律自体が、実際は人々の民俗社会の多様な「慣習」[*1]をすべて統合的に整理できずに、その「慣習」のままにまかせていることは、まさに皮肉なことである。

たとえば、隣地から自然に流れ来る水流の障害を除去、工作物の修繕等をするためなどに工事を行う場合、費用の負担について別段の慣習があるときは、その「慣習」に従う（民法第二一七条）。また、溝、堀その他の水流地の所有者は、対岸の土地が他人の所有に属するときは、その水路または幅員を変更してはならないが、そのような規定と異なる慣習があるときは、その「慣習」に従う（民法第二一九条）。共有の性質を有する入会権については、各地方の「慣習」に従う（民法第二六三条）。永小作権に関しては第二七一条から二七六条まで種々の規定があるが、その規定と異なる慣習があるときは、その「慣習」に従う（民法第二七七条）。共有の性質を有しない入会権については、各地方の「慣習」に従う（民法第二九四条[*2]）。

これらの、数多くの「規定と異なる慣習があるときは、その『慣習』に従う」という民法の譲歩、さらに入会権についての「各地方の『慣習』に従う」という民法の対処法が、「慣習」の力の大きさというものを如実に示している。「慣習」を研究の対象として選んだ柳田は、それとは無関係のものとして「永年の法律制度」を排除したが、実はそれすら「慣習」に深く根ざしている実際の生活を扱いかねて、その力を容認しているのである。つまり、「永年の法律制度」の一部は、「実質的な法規範の体をなして」（加藤　二〇〇一：一一〇）おらず、民俗社会の論理を内包する事物と見なしうるということである。

その「慣習」の力を汲み取ること、そして、その「慣習」と近代的な制度が相克する現場、すなわち「伝統」が表出する現場を押さえることこそが、いま、民俗学が文化の政治性を含み込んだ「伝統」論として起ち上がるときに、重要な課題として浮上している。結果、所有や利用という制度の考究において、民俗学が果たす役割は大きいものとなっているといえる。とくに、環境民俗学という、過去からの「伝統」を省察し、現在的な問題へ実践的にアプローチする立場において、所有論・利用論は中心的課題となっているのである。

もちろん、民俗学の所有論・利用論がとるべきスタンスは、法学や法社会学とは異なるものであるし、描き出す内容も異なるはずである。さもなくば、民俗学で、そのような対象を取り扱う必要はない。本章では、民俗学が、所有論・利用論にアプローチする場合、具体的にどのような視点と手法が可能なのかを探っていきたい。

2　環境民俗学で学ぶべき所有・利用の実態

あるムラの焼畑

新潟県村上市（旧、山北町）大川谷地区。大川が流れる谷筋に一三の集落が点在する。わずかばかりの平地があるものの、その大半は山林に占められる。この一帯の山村では、八月の初旬から中旬の夜半にナギノという焼畑が行われてきた。ナギノは切替畑で、スギの植林地で行われる。つまり、自然林や放置された二次林を焼くのではなく、植林を伐採したときに暫定的に行う焼畑である。スギを伐採するとスギ枝や葉、株が大量に残る。それをそのまま残しておくと、次の植林の邪魔になるので、その掃除も兼ねてナギノは行われる。ナギノにするとしばらくは苗木周りの下刈りをする必要がなく、スギの育成上利点がある。私は、このナギノで、先に述べたような法律が規定する近代的「所有権」とは異なるあり方を垣間見た。

いまから二十数年前、私は大川谷の大谷沢という一つのムラでナギノにするための山焼き（火入れ）を体験した。八月上旬のある日。まだ、午前〇時をまわったくらいだったと思う。私は、下宿していた家のばあちゃんに起こされて、眠い目をこすりながら裏山の急な坂を登りはじめた。その日は、山焼きの日であった。世話になっている家の老夫婦に従うように、暗くて細い山道を登っていく。途中で、他のムラの人たちと待ち合わせするともなく出合って、一緒に登っていった。私は闇夜の山道に慣れていないので、後ろからじいちゃんが電灯で照らし続けてくれる。どうにか、小一時間ほどで、山の中腹に辿り着くことができた。

そこは前日まで、枝などが集められて、火を入れるのを待つだけになっていた。日の出にはまだまだずいぶん時間があるが、山焼きを取り仕切るヤマサキ（山仕事のリーダー）が、斜面の上の方にある一つの切り株に、持参した一升瓶で酒をかける。そして、山焼きの安全を祈って、株に向かって柏手を打つ。それが火入れの合図である。

火入れは、ナギノにする伐採地の上手から行う。下から火を入れると、一気に火が燃え広がり、火が手に追えなくなり山火事となるからである。山火事をこの地では「山をあます」というが、そうならないように数カ所から火を入れて、谷の下に向かって慎重に火を落として、焼いていく。伐採地は、隣接する森林に延焼しないようにその縁が五メートルほど、可燃物を取り除いてある。上縁部をウワグロ、左右をタテグロと呼び、一番下のシタグロなどに比べて火が燃え移りやすいので気をつける。海から吹くニシカゼが強いときには、火の手が大きくなるので、とくに注意が必要である。真夏の夜空に燃え上がる炎は壮麗で、幻想的であるが、焼いている男衆はそんな感傷に浸っている暇はなさそうだ。時折、全体を見渡すヤマサキから、「そっちの火の手を落とせ！」「こっちのクロに火を近づけるな！」といった指示が飛んでいる。みんな自分が担当する場所から、「山をあます」ことはないかと、常に緊張しきっているようであった。

朝日も昇る頃にはだいたい焼き上がった。燃え残しの枝を中央に集め、再度焼いて山焼きの作業はほぼ終わりである。ちょうど終わりも近づいた時分、麓から一人の中年の男性が山を登ってきた。大谷沢のムラでは見かけない人物であり、山焼き作業をやるよう風体でもない。彼は、切り株に腰掛けて、みんなの作業を眺めていたが、作業もだいたい終わりになると、みんなに「ご苦労さんでした」の一言を残して山を下りていった。彼が、いったいこの山に何をしに来たのか訝しがっていた私に、ばあちゃんは、その人がその山の地主であることを教えてくれた。その人の家は、大川谷地区では結構大きな山林地主であり、自分の山のナギノの拵り具合を確かめに来ていたのである。地主にとっては、ナギノは次の植林のための最初の重要な整地作業なのであった。

まだところどころで煙がくすぶっているが、火はだいたい収まった頃、男衆は縁に集まって「タバコをする」。「タバコをする」といっても、必ずしもタバコを吸うわけではない。この地では、仕事の合間の休憩をそう表現するのである。一方、女衆は鋤や鍬で焼け跡をならし続けて、なかなか休もうとしない。火を入れているときとはうってかわって、むしろ女衆は自分たちの出番といわんばかりに、かいがいしく働いている。すると彼女らは、突然落ちている手頃な枝を拾って、まだ熱さが残る山肌に等間隔に突き立てはじめた。そして、数人が組んでこの地域の特産であるアカカブ（温海カブ）の種を、蒔きはじめたのである。

ナギノで育てる作物は、ムラごとに異なっているようだが、ここ大谷沢では一年目はたいていアカカブを育てるのが普通である。ナギノで育ったカブは、灰のおかげでよりいっそう赤みが増すとされている。アカカブは、現在では庄内からこの地にかけての特産物として、その多くが売りに出されるが、私が山焼きに参加した一九八〇年代初頭には、まだこの地域の人の口にしか入らない土着の食品であった。それは、一〇月に収穫され、甘酢漬けにされて、人々の普段の食卓を賑わしていたのである。家の女性たちが漬け込んだ赤紫のカブは、こりこりと歯ごたえがよく、まさにこの地の郷土料理の代表であった。

所有と利用のズレ

さて、カブの種まきが終わると、女性たちはひとところに集まった。ようやく「タバコをする」のかと思いきや、誰かが持参した籤を使って、みんなで籤引きをはじめたのであった。それは、参加した家ごとにナギノを分けるための籤引きであった。突き立てた枝でナギノは区画され、番号がつけられ、籤に応じて参加した人々に振り分けられていったのである。

その区画ごとにカブを育て、秋の収穫はその区画ごとに各家で行うということだった。そして、収穫したカブは、すべてがその家のものとなるという。私は、ばあちゃんに地主に地代としていくばくかの収穫を収めるのかと問うと、そんなことはないという。それでは地代を払うのかというと、それもないという。それでは地主から文句は来ないの

写真-1　山焼き後に立てられた焼畑境界の枝

写真5-2　ナギノ種まき

かとしつこく問うと、そんなことは今までないし、ナギノはムラで自由に差配してカブをみんなで育てるのが昔からの習わしだという。この大谷沢の地内では、地主はナギノには口を出さないというのである。それに、ナギノにすれば新しくスギの植林を行う際の土地のこしらえになって、地主にとっても得があるのだという。確かに、山焼きの労賃を払うことなしに、整地してもらうのだから、地主に酬いるところもあるのだろうが、しかし、ばあちゃんの口ぶりでは、そのナギノは互いに利する行為という以上に、大谷沢の人々にとって当然やってもよい行為、逆に地主にとっては拒絶できない行為という感じであった。何よりも、ナギノに参加するのは、大谷沢の住民ならば誰でもよく、誰が加わっているか地主はいっさい知らないという。ナギノに関し、地主はいたって放任しているのである。さらによく聞くと、いまはまったく利用しないけれども、昔は地主の山では薪とするための雑木やスギの落ちた枝を勝手にとってもよかったという。なんのことわりも要らないし、対価も要求されることはなかった。もちろん、スギの本体に関しては、そのような自由さは当然なく、勝手に地主のスギを切ったら大問題になるし、そのようなことを企てる人々はいない。あくまで、ナギノと薪に限った限定的な自由利用なのであった。

このあり方は現代的な所有権や使用権といった概念に浸潤されていた私にとっては、とても新鮮であった。他人の土地で耕作する場合、普通、田畑ならば小作料といった対価が求められるであろう。そして、貸借関係は明確であり、それは契約として明文化される場合も多い。少なくとも、教科書ではそう習ってきた。どうやらそのような常識とは異なる「土地利用制度」がありそうで、興味を引かれた私は、そのあたりを再度根掘り葉掘り聞いた。自分の土地を他人が利用することにまったく関与しない、あるいは関心をもっていないのはおかしいと思い何度も食い下がっても、ばあちゃんは「昔からそうだった」としか答えてくれない。とくに、ナギノに関して地主との契約があるわけでもないし、また、ムラのなかでの取り決めがあるわけでもなかった。それは、「昔からそんなもんだ」という感覚で続けられていたのであり、「土地利用制度」といった堅いものではなく、「山の日常の使い方」といった程度で生活にとけこんでいるものなのであった。

アプリオリに「制度」があるとする思考が、至極、「近代的所有」観に拘泥されたものであることを、この事例は教えてくれる。在地では、必ずしも「近代的所有」が厳格かつ杓子定規に主張されるものではないことを、はじめて私は知ったのだった。

3　環境民俗学で学ぶべき所有・利用の歴史

日本の土地所有の歴史

以上の事例を見ると、現在、我々が考える理念的な土地の使用や所有とは別のあり方が、在地社会に存在していることがわかる。人の土地だけど、自由に使って良いときがある。自分の土地だけど、他人が使うことに口を出すのが憚られることがある。難しくいうならば、所有権という現代において自明のものが、在地社会では慣習的に制約を受ける場合がある。もちろん、その制約を課す側は、「権利」といった強い主張ではなく、「昔からそうだった」ということで無意識に違和感なく制約的に行動してしまうあり方が、どうやら在地社会には存在するのである。

理念的だが厳格であるはずの近代的所有権――実際は、多様な運用がなされていることが多い――とはズレるこのようなあり方は、土地所有の歴史とかかわっているようである。「所有」という概念を歴史的に見渡すとき、それが長い時間のなかで一様でなかったことは当然である。所有という概念は、まさに歴史的産物なのであり、「伝統」なのである。それが歩んできた時代の政治や法制度、社会の仕組みのなかで、それは理解されなければならない。また、所有という表現自体も、時代に制約されていることを認識しておくべきであろう。

大谷沢のナギノでの土地の使用と所有の問題を理解するためには、それを生成させた歴史的な過程を、まずは理解する必要がある。いまにつながる土地の所有を考える上において、歴史の重要な起点は、近世である。江戸時代には、現代とは異なる土地を使うあり方や、土地を自分のものとするあり方が存在した。簡単に近世的土地所有を語る場合、それは領主がその支配領域を自分のものとする権利である「領知」と、実際にその領域内で生活する人々――百姓――の「所持」とがあった。近世村落史家の渡辺尚志の整理によれば、現在そのいずれを所有権と見なすかという説には、①領知を主とする領主的土地所有説、②所持を主とする農民土地私有権説、③その両者が重層的に存在する重層的土地所有権説の三説があり、渡辺自身は第三の説を支持している（渡辺　二〇〇二：二四九―二五〇）。さらに、渡辺は、近世の百姓による土地の所持が、現代所有権とは異なり、村落共同体の規制を受けるものであることを以下のように指摘している。

「近世において、村の耕地は個々の村民のものであると同時に村全体のものであり、共同体の強い規制を受けていたことがわかる。近世の百姓の家産（土地）観念は、絶対的・排他的なものではなく、共同体に依拠しその規制を受けつつ所持地を維持していこうというものだったのである」（渡辺　二〇〇二：二五二）。

「個々の村民のものであると同時に村全体のもの」という状況は、近世の村落が公課を責任をもって負担する公課負担団体であったことに起因する。日本の近世において、その仕組みは地域によって多様であるものの、基本的に農村の人々の生活にとって、生活基盤は村、すなわちムラ（共同体）であった。それは村切《むらぎり》という形で理念上、明確に空間領域が画定され、それぞれの村は、年貢などの公課の納入や法的な管理、検知などを共同に行う、いわゆる「村請制」の基本単位であった。それは、支配者側にとってみれば、農民を統治する単位であり、農民にとってみれば、生計を維持するために必要な共的自治システムの単位であった。この村切と村請制という仕組みが、個人の土地の所持に大きく影響を与えていた。

この仕組みによって、ムラは、生活や社会の共同性を強固なものとされ、その共同性に基づく社会システムを保持することになる。それはすでに述べたような山の利用や所有にも大きな影響を与えている。たとえば、山は刈敷などの肥料、牛馬の飼料、そして薪炭などの生活必需物資を供給する場であり、その機能に着目するならば、その場の利用はいたって共同的であった。それは、「入会」と表現される利用形態であり、個々の人々が所持するのではなく、基本的に共同利用の場として留め置かれ、一村、あるいは複数村の人々が入り会って共的に利用する場合が多かった。もちろん、近世においても、山を分割して所持する例も多く出てくるが、それは屋敷地や田畑地などの耕作地に比べれば、共的な空間の性格を帯びていたことは間違いない。

生活と結びつく近世の山

先に紹介した大谷沢の近世や近代初頭における山利用に関しては、史料が残っておらず詳らかではないが、大川谷の他のムラの史料を見ると、この地域の山が共的に入会利用されていたことが看取される。それは、生活を維持するうえで、非常に重要な役割を果たしていた。

たとえば、大谷沢に北側で隣接する塔下の山は、近世において塔下の人々が一緒に利用する生活空間であった。また、そこは塔下のみならず、府屋組（大川谷地区）の他村も利用していたようである。塔下の下流にある堀ノ内に残された一七八七（天明七）年の「堀之内村指出明細帳」によると、「當村より薪取ニ入會之村々　前々より塔下村・温出村・中濱村・府屋町江入来申候」（山北町史編さん委員会　一九八七b：二二二）とある。また、大川谷地区の海岸部に立地する岩崎に残された同年の「岩崎村指出明細帳」にも「當村より薪取ニ入来村々之事　府屋組中濱村・塔下村此弐ヶ所江入来申候」（山北町史編さん委員会　一九八七b：二二五）とあって、塔下の山林は、薪利用に関して数村入会になっていたことがわかる。薪という生活必需物資に関しては塔下の山林は、ただ一村のみを支えていただけではなく、ときにはムラを越えた領域を支えるものとして利用が広く許されていたのである。

さらに、各村は「組中用意林」という山林を持っていた。これは府屋組村々の「川除《かわよけ》普請」、つまり河川改修の際の用材とするもので、ムラを越えた組という領域に寄与するための資源を共同で確保する場所でもあった（山北町史編さん委員会　一九八七b：二二一、二二七）。これも、組全体の山林所有・利用ではなく、組に資する資源を各村ごとに分担して保有していたものである。このような、山の利用形態は、山が生活維持のうえで基本的な資源供給空間であったことを示す。

さらに、山は多様な使われ方をしていた。塔下の一六六二（寛文二）年の「検地帳」には、「山畑」の文字が見え、焼畑が一部常畑化していた可能性がある（山北町史編さん委員会　一九八七b：一二五）。また、年代不詳の「塔下村指出明細帳」には、産物として畑作地では「粟、稗、黍、蕎麦、蕪、大根」（山北町史編さん委員会　一九八七a：二四五）などが作られていたことが記載されており、これら畑作地の産物が現在でもナギノの主産物であることから考えても、山畑はナギノと連続するものと捉えるべきであろう。

山はこのような農耕のみならず、種々の採集活動によって食料を獲得する場所でもあった。現在、確認されるだけでも、山菜類、キノコ類あわせて三十数種類以上もの資源利用を行っている。これらは採集してすぐに食卓に上らせるばかりではなく、大量に収穫して塩蔵、乾燥貯蔵し保存食としても利用している。過去において、それら山の可食植物の食料に占める位置は、現在に比べてはるかに重要であったことは推測に難くない。クズなどは救荒食料としての意味を持っていたというから、山は安定的な生活を維持するうえで必要な食料資源をストックする空間として機能していたのである。

さらに山は、食料だけではなく、生活維持のための重要な素材を提供する空間でもあった。たとえば、既出の「村明細帳」によると「こやしのため草苅敷仕候節ハ当村之地内之山より苅申候」（山北町史編さん委員会　一九八七a：二四八）とあり、田畑の肥料用の草を村内の山から確保していた。

経済、政治の影響を受ける近代の山——所有観、利用観の変容

近世末から明治に移り変わると炭焼きとその販売が盛行したようであるが、それに使用する用材は、居住するムラの山林から切り出すものであった。また、近世から明治初頭にかけて、農閑期に山間部の村々は、海岸部での製塩用の燃料用材木（塩木）を供給し、現金収入を得ていた。近世の山は、屋敷回りや里に近い山以外、現在のような明確な所有はなかったため、ムラの山を自由に使っていたものと見られる。

一八七二（明治五）年、地券が交付され、翌年、地租改正に伴い、林野の官民区分が明確にされた。この際、大川谷では、ウルシやスギなど植林が認定できる山林はそれを行ってきた個人に分けられ、また、はっきりしない山林は村の「公有」とされ、山林が近代的所有権のなかで明確に確定された。一八七六（明治九）年には、この公有地を改めて民有地とし、村の共同民有地として扱った。

その後、一八八九（明治二二）年、大川谷地区の山のあり方に関して大きな変革が訪れる。市町村制度の施行にあたって、従来の村々は行政自治体としての地位を失い、村に属していた山林は大川谷村に移管されることとなった。それは、ムラの財産が大きな行政単位へ接収されることであり、従来のムラ的所有と利用が否定されることを意味していた。このとき、各村々の人々がとった選択肢は、ムラの共同民有地を分割して、各人で私有地化したり、あるいはムラ並みの家で共同登記して「部落有林」という形で残すというものであった。

この時期、林野の所有権が確定してくるにつれて立木の販売が活発化し、これによって旧来、田畑と異なって所有意識の希薄であった山林にも価値があるものとして扱われた（山北町史編さん委員会　一九八七ａ：四〇五）。そのために私有化は促進され、山林は個人的に集積し、植林して稼ぐ対象として認識されるようになっていったのである。ここに山の所有・利用観の変革と、それを背後で支えた国家政策、法制度、経済状況を看取しなければならない。山は、近世までは村持ちであり、そこから得られる資源は主としてベーシック・ヒューマン・ニーズ（ＢＨＮ）を満たすものとして利用されていたが、近代に入って「所有権」という制度の登場により私有化され、さらに主として市場的な価値を持つ資源生産の場へと移り変わっていったのである。

私がナギノを体験した大谷沢の古老の記憶を辿ると、そこには同様の山利用の変遷を垣間見ることができる。大谷沢の地内にはおおまかに三〇〇町歩の山林があるという。そのうち半分の一五〇町歩ほどは、ムラ内の家が所有しているらしい。また、他のムラに居住するＡ家（ナギノに使った土地の地主）、Ｂ家の二軒がそれぞれ約四十数町歩、約三十数町歩所有しているという。さらに残りの約六〇町歩を、ムラ並加入している二二戸で共同所有し共有林としているらしい。他のムラのA家、B家の二戸が、大谷沢の山林を所有するようになったいきさつについては、史料的にはやはり詳らかではないが、わずかに「言い伝え」という形で、その経緯が伝えられている。

私をナギノに連れて行ってくれた老夫婦によれば、「昔」は山が全部ムラのものだった、という。「昔」は、大谷沢はとても裕福で、みんなが贅沢をしていたという。その贅沢がたたって、地域の金持ちであったA家やB家から借金をしたが、返せなくなって山で返済した。しかし、所有がその家に移った後も、薪取りとナギノに限ってはムラの人が生きていくために自由に使うことが認められていたという。

このような「言い伝え」は、歴史的事実としてなんら証明する確固たる証拠を持たないが、この「言い伝え」が、近代的土地所有権を乗り越える歴史的正当性の語りとなって、ナギノや薪取りの行為の基盤を支えていたことは間違いない。それには、「昔」の山のあり方の記憶が、投影されているのである。万が一、土地所有者との間で、その土地の利用をめぐる争議が起こり、裁判沙汰になったとしたら、その歴史的正当性は「言い伝え」だけで効力を持つかどうかは疑問である。それは、「権利」とまでは呼び難いものであり、少なくとも、まだ「入会権」という近代法で位置づけられた権利として認識されていない。しかし、彼ら彼女らが平穏無事に生きているときには、それを当たり前のこと、「昔」からのあり方として地域の人々に容認させるのに十分な力をこの地で持っていたのであり、地域の人々は土地を持つ持たないにかかわらず、それを当たり前のこととして容認してきたのである。

以上のような土地の所有や利用の歴史的変遷を眺めると、ナギノをめぐる「昔からそんなもんだ」という利用の仕方が、政治、社会、経済を含み込んだ「伝統」としてこの地に伝えられていることが理解できる。その根っこには近世的な「山はムラのもの」「日常生活を支えるもの」という記憶が、確かに存在する。しかし、それは所有権など近代における法的な位置づけからまったく逸脱して存在しているものではない。むしろ、近代法が実際に在地で運用される現場で、その土地の実情と歴史的経緯に照らし合わせて、その近代の所産に前近代の所産が滲入あるいは纏繞したものであると考えるべきである。いまのナギノは、近代の植林増産によって成立するものであるし、またその土地の利用は、前近代的「みんなのもの」というムラ持ちの状況が、私有に先だって存在したことによって成立したのである。それぞれの土地で「伝統」は、前近代的状況と近代的状況が絡み合ったものとして存在している。

4　環境民俗学で学ぶべき所有・利用の理論

「本源的土地所有」論

このような土地をめぐる「伝統」は、なにも新潟の山村に特殊なものではない。それぞれの土地で、それぞれの社会状況に応じて、その「伝統」は表出している。たとえば、社会学者であり民俗学者でもある鳥越皓之は、自身の親戚の土地売買に絡む興味深い体験例をもとに、そのような「伝統」を紹介している。

「つい最近のことであるが、私の親戚の医者が神奈川県平塚市の農村部で土地を買って、そこに住もうとしたが、その土地の所有者はムラの許しを得ないと売れないといってムラの寄り合いにかけた。ムラでは、そこで医院を開業するという条件をつけて、所有者に土地を売ることを許可した。この場合に見られるように、所有者は十全な所有権を保持していない。所有権の基本権利である処分権を完全にはもっていなくて、ムラがその権利を分有しているからである」（鳥越　一九九七b：八）。

先に紹介した大谷沢の場合、使用がある種の制限の対象になっていたが、鳥越の報告によると処分がその制約の対象になっているのである。自分の土地だけれども、勝手に人に売ることはできない。そんな感覚がそこにはある。

鳥越は、「ムラがその権利を分有している」と、かなり確固とした「権利」をその事例に読み取っているが、それはむしろ大谷沢の事例と同じく「昔からそんなもんだ」といった曖昧で、不完全で、壊れやすい在地のあり方と理解した方がよいであろう。

このような近代的所有権とのズレとも受け止められるあり方を理解するために、これまでの村落研究では、種々の理論が検討された。まずは、「本源的土地所有」論である。

「本源的土地所有」論とは、近代的所有とは対極にある前近代的な所有のあり方に関する考究であり、カール・マルクスの「本源的所有（Ursprungliches Eigentum）」の延長線上にある考え方である。マルクスは、自然的存在としての人間が、生きる基盤である天賦の大地に対して、自己の身体の延長として働きかけ、自分自身の自然的前提として固有の（eigen）ものとして関係する行為が、所有（Eigentum）の本源的なあり方であるとする。これはジョン・ロックの「労働所有説」と同様の発想に基づく所有論であり（杉島　一九九九：一六）、「土地は原理的には労働を投下した者（あるいは組織体）の所有（占有）となる」（鳥越　一九九七a：五四）とする考え方である。日本の村落社会研究において、この「本源的所有」論が検討された具体的な流れに関しては、すでに経済史の業績をもとに精密に解説されている（鳥越　一九九七a：四七―六四）ので、詳細はそちらに譲るが、いずれにせよ、日本において近代的所有権とはズレる実態――「生活権」や「耕作権」と表現される――は、第二次世界大戦後の村落社会研究では早くより注目されてきた。

「土地所有の二重性」論

この「本源的土地所有」論とパラレルに、農村社会学では日本における近代的所有権とはズレる実態を発見していた。

それが「土地所有の二重性」である。これは、日本の村落社会において、土地のほとんどが個人に私有され「個人の土地」とされているが、その基盤には村落の領域全体を含む「ムラの土地」として認識される「総有」（法学的な総有概念とは異なることに注意！）[*3]があるとする考えであり、鳥越皓之によって「土地所有の二重性」として提唱された（鳥越　一九八五：九九）。

この理論の先駆となる基本的な考え方は、農村社会学者の川本彰によって提示されている。川本は、富山県や奈良県における実地調査のなかで、「領」あるいは「領土」というムラ領域を示すフォークタームに注目して「土地所有の二重性」論を以下のように展開している。

「ムラにおける土地所有はいかなる構造を持つか。（中略）ムラにおける土地所有に私的所有と総有の二種類がある。しかし、ムラにおいてこの二つは相反するものでなく、私有にも、その基底に総有が潜在的に働いていた。（中略）ムラ全体の土地は空間的には各『家』の個別的家産である土地とムラ総有の山林原野、あるいは道路、水路などからなっている。ムラ総有としての土地はムラ総有の山林原野、道路、水路だけをいうのではない。全体をひっくるめてすべてがムラ全体の総有であった。オレ達のムラの土地であったのである」（傍点引用者）（川本　一九七二：一三八）。

川本が指摘する「私有にも、その基底に総有が潜在的に働いていた」というムラの所有のあり方は、土地が「個々の村民のものであると同時に村全体のもの」という、先に紹介した渡辺尚志の近世的所有の見解と軌を一にするものである。つまり、近代所有権がなんの疑いもなく当然とされるような近代社会においても、実は前近代的論理が未だなおかつ存在するということである。すでに紹介したナギノのあり方は、この「土地所有の二重性」の論理が働いているがゆえに、ムラで継続する実効性を保っていたともいえるのである。

さて、この「土地所有の二重性」に関し鳥越は、さらに新たな現代的意味を見出している。それは、総有（「土地所有の二重性」）の原理が「弱者生活権」の保全と、環境問題の解決に寄与しており、また、将来的にも寄与する可能性があるという指摘である（鳥越　一九九七b）。鳥越は、次の段階として総有論（「土地所有の二重性」論）を発展、拡大して、所有よりも利用に重きをおく「共同占有権」（鳥越　一九九七a：六八）という概念を提示し、現代社会の環境論を捉えようとしている。共同占有権は「当該地域に住んでいる人たち全員が、地域社会住民の〝総体〟として持つ権利」であり、その権利を主張する主眼は、現代的な市民に所有権を越えて利用する権利を付与することにある。同じく環境社会学者の嘉田由紀子も、日本の農村社会に総有という基本原理が通底し、その背景に労働（働きかけ）と資源の循環的利用のなかで、村落生活を維持しようとする生活保全の原理を見出している（嘉田　一九九七：七二―八三）。そして「重層的資源利用」（嘉田　一九九七：八〇）という、「土地所有の二重性」に通底するあり方を発見している。

以上の二つの理論は、現在では日本のコモンズ論のなかに統合され、発展させられつつある。このコモンズ論に関しては、それを理解することができる書物がすでに日本でも数多く上梓されている（宇沢・茂木　一九九四、中村・鶴見　一九九五、井上・宮内　二〇〇一、秋道　二〇〇四、井上　二〇〇四、室田・三俣　二〇〇四、菅　二〇〇六など）ため、本論ではくわしくは述べない。ただ、そのようなコモンズ論へ土地をめぐる諸研究が統合される必要性と、その研究の将来的な可能性に触れるだけに留めておこう。

コモンズ論

コモンズとは、多様な定義づけがなされており、いささか不明瞭さがぬぐえない概念であるが、私は「複数の主体が共的に使用し管理する資源や、その共的な管理・利用の制度」と広く捉えている。*4

これまで社会学、歴史学、法学、法社会学、経済学、林学など、実に多彩な研究分野で、日本の在地的な土地の所有・利用制度が論じられてきたが、その際の中心的な研究対象は、日本特有の入会林野や区画漁業権制度であり、それらが、現在、コモンズ論の俎上に載せられているのである。これらの研究は、第二次世界大戦前より、活発に議論され多くの成果が蓄積されてきた。しかし、日本の伝統的入会制度や区画漁業権制度は、近年にはそれぞれの分野での中心的課題とは必ずしもいえない状況にあった。むしろ、それらは、すでに議論済みの古い研究対象として一時期放置されていたといっても過言ではない。たとえば、民法学者の加藤雅信は「法学部の学生はもちろん、法律学者の多くも『入会権とは何か』などということは、基本的にはわかっていないのである。（中略）入会権の現代的重要性は非常に低いので、かつての私と同様、他人の説を口移しに教えて説いたりするだけで、入会権がわからない法律家はいぜん多いのではないかと思われる」（加藤　二〇〇一：一一〇―一一一）とまでも言い切っている。

それはもっともな話で、第二次世界大戦前には、近代の進行とともに前近代的論理におきかえて近代的論理を定着させる過程で、入会などをめぐって種々の生々しい問題が多発し、同時代的に物議を醸す課題として認識されていた。しかし、戦後、時代も下るにつれて、村落共同体が弱体化し、そのような前近代性は払拭され（たと認識され）、現前には解くべき課題として存在していない（と認識されている）。

それでは、なぜ今頃になってコモンズという言葉を用いて、前近代の「残滓」を穿り返し、古い議論を蒸し返すのであろうか。百歩譲って、その古臭い議論を蒸し返すとしても、なぜ「入会」ではなく「コモンズ」という言葉を使って読み替える必要があるのであろうか。その意義について、環境民俗学を標榜する人々は自覚しておかねばならない。もちろん、入会権や、その海版である区画漁業権を考えること自体が、開発や環境問題を考えるうえで現代的意義を有しているのであるが、それをコモンズの文脈へ位置づけ直すことは、さらに重要な意味を持つのである。

まず第一に、コモンズの用語を用いることにより、世界的な在地資源管理の文脈から、日本の慣習的土地資源所有や利用を捉え直すことができる。日本の入会（Iriai）や区画漁業権は、すでに世界的なコモンズ論の重要な事例として参照されている（Berkes et. al. 1989, Feeny et. al. 1990, McKean 1992, 2003）。とかく日本の慣習的在地制度として閉じた議論がなされがちだった入会論をグローバルな視座で再検討ができるのである。

第二に、その用語を使用することによって、所有から利用へとパラダイム・シフトを明確にできる。コモンズ論はすでに、公的、共的、私的所有という多様な所有形態すべてに、有効な資源管理のポテンシャルを発見しており、その有効性を高めるのは所有形態よりも利用や管理のあり方に依存していることが明確に論じられている（Feeny et. al. 1990）。したがって、未だ強い権限としてあり続ける所有を乗り越える新しい視角を、それは提示してくれるのである。

第三に、コモンズ論の視座は、多様な共的仕組みのあり方を検討可能な対象としてくれる。入会「権」、区画漁業「権」という「権」という言葉に内包されたリジッドな存在は、その位置づけが法的にも社会的にも明確でわかりやすい。しかし、現実社会の在地の共的なあり方の運用は「～権」「～の権利」とまではいかない緩やかで不完全なものであることは、本論で提示したナギノの例、あるいは「土地所有の二重性」論などをあげるまでもない。そのような慣習の実体を取り扱ううえで、「～権の議論」だけでは窮屈なのであり、それを解き放つものとしてコモンズ論の視座は有益である。

第四に、コモンズ論は、現代の社会の制度設計に、在地の慣習を敷衍させる視座を提供してくれる。近年の入会権、漁業権研究においても現代社会へのフィードバックはさかんに執り行われているが、現代コモンズ論では、そのゴールに現代の実社会への応用がより鮮明に見据えられている。

第五に、コモンズという視座によって、個別具体的な共的事象の研究から、より抽象度の高い共的あり方の理論研究へと移行することが容易となる――これがコモンズという用語を用いる最大の利点である――。たとえば、人間のアイデンティティーと環境の関係性、人間が存在するためのマネッジメントの一般原理、個人の利己的・反社会的衝動の管理可能性、持続的な社会的取り決めの特質といった重要な課題へと、コモンズ論は発展していく。コモンズは、単にコモンズの問題ではなく、社会科学のさまざまな中心課題、鍵となる設問を解くための、理念的な「試験台（test bed）」（Dietz et. al. 2002: 5）となってくれるのである。つまり、入会でいえば、コモンズ論において、ただ「入会を」研究するだけではなく、さらに「入会で」研究するという姿勢が重要なのである。具体的には、入会に見られる個人の利己的・反社会的衝動の管理の仕方や、社会的取り決めの特質は、入会の様相を理解させてくれるだけではなく、世界一般の共的な仕組みを新しく作り上げる局面において、重要な示唆を与えてくれるのである。

5　環境民俗学の本領

以上、述べてきたように、現代日本の在地社会には、近代的制度や法体系ではうまく切り捌けないような「伝統」が存在する。だからこそ、民法では「慣習」という言葉を用いて曖昧で不完全ではあるが、それによって実体に合わせるフレキシビリティーを確保したのである。そのような、現代社会における近代的論理と前近代的論理の相克を明らかにすることに環境民俗学はおおいに寄与することができる。

環境民俗学では、まず、それぞれの土地を深く探求して、その土地に沈潜する近代的論理と前近代的論理の「ズレ」や「相克」を抉り出し、それを生き生きと記述、描写する作業が重要である。「あり方」といった規範的ではあるが、茫漠としている実体。「～権」とはいえないような緩やかで曖昧な実体。「昔からそうだった」という日々の現実が積み重なる実体。このようなムラの日常性を掬い上げることに、環境民俗学は、その本領を発揮すべきである。それによって、制度の側から社会を見渡す研究領域とは異なる社会像を提供できるはずである。

さらに、環境民俗学はその社会像をもって、実際の社会へ応用と実践を試みなければならない。種々の社会科学が制度や社会の仕組みを構築する場に、多様な価値と在地の論理を提示し、在地から組み立てられた理論と視角を供給することで、これまで見過ごされ、忘れられてきた人々の生活のあり方を訴えていかなければならないのである。

また、この営みは、「伝統」論としての民俗学に、新しい局面を切り拓いていく方法論の更改作業であることも、民俗学を志す人々は認識しなければならないであろう。環境民俗学を学ぶことは、民俗学の行く末を学ぶことにほかならないのである。

◆注

＊1　法学的には、一定の範囲の人々の間で反復して行われるようになった行動様式などが「慣習」と考えられ、それは法としての効力を有する。日本では、法の適用に関する通則法第三条において、「公の秩序又は善良の風俗に反しない慣習は、法令の規定により認められたもの又は法令に規定されていない事項に関するものに限り、法律と同一の効力を有する」と「慣習」の法的効力が認められている。また、民法の総則の第九二条にも「法令中の公の秩序に関しない規定と異なる慣習がある場合において、法律行為の当事者がその慣習による意思を有しているものと認められるときは、その慣習に従う」と、「慣習」の効力が認められている。

＊2　その他、民法には、以下のように多様な「慣行」に従う旨の規定がある。たとえば、家周りの柵や生け垣などの囲障の設営にも種々の規定があるが、その規定と異なる慣習があるときは、その「慣習」に従う（民法第二二八条）。建物を築造するには、境界線から五〇センチメートル以上の距離を保たなければならないし、境界線から一メートル未満の距離において他人の宅地を見通すことのできる窓または縁側を設ける者は、目隠しをつけなければならないという規定があるが、その規定と異なる慣習があるときは、その「慣習」に従う（民法第二三六条）。地上権者は、その権利が消滅したときに、土地を原状に復してその工作物及び竹木を収去することができ、しかし、土地の所有者が時価相当額を提供してこれを買い取る旨を通知したときは、地上権者は、正当な理由がなければこれを拒むことができないが、この規定と異なる慣習があるときは、その「慣習」に従う（民法第二六九条）。

＊3　総有という言葉は、本来、ドイツの法学者オットー・フォン・ギールケ（Otto von Gierke）がいうところの Gesamteigentum の法学的訳語であり（川島　一九八六〔一九五八〕：三〇八、一九八三〔一九六八〕：五〇）、近代日本の法体系、法理論を構築するなかで法学者、法社会学者、法制史学者らが、その概念にまず注目してきた。一方、ここで述べる総有は、農村社会学、農村経済学などで用いられてきた用語であり、定義、意味内容、使用される対象ともに大きく異なるものである。そのため、理論的コミュニケーションにおける用語の意味についての不一致が法学系の社会科学と非・法学系の社会科学の間で生じ、総有の議論をする際に種々の問題を引き起こしている。その詳細については、拙稿（菅　二〇〇四）を参照願いたい。

＊4　コモンズを支える共同所有システム（Common-property systems）に関しては、①生活の安全保障（Livelihood security）、②アクセスの平等性と葛藤の解決（Access equity and conflict resolution）、③生産の様式（Mode of production）、④資源保全（Resource conservation）、⑤生態学的持続可能性（Ecological sustainability）などに寄与する多面的機能がすでに指摘されている（Berkes ed. 1989: 11-13）。

◇参考文献

秋道智彌　二〇〇四『コモンズの人類学』人文書院。
井上真　二〇〇四『コモンズの思想を求めて』岩波書店。
井上真・宮内泰介編　二〇〇一『コモンズの社会学』新曜社。
宇沢弘文・茂木愛一郎編　一九九四『社会的共通資本』東京大学出版会。
嘉田由紀子　一九九七「生活実践からつむぎ出される重層的所有観」『環境社会学研究』三：七二―八五。
加藤雅信　二〇〇一『「所有権」の誕生』三省堂。
川島武宜　一九八六（一九五八）「近代法の体系と旧慣による温泉権」『川島武宜著作集』九、岩波書店、三〇二―三四八頁。
川島武宜　一九八三（一九六八）「『ゲルマン的共同体』における『形式的平等性』の原理について」『川島武宜著作集』八、岩波書店、三九―六二頁。
川本彰　一九七二『日本農村の論理』龍渓書舎。

山北町史編さん委員会編　一九八七ａ『山北町史・通史編』山北町。
山北町史編さん委員会編　一九八七ｂ『山北町史・資料編』山北町。
菅豊　二〇〇四「平準化システムとしての新しい総有論の試み」寺嶋秀明編『平等と不平等をめぐる人類学的研究』ナカニシヤ出版、二四〇―二七三頁。
菅豊　二〇〇六『川は誰のものか』吉川弘文館。
杉島敬志編　一九九九『土地所有の政治史』風響社。
鳥越皓之　一九八五『家と村の社会学』世界思想社。
鳥越皓之　一九九七ａ『環境社会学の理論と実践』有斐閣。
鳥越皓之　一九九七ｂ「コモンズの利用権を享受する者」『環境社会学研究』三：五―一四。
中村尚司・鶴見良行編　一九九五『コモンズの海』学陽書房。
室田武・三俣学　二〇〇四『入会林野とコモンズ』日本評論社。
柳田國男　一九六二（一九二八）「木思石語（一）」『定本柳田國男集』五、筑摩書房、三四五―三五三頁。
柳田國男　一九八〇（一九三四）『民間伝承論』共立社。
渡辺尚志　二〇〇二「近世土地所有の特質」渡辺尚志・五味文彦編『土地所有史』山川出版社、二四七―二五八頁。
Berkes, F.(ed.), 1989. *Common Property Resources: Ecology and Community-Based Sustainable Development*. London: Belhaven Press.
Berkes, F., Feeny, D., McCay, B. J. & Acheson, J. M., 1989. The Benefits of the Commons. *Nature* 340: 91-93.
Dietz, T., Dolšak, N., Ostrom, E. & Stern, P. C. 2002. The Drama of the Commons. In Ostrom, E. et al. (eds.), *The Drama of the Commons: Committee of the Human Dimensions of Global Change*. Washington, D.C.: National Academy Press, pp.3-35.
Feeny, D., Berkes, F., McCay, B. J. & Acheson, J. M. 1990. The Tragedy of the Commons: Twenty-Two Years Later. *Human Ecology* 18(1): 1-19.
McKean, M. 1992. Management of Traditional Common Lands (Iriaichi) in Japan. In Bromley, D. W. (ed.), *Making the Commons*

Work. San Francisco: International Center for Self-Governance, pp.63-98

McKean, M. 2003. Common-Pool Resources in the Context of Japanese History. *World Wide Business Review* 5(1): 132-159.

読書案内

◆「所有権がなぜ社会に発生したのか」という根源的な問いに答えてくれる

加藤雅信『「所有権」の誕生』三省堂、二〇〇一年。

◆誰がどのように環境や資源を管理したのか？　コモンズ論の基本書

宮内泰介編『コモンズをささえるしくみ――レジティマシーの環境社会学』新曜社、二〇〇六年。

◆民俗や伝統という概念の政治性を再確認するためには

岩竹美加子編訳『民俗学の政治性――アメリカ民俗学一〇〇年目の省察』未來社、一九九六年。

◆この本は環境民俗学の本である。これを読めば環境民俗学者が、何をどのように調べ、どのように行動すればよいか理解できる。まず読め！

矢作川漁協一〇〇年史編集委員会『環境漁協宣言――矢作川漁協一〇〇年史』風媒社、二〇〇三年。

［第6章］水産資源をめぐる平等と葛藤

中野　泰

1　「資源管理」型漁業への注目

クジラやマグロに代表されるように、日本の水産資源の動向は注目されている。冬の食材として親しまれているスケトウダラは、北半球において広く食されている。北太平洋域においては一九八六年に史上最大の漁獲量が記録され、以後減少の一途を辿っている。[*1] 日本もその例外でなく、スケトウダラは資源減少が憂慮されているのである。北海道で行われているスケトウダラ漁のうち、日本海に面した西南地域の延縄漁法は著名である。漁具を統一し、船団組織が漁場を輪番に使用するその方法は、水産関係者から、持続的な漁業、すなわち「資源管理」型漁業と認められているからだ。本章は、この漁業の形成過程を明らかにし、環境民俗学の展望をはかるものである。

2　環境民俗学と水産資源

現在の問題解決のヒントを得るため、伝統的な知識や利用方法を顧みることは、民俗学だけに限らず、一般によく見られる。たとえば、「コモンズの悲劇」が、多くの議論を呼び起こし、伝統的な知識や利用方法に注目が寄せられたのは、歯止めの利かない軍拡競争、人口や汚染問題、海洋資源の枯渇などの地球規模の環境悪化が背景にあった。「コモンズの悲劇」とは、生物学者のG・ハーディンが提唱した共有地の所有形態についての寓話である（ハーディン　一九九一〔一九六八〕）。その論を単純化して説明すると、共同の牧草地に牛を放牧するなかで、特定の者がさらに牛を増やして利益を増加させた場合、他の者も同様に牛を増やして放牧するため、狭隘化と採草機能の低下により共有地は崩壊する。ゆえに、共有地は私有化あるいは国有化すべきという論である。この論に対して多くの議論が巻き起こり、たとえば、いわゆる伝統的な社会を対象とする人類学からは、成功裡に利用している例は私的所有や公的所有ばかりでなく、共有の形態でも多いことが明らかにされた（McCay and Acheson 1987）。フィーニィらは、共有資源を所有の性格によって、オープン・アクセス制、私的所有制、共同体所有制、公的所有制の四つに分類することの有効性を説きつつ、資源に対する「アクセスとその利用を支配」する制度上の取り決め全体を理解しなければならないことを強調している（フィーニィ他　一九九八〔一九九〇〕）。しかし、その後の研究は、問題の解決や、管理、政策を目指す実用的な研究へかたむく傾向がある（Ostrom 1990、秋道・岸上　二〇〇二）。

日本では、秋道智彌が、コモンズの考え方を取り入れ、伝統的な漁場利用の研究は、宗教的観念も含めた社会文化的アプローチをとる必要があり、同時に歴史過程の解明が課題だとしている（秋道　二〇〇四）。近年は、特定地域を対象とする研究が展開されつつあり、菅豊は、サケ漁を、それを取り巻く贈答や遊びをも含め、近代法との関係に留意して研究している（菅　二〇〇六）。両者は、日本の水産資源の研究に対し、大枠の課題を示したといえる。

特定地域の実証的研究として、李善愛は韓国のワカメ漁場を、葉山茂は日本のイサキ漁を取り上げている（李　二〇〇五、葉山　二〇〇五）。葉山は、漁業者個々人の操業の場で現れる状況依存的な漁場利用の性格を検討しており、個々の漁業者の間で発現する社会的規制に軸をおいている。一方、李は特定集団内で運用される共同体的な規制に軸をおき、個人的な利用を漁場利用の変化として扱っており、対照的である。対象とする漁業や漁場は質が異なり、単純な比較はできないが、ここからは、個々の漁業者と組織との間で、いかに漁場利用の約束が創り上げられていくかが、重要な課題として浮かび上がってくる。

この問題を掘り下げていく際、資源をめぐる社会関係の史的展開を捉える民俗学的視角が重要である。注目される研究は、桜田勝徳と竹内利美による鱈場漁業の例だ（桜田　一九八〇〔一九七八〕、竹内　一九九一〔一九六四〕）。水深の深いタラやスケトウダラの漁場域は沿岸から離れており、漁業法に照らせば誰でも釣ることの可能な自由漁業に位置づけられる。しかし、越後沿岸の鱈場漁業は、一定の者へ特権的な利用を認める特異な（旧漁業法下の）専用慣行漁業権として存在していた。たとえば、新潟県出雲崎町のある鱈場漁場は近世においてすでに三五の株に分けられ、二七艘の漁船が利用していた。漁場の広さに比して漁船の密度が高いため、出漁ごとに漁場を交替したり、二組に分け、操業時間を前後させたりする。対照的に、筒石（西頸城郡磯部村大字）では五四隻の漁船が広い漁場で「自由に先着順に操業場」を選び、幾重にも延縄を屈曲させる。桜田は、鱈船株という一部の漁業者の特権が近世における漁業税（船役銀）と関係していることを示唆し、鱈場の用益慣行は、一つの漁浦全体が「部落総有的な形で入会用益」するのでなく、「一部の漁浦」の「一部の漁業者」に限定され、このあり方が近代法に取り込まれ、専用漁業権という特殊な位置につながっていたという（桜田　一九八〇〔一九七八〕：三八一）。対象を山形、秋田両県に広げた竹内利美も同様の観点に立ち、「タラバ船株制」が任意の増減を許さないため、「漁浦内部」の「平等用益」は多くの場合「保障」されなかったと説く(竹内　一九九一〔一九六四〕：二九四―二九五)。

両者が、鱈場慣行漁場における特権的な利用者に注目し、漁場の社会的性格を形成史的に明らかにした点は評価できる。共有資源にかかわる社会的規制を、具体的な歴史的過程としてミクロに検討する契機になりうると考えられるからだ。

だが、問題もある。一つは、竹内の漁場類型についてだ。一つの型は、厳しく用益権者や用益場所を限定し、その範囲内で「平等的な利用」を行おうとするもので(これを以下A型とする)、また一つは、そうした制約なく「一漁浦限りの段階で自由の用益」を認めるものとする(これを以下B型とする。竹内　一九九一〔一九六四〕)。A型は出雲崎を、B型は筒石を事例としていると想定される。しかし、竹内は、二つの型の間にいかなる関係があるかを説明しなかった。二類型の指摘は先見的で評価されるが、その検討は、特定のフィールドを対象にインテンシブなフィールドワークを通してなされるべき課題といえる。

すでに李善愛は、韓国におけるワカメ漁場を対象に、所有形態に対応して認められる利用形態の違いに着目し、この利用形態を、共同と個人という二つの類型として捉え、個人による利用形態を成り立たせる条件要素を検討している。この試みは、類型の間を関係づけることで漁場利用のダイナミズムを窺わせるものと評価できる。沖合の鱈場漁場についても、利用形態のダイナミズムを明らかにする理論化が必要であるといえる。

二つめは平等を論じる視角の問題である。鱈場漁場を利用することが可能なのは、竹内自身が認めるように、漁村内部の特定の家、あるいは漁村すべての家や、隣村・他の漁村に帰属する家々であったり、さまざまに限定されている。にもかかわらず、竹内は、特定漁村内へ暗黙に焦点を合わせることで、漁村間に認められる不平等を視野の外へおいてしまっている。その結果、一方で「平等」を論じ、他方でそれが「保障」されなかったと矛盾する位置づけをしているのである。視角によってはB型も「自由」ではなく、限定された用益権となる。[*2]漁場用益権の効力は、個々の漁業者間や漁村内だけではなく、状況次第で漁村間や地域間にも広がるものと考えられる。その位置づけは、規制が発動する社会関係全体のなかでなされなければならないのである。

漁場利用をめぐっては、自然資源や環境に対する知見、漁村社会の歴史や構造、連帯や対抗などといった社会や制度、知識や行為が交錯し、利用の変化は、さまざまな変数とかかわる複雑な現象である（秋道・岸上　二〇〇二）。なかでも、重要なのは、漁場利用にまつわる諸慣行の変化が、それを担う漁業者たちの判断の積み重ねの結果であるという点だ。特権的な利用者がいれば、生じる社会関係は、特権という社会的資源をめぐって展開されるであろう。いかなる者の主導で漁場利用の諸慣行が歴史的に変化していくのかが明らかにされなければならない。現代における「環境」の問題解決に迫られ、過去の社会文化を理想化し、そのイメージへたやすく依拠してはならない。民俗学には、冷静な姿勢が求められているのである。

本章は、以上の視角に準拠し、スケトウダラ漁場の慣行的利用の変化の過程を明らかにし、「環境」をめぐる社会関係の史的展開と、ミクロな分析の重要性を主張するものである。データは、二〇〇六年八月から二〇〇七年八月に行ったフィールドワークで収集した参与観察、インタヴューのほか、統計、漁協・協議会資料などである。

3　フィールドとスケトウダラ漁の概観

フィールドの概況

熊石《くまいし》は、近世においては西蝦夷地との境界に位置する松前藩の村であった（熊石町史編さん委員会　一九八七）。現在は、北海道二海郡八雲町《ふたみぐんやくもちょう》（二〇〇五年～）に属すが（図６－１）、以前は、隣接の乙部町と爾志郡《にしぐん》を構成した。爾志郡の南には、江差、上ノ国《かみのくに》などが属する檜山郡が、北側には、せたな町が属する久遠郡が位置する。

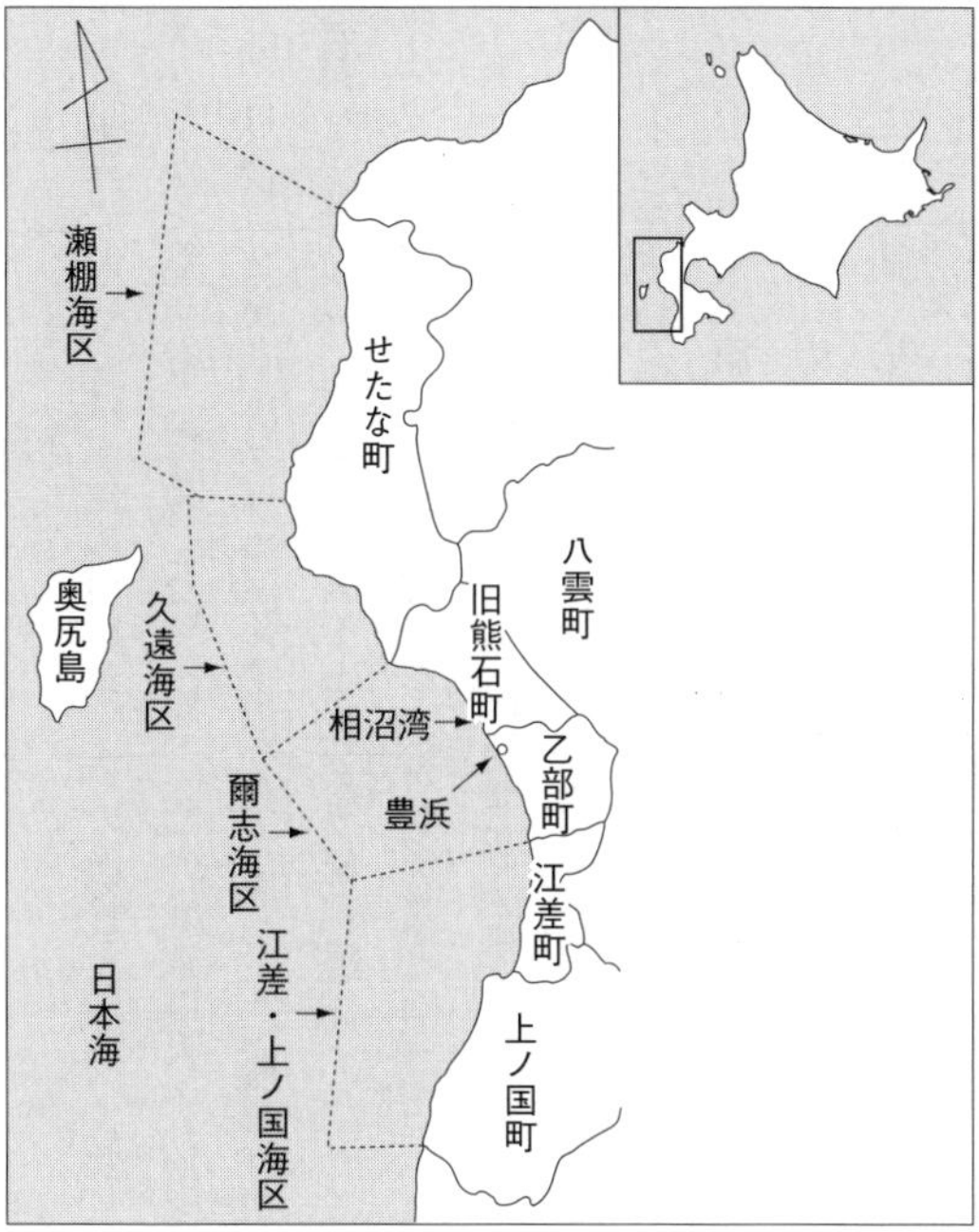

図 6-1　調査地・海域の概略図

（注）海区区分は 1980 年頃のもので、後に江差・上ノ国海区は分割された。

（典拠）爾志海区部会資料、海図（「積丹岬至松前港」25 万分の 1 縮尺、2003 年発行、海上保安庁発行）をもとに筆者が作成。

熊石は一三集落で構成され、雲石、泊川、相沼の集落には、漁業協同組合の本・支所が置かれていた。一九九五年、檜山支庁管内の八漁協がひやま漁業協同組合として合併し、雲石集落へ熊石支所が、相沼集落には出張所が置かれている。熊石の二〇〇〇年の人口は三八〇二人、総戸数は一五九八（世界農林業センサス、『檜山の水産』による）、二〇〇三年の漁業協同組合の組合員数は一四八人、漁業経営体数八二、漁業世帯員数は三三二人である（北海道農林水産統計年報、漁業センサスによる）。爾志郡乙部町は一六集落で構成される。このうち花磯と豊浜の二集落は豊浜と通称され、スケトウダラ漁の組織単位となっている。ひやま漁業協同組合の本所は乙部に、出張所は豊浜にある。熊石、乙部の沿岸集落の耕地は僅少で（一戸の平均耕地面積は熊石七・五アール、乙部五・四アール）、漁業へ大きく依存する地域といえる（農業センサス、二〇〇〇年による）。

スケトウダラ漁の歴史的概観

近世末においては、他の西南北海道の漁村と同様、熊石でもニシン漁がさかんだった（田島　二〇〇四）。その漁獲は大正初めに皆無となり、以後、スケトウダラ漁の比重が高くなった（熊石町史編さん委員会編　一九八七）。北海道のスケトウダラ延縄漁は、ニシン漁の衰退に伴い、一九二八年、自由漁業から許可制漁業となった。*3

スケトウダラの漁獲量は、第二次世界大戦を挟み、大きく減少した（図6‐2）。一九五〇年代、多くの漁業者は、留萌、利尻方面へスケトウダラの出稼ぎ漁に行った。熊石の地先沿岸では、ようやく一九七二年より漁獲高が上向き、二〇〇カイリ問題による転業船も参入してきた。この影響下で一九七八年以降、着業者と漁獲高が急増した。この時期、檜山スケトウダラ延縄協議会が組織された。この協議会には、江差・上ノ国、爾志、久遠、瀬棚などの海区別の部会組織があり、熊石の漁業者は爾志海区部会に属し、海区の漁場を利用した（図6‐1）。爾志海区部会は、隣接の豊浜、乙部の三地区で構成され、漁場利用の方法が形作られていった。当時は「一年の生活費」をスケ

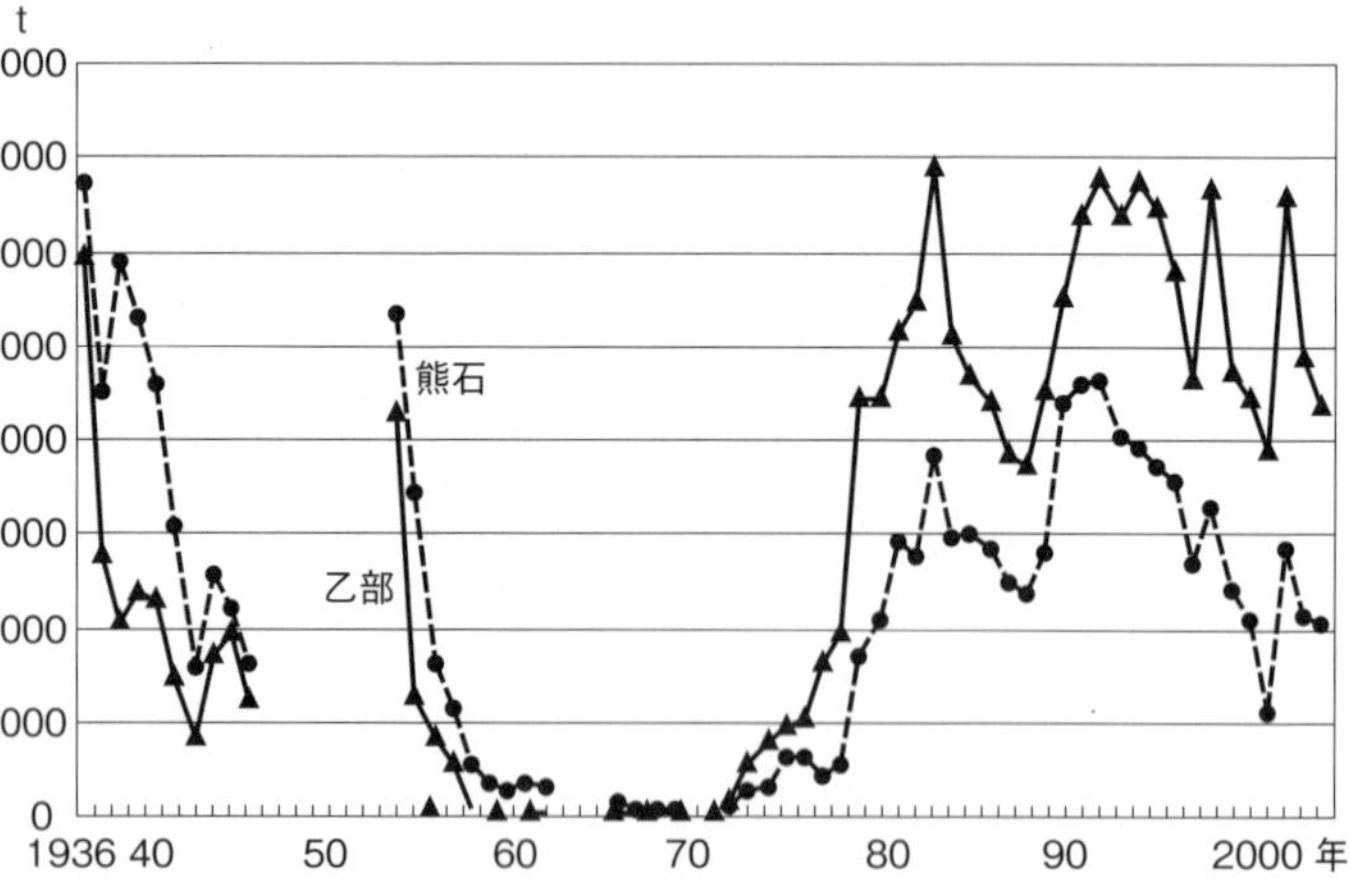

図 6-2　スケトウダラ延縄漁の漁獲高（爾志海区）

（典拠）『北海道漁業現勢』『北海道水産現勢』。

トウダラでまかなうことができた時代という。漁獲高は、一九八二年以後、緩やかに減少するも、一九八九年に増加している。一九九一年以降、おおよそ減少の傾向にあるが、比較的安定した量を確保し、今日にいたっている。

近年、檜山地方のスケトウダラ漁業は「資源管理」型漁業の例と認められている（濱田　二〇〇二）。たとえば、檜山スケトウダラ延縄漁協議会は、「第一七回海づくり大会」の「大会会長賞」（資源管理型漁業部門）を一九九七年に受賞している。この「功績表彰団体・功績表彰概要」によれば、当地区の漁獲高は一九八六年以後上昇に転じて安定性を保っている。その理由は五点ある。すなわち、檜山地方「資源管理型漁業」は、「グループ操業による秩序ある漁場利用制度の確立と併せ、資源に対する漁獲圧力を軽減するため、操業隻数の制限、操業期間の短縮、持ち込み漁具の制限などの各種規制措置を取決め、漁業者自ら率先してスケトウダラ延縄漁業の資源管理を実践」しているという。

スケトウダラ漁の実際

写真 6-1　揚げ縄
揚げ縄機で幹縄を回収する。左側の者が、機械の脇で枝縄や針のからまりに対処し、その奥では、もう一人がスケトウダラの雌雄や大小を選別している。右手前の者は、網を準備し、針からはずれた魚を捕獲する。

熊石では、イカ、バカガイ漁やアワビ養殖も行われているが、基幹漁業は、冬期に行われるスケトウダラ延縄漁業である。これに従事する者は、漁期が終われば、マス漁（六月中旬頃まで）、イカ漁（初秋まで）を行う者が多い。

スケトウダラ（*Theragra chalcogramma*）は、タラ目タラ科の魚で、北太平洋から日本海まで広く分布し、産卵期には沿岸域へ寄る性質がある。当地のスケトウダラ漁のはじまりは明治三〇年代に遡り（北

写真 6-2　延縄の投下

プラスチック製のザルに準備した縄と針につけた餌が見える。餌はサンマとイカを用い、スチール製の枠に収めて冷凍したものを投下直前に海水に漬け、溶かして用いる。重ねた際、上のザルに付着しないためようビニールをかけてある。

海道庁　一九一五)、伝承によれば、熊石のスケトウダラ漁は、出稼ぎにきた石川県の漁業者によって伝えられたという。スケトウダラは相沼の湾でよく獲れ、この漁場をワゴンナカと称し、相沼や隣接する泊川などの熊石の漁業者が中心に利用していた。厳冬期は、「ヤマセ吹けば、鍋に入った魚も逃げる」「シモカゼ三日吹いたら山の祠さ船揚げれ」などというように、悪天候で出漁できない日も少なくなかった。

　延縄漁は、針をつけた縄をザルにおさめ、針先に餌をかけ、重りをつけて海底に落とし、針に掛かったスケトウダラを釣り上げる方法だ。漁の実際を熊石のK丸（九・九トン）を例に紹介しよう。操業は船主船頭のS氏と、乗組員四人の計五人で行う。出港後、漁場に爾志海区の全船が揃うと、船団長の無線の合図でいっせいに操業を開始する。延縄は、四人の乗組員が作業を分担して行う（写真6・1、2）。陸側から沖側へ五〇縄を落とし、陸側へ戻って再び延縄をはじめる。清掃と簡単な食事の間、魚群探知機で延縄が魚群に届いているかを全船が確認し、足りない場合はたて縄を追加する。当初は一六〇尋で準備していたが、二二〇尋までたて縄をのばす。食事を取り、縄を揚げると、港へ向かい、水揚げをする（二〇〇七年一月五日の調査による）。

4　スケトウダラ漁場の形成と展開

スケトウダラ延縄漁業の展開を漁場の利用方法に注目して整理すると三つの画期があったと考えられる。この画期から三つの段階を①第二次世界大戦～七〇年頃、②一九七〇年頃～八七年、③一九八七年～現在に分け、その特徴に焦点をあて紹介する。

第一段階　第二次世界大戦～七〇年頃

古くは、スケトウダラは北から次第に南下するものと考えられていた。久遠方面から南下してはじまると認められていた漁期は大略一二月から四月までであった。出稼漁がさかんだった時代、地先でスケトウダラ漁を行う漁船は三艘程度で、利用は自由であったという。その後、徐々に動力船が増えた。相沼湾は狭く、漁船は一〇艘程度しか入れなかった。先に漁場へ到着した順に優先権があり、ハマナレと称して浜に沿って船を並べた。ウチナラビといって同じ地域の漁船が家の並び順に並ぶ傾向があった。代表の船の合図で、いっせいに延縄を開始する。マネといい、漁船に載せた火鉢の炭を編み籠に入れて振り、操業開始の合図とした。一直線に投縄した後、緩やかに縄をカーブさせた（図6‐3）。狭い漁場を有効に活用する工夫であった。操業は「一

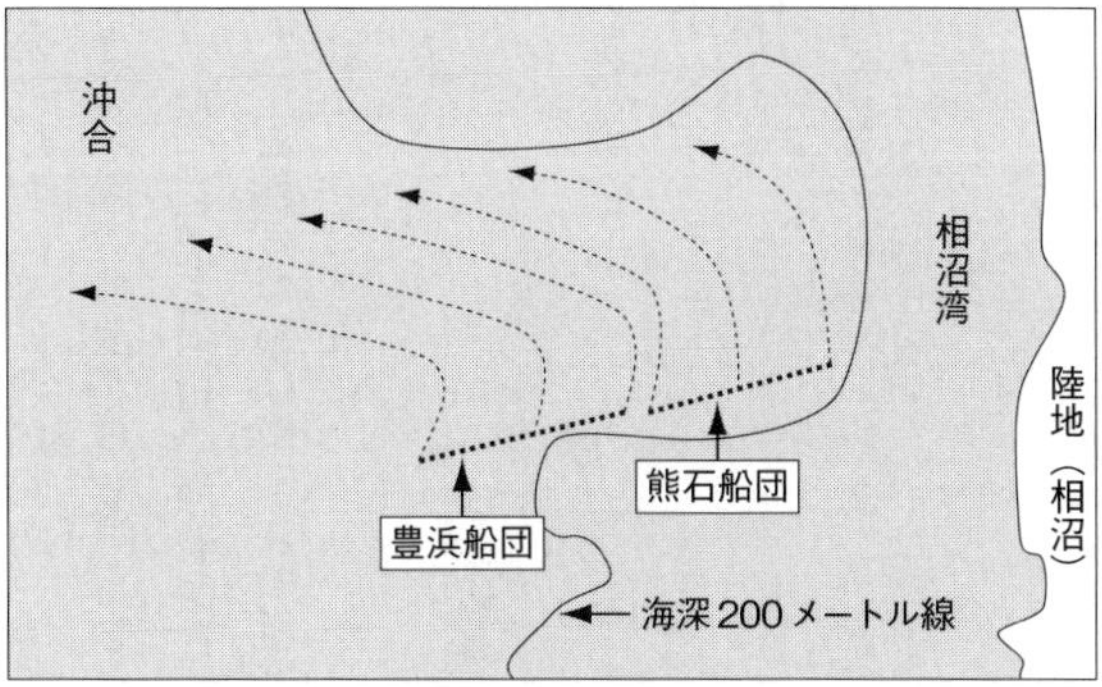

図6-3　漁場利用概念図（第一段階）

（注）相沼湾のなかで水深 200 メートルのラインが凹状に漁場となっていた。図の上側が北になる。

（典拠）爾志海区部会資料、海図（「積丹岬至松前港」25 万分の 1 縮尺、2003 年発行、海上保安庁発行）をもとに筆者が作成。

回勝負」といわれ、前の漁船が揚縄をしていくそばから、次に控えていた漁船が次々に沖へ向かってまっすぐに延縄を開始した。南側から漁場が空くので、南側の船から開始することができた。隣の豊浜からも到着した順に開始したが、好漁場（湾の内側）を熊石が利用するので、利用できるのは沖側であった。相沼と泊川の漁船が近く、有利だった。磯舟や着火による小型船の場合は、開始時間が遅く、動力船の後に行った。これらの船は岸よりの漁場や周辺の空いている漁場を利用した。

縄や針の数、一隻の乗員数に規定はなかった。延縄同士が絡まった場合は、先に縄を入れた人に優先権があり、掛かった魚をみな貰えた。

熊石では港のある集落を中心に漁業組織があった。泊川集落では、海難救護を目的とする自治組織が大正時代に形成され、一九四七年に船頭同志会、二年後に一般漁業者も含む漁撈同志会へと変わり、現在にいたっている。正月一一日には出漁せず、船霊祭を行う。泊川の全漁業者が加入し、スケトウダラ漁業者のみではなかった。

第二段階　一九七〇年頃～八七年

着業船は一九七〇年代に入ると急増し、八年後に「檜山すけとうだら延縄漁業協議会」が組織され、檜山から瀬棚までの漁業者で構成された。そのもとで、爾志地区では「爾志海区すけとうだら延縄部会」が、熊石では「熊石すけとうだら延縄部会」が階層的に組織された。檜山の協議会レベルでは、漁場の調整や紛争防止、各船相互間の親睦交流、延縄漁業の振興に関する事業を行い、爾

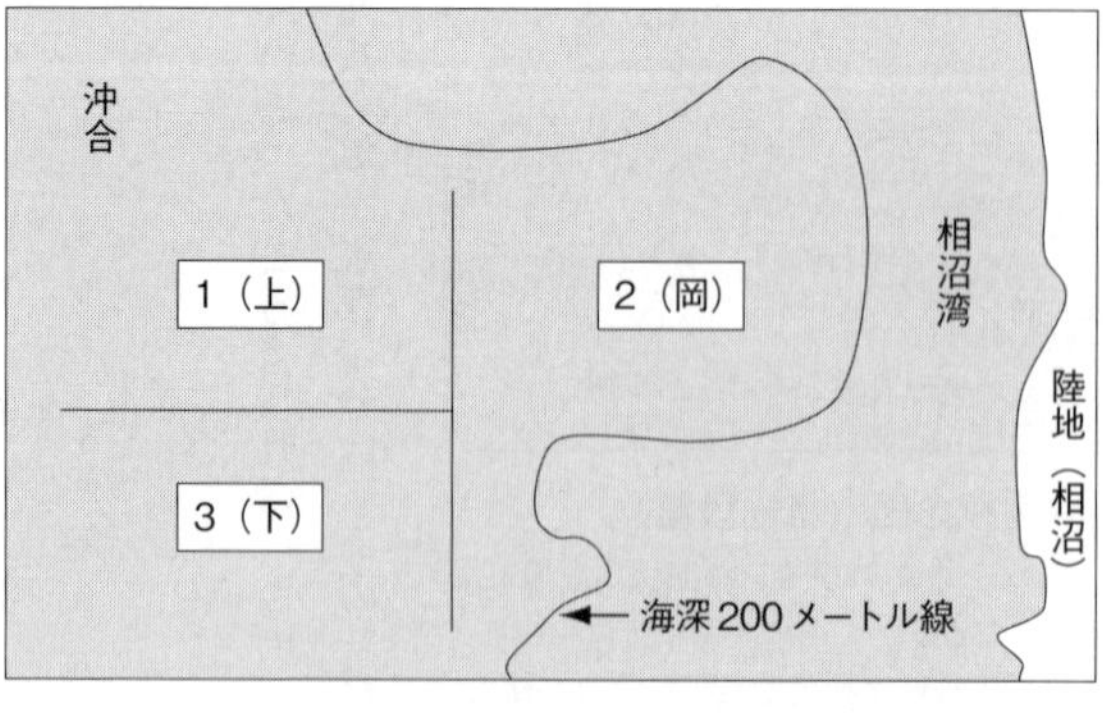

図 6-4　漁場利用概念図（第二段階）

志海区の部会レベルでは、漁期、漁場利用、乗組員、漁具などに関する規則を作り、懲罰委員会を組織して遵守を図った。

爾志海区漁場は岡、上、下の三つに分けられ、熊石、豊浜、乙部の三船団が日替わりで使用した（図6－4）。好漁場が特定船団に固定しないための工夫であり、これを「回転操業」と称した。また、年ごとに変化して一様でないが、大略、各地区の船団は、操業の優先順位に沿って一番縄、二番縄、三番縄の三種類に区別された。古くからスケトウダラ延縄漁業を行っている者を一番縄、その次に古い者を二番縄、日本海マス漁などから新しく参入した大型船などを三番縄と称した。第二、第三の漁船は、番外（船）とも称され、一番縄の後に操業した。回転操業の漁船には制限があった（図6－5）。

爾志海区の規定は漁具にも及んだ。枝・幹縄の種類、針の数や枝縄の間隔、幹縄の接合部の長さなどである。乗組人数は漁船の規模によった。一船団は二マイル幅の漁場を利用し、延縄はいっせいに同一方向へ一直線に行った。これを通し縄と称した。船の増加に伴い、漁船間の距離が近くなったからだ。番外船が回転操業船の延縄に縄を絡めた場合は漁獲の権利を失った。一九八一年の構成を例にあげよう。熊石の第一が一七隻、番外

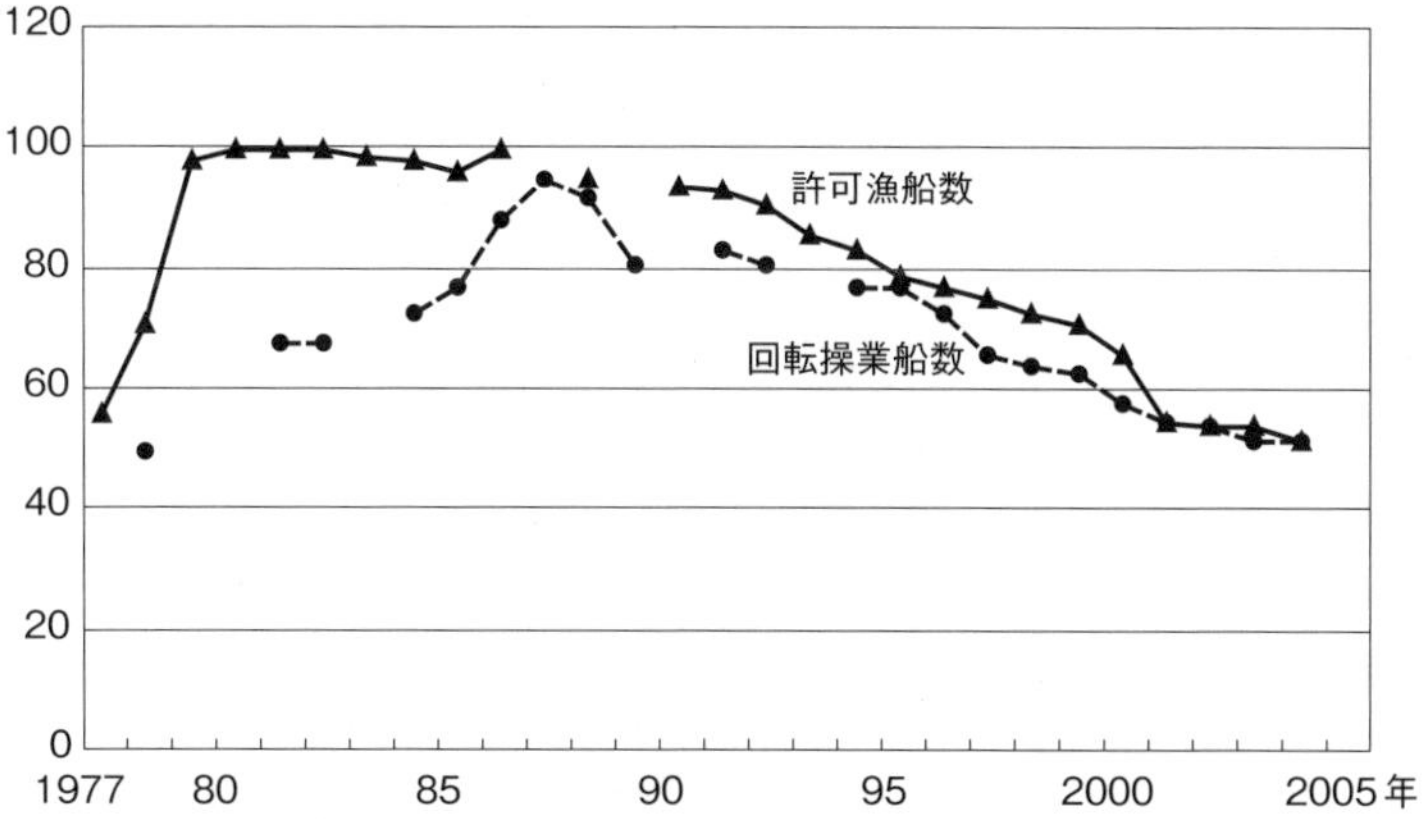

図6-5　許可漁船と回転操業船

（注）許可漁船は、知事・支庁許可の合算数。許可漁船数よりも回転操業船数が少なく、回転操業に入れない船が少なくなかった。なお、1987年以降、回転操業に入っていない漁船は、主として様々な理由からその年の操業を休業した例である。
（典拠）『檜山の水産』、爾志海区部会資料。

が一九隻、乙部は第一が四二隻、第二が一七隻、第三が四隻であり、第二と第三の計二一隻が番外だった。[*4] 総計九九隻中、回転操業は熊石と乙部の計五九隻で行われ、番外漁船は四〇隻もあった。

第三段階　一九八七年〜現在

一九八三年以来の科学的調査で相沼湾はスケトウダラの産卵場であることがわかった（前田他　一九八八）。爾志海区部会は、これらの研究機関と交流を深め、一九八五年、湾内の距岸二マイルまでの漁場を禁漁区とした。また、この頃、魚の分布は南へ広がり、漁場も拡大した。

一九八七年、数年の試行を経て、順位を撤廃した平等な漁場利用を開始した。禁漁区の外側で二〇〇メートルの水深線を南側へたどって漁船を一直線に並ばせたのである。これをオープンと称した。二番縄、三番縄の漁

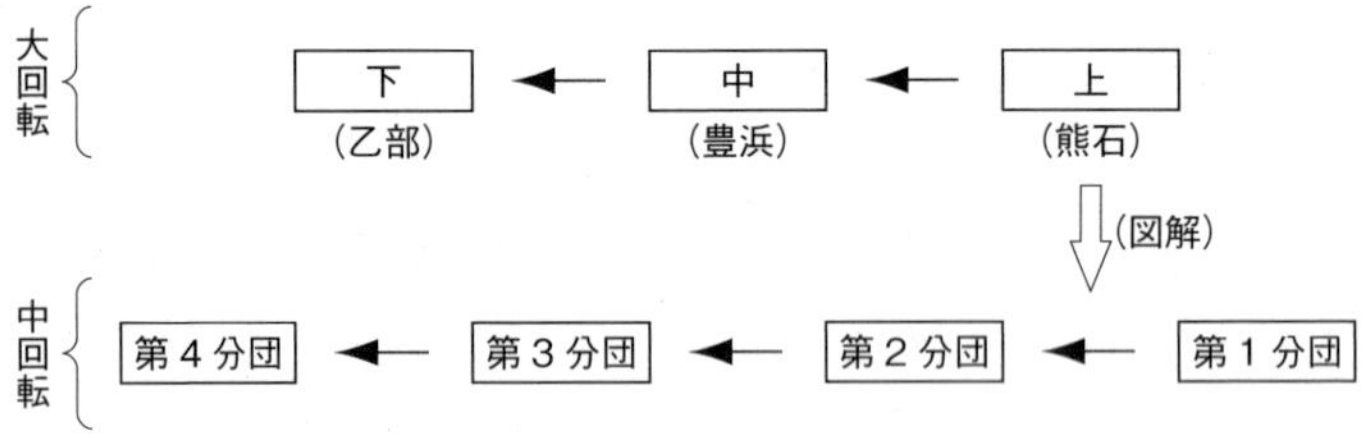

小回転

操業日	漁船の配列位置			
1日目	D丸	C丸	B丸	A丸
2日目	B丸	A丸	C丸	D丸
3日目	C丸	D丸	A丸	B丸
4日目	A丸	B丸	D丸	C丸
5日目	D丸	B丸	C丸	A丸
6日目	B丸	C丸	A丸	D丸
7日目	C丸	A丸	D丸	B丸
8日目	A丸	D丸	B丸	C丸
9日目	D丸	B丸	C丸	A丸
10日目	B丸	C丸	A丸	D丸
11日目	C丸	A丸	D丸	B丸
12日目	A丸	D丸	B丸	C丸

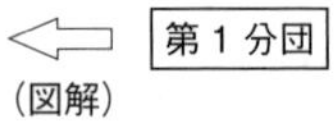

図6-6　回転操業模式図

（注）原則として毎日3つのレベル（大・中・小）で回転する。2006年度の場合、回転周期は12日が単位となり、たとえば、Aの漁船が同じ漁場位置に戻るのは13日後であった。

船からの不満が強かったためである。*5 操業時間、漁具、餌や乗組員などの条件は統一された。漁場は、上・中・下の三つに大区分され、輪番で使用された。そのローテーションは、従来通り三つの地区が基本的単位となり、各船団の内部はさらに四隻程度の船団に分けられた。図6-6に模式化したように、一日ごとに各船の位置と各船団の位置が代わる。延縄の開始時間は船団長が決め、全船同じ方角へ一直線に延縄をする。縄同士が絡まる事故で問題が生じれば分団長が仲裁に入り、漁獲を折半した。二〇〇五年度より全船プールを実施し、漁獲高は縄数に準拠し、均等割りとなった。

帰港に際しては、各漁船でスケトウダラの卵に精子をかけ、禁漁区の海に流すなど人工授精や放流をはじめた。また、卵の成熟度が一定の基準を越えると漁期を終了させ、スケトウダラの分布や産卵期に合わせた漁期設定になった。

漁場利用の特徴

爾志海区における漁場利用の形成と特徴は表6-1のようにまとめられる。当初は厳密な規約がなく、先着順で地先の漁業者が優先的に利用した。着業者が増え、協議会を設けることで、三地域が漁場を平等に利用するようになった。二〇〇カイリ問題を背景に、沖合漁から撤退した者が加わったためである。だが、許可を有する漁業者の中にも序列があり、新参の着

表6-1　漁場利用の特徴とその移り変わり（爾志海区）

	第1段階： 第二次世界大戦～1970年頃	第2段階： 1970年頃～1987年	第3段階： 1987年～現在
組織	集落レベル（同志会）	檜山・海区・村落レベル	檜山・海区・村落レベル
規約	非明文化：集落内の協定	海区レベルで明文化（爾志海区）・懲罰委員会の設定	海区レベルで明文化（爾志海区）・統制委員会と改称
漁場	先着順・前浜優先：ハマナレ・ウチナラビ	既存船優先：岡・上・下、回転操業	全船同格：横並（上・中・下）、回転操業、禁漁区の設定
漁期	12月～4月	11月末～3月初	11月初～2月初、採卵放流
漁具	規定なし：縄1人20～25枚	規定有：縄・針数、縄・枝縄間他	規定有：左記に加え、エサ

業船は、劣位な周縁部で操業を持続しなければ回転操業へ加入できなかった。その後、禁漁区を設けた、序列のない操業形態が創られ、「資源管理」型の漁業として水産界から注目された。以上の操業形態の特徴は、すでに指摘されているように、「オープンアクセス」から「共同体所有制」の形態への移行にあたるだろう（フィーニィ他　一九九八〔一九九〇〕）。だが、当地では両者の間に内部的な序列を含む中間的な段階が存在した。これまで必ずしも充分に明らかにされてこなかった点である。

5　水産資源をめぐる平等と葛藤

スケトウダラ延縄漁は、許可があれば法的にどの漁船も同等だ。しかし、実際には、漁業者達が序列関係を創り上げ、複雑な利用慣行が現出している。そして、二〇年の間に、漁場利用は、競争主義的なものから平等を志向するものへ大きく変わった。その変化はいかにして可能であったのだろうか？　以下、この変化を支えた諸条件として、構造とエージェントを明らかにし、変化に内在する漁業者の考えを明らかにしよう。

スケトウダラ漁業者の社会構造

檜山スケトウダラ延縄漁協議会がどのように成立したのかについては明らかでない。ただし、集落、爾志海区、檜山といった各レベルでの組織には共通点がある。たとえば、泊川集落の漁撈同志会の目的は、「会員相互の親睦をはかり、協力して漁業秩序を確立し、生産能力を高めるとともに、常に操業の安全と、生活の向上を期」すものであり（一九六八）、爾志海区部会の目的は「すけそ（延縄）漁業を永続させるため、資源の維持、操業の秩序、海上の安全性の確立」であり（一九八一年と推察される）、協議会の目的は「すけとうだら漁業を営むものの間で相互の連絡を緊密にし、漁場の合理的利用と事故の防止、漁業の秩序を確立し健全な発展をはかる」こととされている（一九七一年）[*6]。いずれも、漁場利用の「安全」と「秩序」を重視し「振興促進」を掲げているのである。厳冬期の沖合で操業する危険性を避け、生産性を高めることで連携した組織であったといえる。

これらのなかで重要なのは、第一に漁民の自主的組織が排除の機能を内在させながら重層的に連関している点であろう。熊石レベルの部会組織は、集落レベルの漁業組織の一部漁業者で構成される。ここには、同じ漁場の利用を望む刺網漁業者などは含まれない。爾志海区部会は、乙部、豊浜と熊石の船団で構成され、漁場を均等に利用している。だが、相互は排他的な関係にある。檜山協議会レベルでも同様で、たとえば、久遠海区と爾志海区の間には、当初から相互入漁の規定があるが、トラブルが頻発すると、罰則を設けて対処している（一九八二年）[*7]。海区レベルでの漁場利用では、江差海区部会や久遠海区部会は爾志海区部会と相互に排除し合い、また、競合する沖合底引き漁に対しては協議会として連帯している。スケトウダラ延縄漁の組織は、排除の機能だけでなく、連帯の契機を有し、重層的な構造を有する広域的連合というのが相応しい。

第二に、檜山スケトウダラ延縄協議会が行政と漁業者の間を媒介している点をあげることができる。この協議会は、漁業許可の取得をめぐって、道庁や支庁と各海区部会組織・漁業協同組合の間で調整を行う。たとえば、操業希望隻数の意見聴取をし、上限隻数を検討して各漁協に抑制の対応を依頼する。また、不漁時に他地区から生じる入会希望や、漁場ごとの漁獲格差を取り上げるだけでなく、漁場のオープンについては早くから検討していた（一九八三年〜）。漁業者たちが、広域的に連関し、これら分節構造のなかで統合されることで、資源維持や管理についての国や行政の指導を徐々に受け入れていくことになったと考えられる。

漁場利用の革新

檜山スケトウダラ延縄漁協議会のなかで禁漁区を設けたのは爾志海区部会だけである。この部会が漁場のオープン化、禁漁区の設定などの試みをいかに成立させたかは、漁場利用の性格を考究するうえで重要だ。

禁漁区導入に成功した理由として第一に指摘できるのは、研究機関による協力である。この関係のはじまりは、エビ籠漁とスケトウダラ漁の業者間の競合（一九八三年）にあった。問題の相談にスケトウダラ研究者の前田辰昭（当時北海道大学水産学部教授）がのり、同学部から資源調査を実施してもらい、操業についてのアドバイスを得る契機となった。爾志海区部会長からの申し入れの際、前田は、協力の条件として、スケトウダラ漁の漁期の短縮、操業船の増加を認めないこと、縄の数を増やさないことなどを提出した。当時の部会長は、それを了承し、さらに禁漁区の設定を行った。再度の資源枯渇を憂慮してのことだった。総じて提言は守られ、効果があったと言える。

もっとも、当初、研究者の考えと、経験から身につけられた漁業者の考えには相違があった。たとえば、漁期の開始時期について、漁師たちは久遠海域から魚群が南下するという伝承と経験に依拠していたが、研究者は系統群の違いを示唆し、分布調査を重視した。爾志海区の総会では「獲れてるから獲りましょう」などと禁漁区の導入に反対する意見も少なくなかったという。そのようななかで、関係の形成に積極的であったのは漁業者AとBである。Aは山に植林すれば水産資源が再生産されると考えていた豊浜の人物で、若手漁業者をまとめるのに力があった。研究熱心で若手漁業者の中心であったのは熊石のB（現爾志海区部会船団長）だった。Bによれば、成功の理由は、漁法や餌の研究を重ね、一番縄よりも漁獲を高く上げ、評価を得ていった点、及び、研究者が「漁業者と一緒」に行うことで、漁業者においても「研究機関が言ってること」が「理解できる」ようになった点があるという。前田辰昭も人工授精や標識放流などへ積極的に参加し、海上にも同行した。

禁漁区の設定に伴って重要なのは、二番縄の者たちの意向に沿って操業形態の改革も進められたという点にあろう。[*8] 操業の序列がここで解消したからだ（一九八七年）。AB両者は、議論を積極的に行う人物でもあったが、いずれもオープン以前は二番縄の船であったことが共通する。Aは大型船による日本海マス漁から転業する際、大型船は三番縄となるため、新たに小型船を購入して二番縄に加入した人物である。また、Bは、遠洋漁業から沿岸漁に転換し、傍らスケトウダラ漁を開始したが、一九八〇年代初め頃の着業であったため、二番縄に参入した人物だ。漁場利用の革新は、このようなエージェントが役職を得て進めた改善要求と努力を背景として達成された。研究者の知見や協力は、このプロセスを効果的に推進し、説得力を持つ重要な根拠になったと思われる。

平等と葛藤の背後

オープン以後、爾志海区の漁場利用では操業条件の均等化が顕著である。近年は漁獲高までその対象となっている。しかし、漁業者の間には葛藤や競合が存在する。ここでは、この葛藤や競合の素描を通じて、利用形態を支えている漁業者の意識に迫ってみる。

【事例一】一九八九年の総会で、特定の小型船（一〇トン未満）に対し、縄の枚数の増加が認められた。「㊝船」と認められた漁船は、大型船と同等に多くの縄を利用することができた。時化の際、小型船は波浪のため出漁できないことが多い。この取り決めは、設備の良い小型船を経営し、部会組織へ貢献の高い者（役員の歴任など）に対して特別に扱ったのである。この協定は翌年に廃止され、以降、小型船全体に対し、盛漁期以後の漁況に応じて縄の増加を認め、悪天候時に出漁できなかった不均衡をカバーすることになった。この背後に、小型船は、同じ天候下では大型船と比べ、漁船の性能が劣り、不平等だという認識がある。

【事例二】一九九三年、一〇トン以上の大型船から、持ち縄の増加の要望がなされたが、認められなかった。漁船

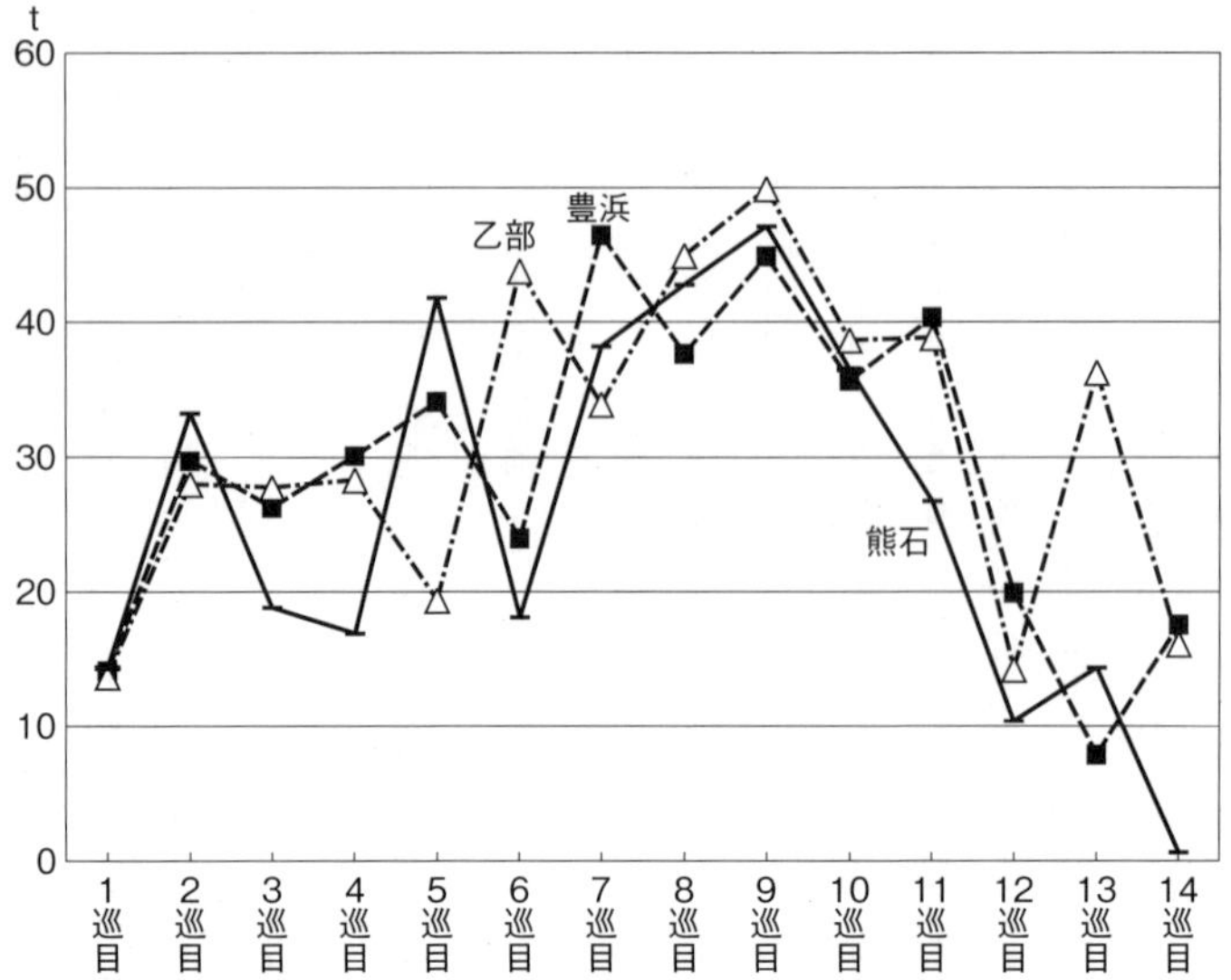

図 6-7　中漁場船団別漁獲高（2006 年度）

（注）3つの船団が中漁場を利用する日は原則として1日ごとずれるが、ここでは、このずれは考慮せず、各々が中漁場を利用した日を、時系列に沿って、1巡目、2巡目などと一括し、対比的に示した。
（典拠）ひやま漁業協同組合資料。

保険は、大型船が乗組員にかける保険である。ここには、小型船における労災保険と異なり掛け金が多額なため、大型船は負担が大きいという認識がある。

【事例三】二〇〇六年以後、各漁船の漁獲高は、使用した縄数に基づく単位漁獲高として割り出し、各漁船へ均等に分けている。だが、図6‐7に示されるように、各地区の漁獲高には差が生じており、その差が顕著に現れる場合には不満が強く出る。そのため、漁獲の少ない地区から多い地区へ、差額分、あるいは、それに見合うだけの金額が補完されている。[*9] 二〇〇六年の差額分の処理は、前記漁船保険の不均衡を解消する名目で代替された。

このように、操業形態に対する不満は、小型船側の例（事例二）もあるが、着業時期の遅かった大型船に顕著である。オープンが達成されたことで、いっそう平等化が志向され、より細かな面が差異として顕在化したと考えられる。オープン以前は、回転操業への参入が最大の目的で、その他の差異は大きな問題でなかったからだ。

しかし、この顕在化の背後には、平等を志向する漁業者の意識があるというべきであろう。それぞれが漁獲高を増やしたい。だが、他者の漁獲の増加は認めたくないため、平均化が志向されるのである。逆に特定の者の増縄を認めることは全体の縄数を増やすことに繋がる。以下の例からも、そうした葛藤の様子が窺える。たとえば、正月一一日は、古くから船霊祭の日で、禁漁であったが、一九八二年より縄を減らして出漁し、帰港後に儀礼を行うようになった。オープン後の一九八八年には、平日と同様の縄数へ増加された。また、使用できる縄数は、禁漁区設定後の一九八八年より増加し、一九九八年には最多になっているのである（一人三五縄）。

6 環境民俗学に求められる視角

檜山地区、とりわけ爾志海区部会のスケトウダラ延縄漁業における慣行漁場の特徴は、以下のようにまとめることができる。

北海道西南地方においては、近世的鱈場船株は存在せず、主としてニシン漁から漁業許可を取得して転換した漁業者などが、地先漁場を優先的に利用していた。二〇〇カイリ問題以後、これらの漁業者は、広範囲で垂直的な関連性を有する同業者連合に組織化された。この組織は、危険防止と漁場秩序を目的とし、漁場利用をめぐる排除や包含を生み出す分節的構造を作り出した。そこには行政の指導を内在化するダイナミズムも認めることができた。漁場にかかわる全体的な社会関係の重要性が確認できたといえよう。

操業者の間には平等性が顕著に認められるが、その背後では、個人の利益を追求する志向性が拮抗し合っている。スケトウダラ慣行漁場の操業条件は、葛藤や競合のなかで創り続けられているのである。漁場利用の制度化は、特定のエージェントが、自らの要求を内在化させながら、研究機関の知見や権威をも取り入れ、正当性を得ていくことで進められていた（cf. 大村　二〇〇二、菅　二〇〇六、末永　二〇〇六）。マッケイが指摘するように、この過程に認められる相互行為は、コモンズを類型化するよりも、水産資源をめぐるミクロポリティクスとして捉える重要性を示しているといえる（McCay 2002）。

漁場利用に認められる平等性は、漁民同士の競争意識の裏返しといいかえられる。このような志向性は、食べていくことや生活していくことを前提に、研究機関の知見や技術をも吸収し、生活のレベルで展開するものと考えられる。その意味で、これは、漁業者の生活の論理とも戦術ともいいかえられるであろう（松田　一九八六）。民俗学は、このような生活の総体や戦術とのかかわりのなかで、水産資源の慣行的利用を明らかにする必要がある。

問題の解決を目的に、過去の経験や知識を参照する際、民俗学は好個の素材を提供してきた。しかしながら、生活者の経験や知識を、環境に優しいものとして、礼賛するばかりが民俗学ではない。民俗学の視角は、それ自体が、過去憧憬の志向へ容易に重なるからである。環境民俗学の内実を豊かなものにするためには、冷静な歴史の観察眼に依拠し、ミクロな視点から全体を見通す足場を築く必要がある。

注記

本稿は、総合地球環境学研究所プロジェクト「日本列島における人間―自然相互関係の歴史・文化的検討」による調査研究成果の一部である。

調査に際しては、伊藤鉄吉、佐藤弘、田畑真成、長田高幸、藤谷精一、麓光敏、前田辰昭、松崎敏文の諸氏にお世話になった。謹んで感謝を申し上げる。

◆注

＊1　独立行政法人　水産総合研究センターホームページ「平成一八年度　国際漁業資源の現況」(http：//kokushi.job.affrc.go.jp/)。国連海洋法条約への批准により、日本のスケトウダラもＴＡＣ（Total Allowable Catch）の対象となった。総漁獲量規制は、魚種ごとに一年間の漁獲可能総量を定める方式である。

＊2　Ｂ型では「用益権者」に制約がないように記されているが、「一漁浦限り」の用益ならば、実質的に他の漁浦からの参入は排除される。Ｂ型の「用益権者」や「用益場所」も「一漁浦」に限定されていると考えられる。

＊3　後志地方の岩内では、大正末から昭和初期にかけてニシン漁などの定置漁業が壊滅的となり、越後から移入された技術でスケトウダラ延縄漁業が展開した。北海道全体では、昭和三〇年頃、沖合漁業への転換策がとられた。

＊4　熊石など末端の部会レベルで裁量できる余地は少なく、瀬縄の長さ程度であった。爾志海区では延縄一枚の針の数は一〇〇本、縄の枚数は一人二五枚、乗組員は、五トン未満船三名、九トン未満船四名、九トン以上船五名（一九八一年）、漁船間隔は一六七メートル（一九八二年）などと統一された。なお、豊浜漁船を乙部と区別すると、一番縄は二八隻、番外船は四隻であった。なお、注7の大成の漁船（一隻）は、ここの数値に含めていない。

＊5　爾志海区部会の会議資料には例年、操業形態の改善に関する議案があがっており、請願書なども提出されている。たとえば、一九八五年には、一九七八年以来三番縄に従事してきた熊石の漁業者七名が、七年間の「操業の実態は、貴会も充分受けとめられている」と指摘し、二番縄への昇格を要望している。

＊6　平成以降の爾志海区部会の規約は協議会の規約（一九七八年）と同文である。協議会のそれは「すけとうだら延縄漁業の漁場の総合的、合理的利用と漁業秩序の確立及び事故防止と円満操業に万全を期し、もって本漁業の振興促進をはかる」となっている。以上、主として「檜山すけとうだら延縄漁業協議会関係綴」（ひやま漁業協同組合所蔵）による。

＊7　また、爾志海区の熊石部会には、大成の漁船一隻が、古くから相沼湾で操業を行っており、熊石船団の回転操業へ加わっていた。地域的には久遠海区に属す船であるため、爾志海区部会の会議では、所属をめぐってたびたび議論が起こった。久遠海区方面では、一九八〇年代前半から、スケトウダラの漁獲が減り、着業船は減少した。

＊8　一九七九年の爾志海区部会役員の半分以上は一番縄の者だが、「操業形体の見直し委員会」（八年後に編成）では、正副会長を

除けば、二番縄の者がほぼ半数を占めた。

＊9　三地区の実水揚高（キログラム）から、各地区の総縄数を基礎に各地区の漁獲高（キログラム）をプール割当数量として割り出す。その金額に平均単価をかけて割当数量による金額を算出し、地区の実水揚額からそれを差し引き差額を出す。この差額を漁期の間積算していく。二〇〇六年度の場合、熊石の差額（不足）が一千万円を越え、そのうちの一定の額を充当した。この結果、熊石の部会役員は、今後の防止策として、漁獲高の低い漁船に対して指導を加えた。内容は、番屋作業、とくにエサの切り方、かけ方、延縄の仕方などであった。

◇参考文献

秋道智彌　二〇〇四『コモンズの人類学——文化・歴史・生態』人文書院。

秋道智彌・岸上伸啓編　二〇〇二『紛争の海——水産資源管理の人類学』人文書院。

李善愛　二〇〇五「漁場の所有・利用形態——韓国のワカメ漁場を事例に」『宮崎公立大学人文学部紀要』一二（一）：一七—三一。

大村敬一　二〇〇二「『伝統的な生態学的知識』という名の神話を超えて——交差点としての民族誌の提言」『国立民族学博物館研究報告』二七（一）：二五—一二〇。

熊石町史編さん委員会編　一九八七『熊石町史』熊石町。

桜田勝徳　一九八〇（一九七八）「越後の鱈場漁村と其の漁業権」『桜田勝徳著作集二』名著出版、三五九—三九九頁。

末永聡　二〇〇六「地域漁業における合意形成と知識科学——秋田県のハタハタ資源管理の取り組みから」『地域漁業研究』四六（三）：六五—七五。

菅豊　二〇〇六『川は誰のものか——人と環境の民俗学』吉川弘文館。

竹内利美　一九九一（一九六四）「羽越沿海地帯——『タラバ』の村々」『竹内利美著作集二　漁業と村落』名著出版、二七九—二九九頁。

田島佳也　二〇〇四「道南西海岸漁村の『漁場請負制』試論——明治初期の爾志郡（乙部村・熊石村）を事例に」『漁業経済研究』四九（一）：二三—四八。

ハーディン、G　一九九一（一九六八）「共有地の悲劇」桜井徹訳、K・S・シュレーダー＝フレチェット編『環境の倫理　下』晃洋書房、四四五—四七〇頁。
濱田武士　二〇〇一「すけとうだら延縄漁業の漁業管理――北海道檜山地区の事例から」『北日本漁業』二九：六七—八〇。
葉山茂　二〇〇五「自然資源の利用をめぐる社会的な規制の通時的変化――長崎県小値賀島の漁業を事例として」『エコソフィア』一五：一〇四—一一七。
フィーニィ、D／バークス、F／マッケイ、B・J／アチェソン、J・M　一九九八（一九九〇）「『コモンズの悲劇』――その二二年後」田村典江訳、『エコソフィア』一：七六—八七。
北海道庁　一九一五『産業調査報告書一五』北海道庁。
前田辰昭・高橋豊美・中谷敏邦　一九八八「北海道桧山沖合におけるスケトウダラ成魚群の分布回遊と産卵場所について」『北大水産学部彙報』三九（四）：二二六—二二九。
松田素二　一九八六「生活環境主義における知識と認識――日常生活理解と異文化理解をつなぐもの」『人文研究』三八（一一）：七〇三—七二五。
McCay, B.J. and J.A. Acheson (eds.). 1987. *The Question of the Commons: The Culture and Ecology of Communal Resources*. University of Arizona Press.
McCay, B.J. 2002. Emergence of Institutions for the Commons: Contexts, Situations, and Events. In E. Ostrom (eds.), *The Drama of the Commons*. National Academy Press, pp.361-402.
Ostrom. E. 1990. *Governing the Commons: The Evolution of Institutions for Collective Action*. Cambridge University Press.

読書案内

◆環境や自然に対する漁師の多様な認識と豊かな知恵に触れてみたい人へ

内海延吉『海鳥のなげき――漁と魚の風土記』いさな書房、一九六〇年（谷川健一編『渚の民俗誌』（『日本民俗文化資料集成』第五巻、三一書房、一九九〇年へ収録）。

◆「なわばり」という観点から、海・山・川の民俗的資源利用を学びたい人へ秋道智彌『なわばりの文化史――海・山・川の資源と民俗社会』小学館ライブラリー、一九九九年。
◆水産資源を保全、管理、繁殖しようとする日本近代の歴史的試みを知りたい人へ
高橋美貴『「資源繁殖の時代」と日本の漁業』山川出版社（日本史リブレット）、二〇〇七年。
◆現代の環境の激変に対し、漁業者がいかにアクチュアルで生活的な対応を示すのかを読んでみたい人へ
ハン・ギョングほか『海を売った人びと――韓国・始華干拓事業』山下亮訳、日本湿地ネットワーク、二〇〇一年。

［第7章］棚田に生きる人々と水とのつきあい方

山本早苗

1　災害を逆手にとる棚田の知恵

何世代、ときには何十世代にもわたって棚田に生きてきた人々は、きびしい環境のもとで、まわりの自然とどのようにやりとりしながら暮らしを組み立ててきたのだろうか。一口に自然といっても、さびしい自然とあたたかい自然という言葉がある。「自然はさびしい。しかし、人の手が加わると、あたたかくなる。そのあたたかなるものを求めて、あるいてみよう」。これは昭和四〇年ごろに「日本の詩情」というドキュメンタリー番組でながされた宮本常一の言葉だ。この言葉から過疎化するむらへの哀愁を感じるよりも、むしろ棚田や里山など人の手が加わったあたたかい自然のもつ意味や、人と自然とのしあわせなかかわり方を問いかけられているように思える。

近年、多くの棚田で耕作放棄が急速にすすむ一方で、世界遺産や文化的景観という「まなざし」が棚田にそそがれている。棚田は、米をそだてる農業生産の場から観光化や地域アイデンティティの形成にかかせない存在へとかわりつつある。しかし棚田をめぐる「まなざし」の変化にかかわりなく、棚田で暮らす人々は、平地農村とはくらべものにならない過酷な労働に身を捧げ、地すべりなど災害とつねに隣りあわせの関係で暮らしつづけてきた。ときに災害を引きおこす原因となる棚田地域の湧水（や伏流水）は、かんがい用水や生活用水にもなり、人々の暮らしにかかせない貴重な水となる。棚田での水利用は、適度に水を抜くことによって災害を防止する「排水」という重要な役割を担ってきたのである。

そもそも棚田が、いつ頃からつくられはじめたのか、よくわかっていない。江戸時代の寛政六（一七九四）年に大石久敬が著した『地方凡例録』の「田畑名目之事」に「棚田」という言葉がみられる（田村・TEM研究所 二〇〇三）。こうした水田では米の収量が極端にすくなかったため徴税対象にすらならなかったという。棚田は、急傾斜な谷を利用して階段状につくられ畦畔をつけてひらかれたちいさな区画の水田のことで、もともと糯田といわれていたのが、中世に棚田の言葉が使われるようになったとも指摘されている（中島 一九九九：一三）。つまり日本では景観的にみて棚田的でも、米を生産していないところは棚田とは呼ばれない。現在、棚田は、主傾斜二〇分の一以上の農地の面積がその地域の全農地の面積の半数以上をしめる地域のことと景観的に把握されている。ただし近畿以西では、焼畑の歴史を持つためか、棚田よりも段々畑と呼ばれることの方が多い。

一九九二年時点で全国の棚田（傾斜が二〇分の一以上ある水田）面積は二二万一〇六七ヘクタール、日本の水田面積のおよそ一〇分の一を占めている。棚田の多くは、面積的にみて北陸・中部・九州地方にひろく分布している（中島 一九九九）。「耕して天にいたる」といわれる棚田の開拓は、平地の水田とはくらべものにならないほどの大事業だった。「昭和三〇年代の初め頃、平地の水田での反当たり労力が二〇人工から二五人工くらいであったのにたいして、谷あいの山田では五〇人工から六〇人工」かかったという（田村・TEM研究所 二〇〇三：二七）。棚田は、人の手を最大限にいれることで、ようやくなりたつ自然だということがわかる。

しかしながら、一九七〇年代以降、何十世代にもわたって築きあげられてきた棚田の風景が一変しはじめる。都市近郊の里山や棚田では、住宅地の造成など都市開発やゴルフ場開発がすすんだ。同時に近隣の農山村では、農業の効率化と合わせてこれら開発にともなう大量の残土処分をかねて、農業基盤整備事業として「ほ場整備」を行った。水利近代化の波が一気に棚田に押しよせた。ほ場整備は、機械化のために水田一枚あたりの面積を拡大し、等高線に沿ってつくられたなだらかな曲線の棚田を真四角な水田へと一変させていった。用水と排水を使いまわしてきた水利用のあり方は、用水と排水を分離する使い捨ての水利用へと大転換させられてしまう。とくに排水利用は災害をふせぐ役割もはたしてきたため、この大転換が、地域の人々と水とのつきあい方や災害とのつきあい方にどのような影響をあたえたのかを検討しておく必要がある。

本章では、絶対的な水不足のもと棚田で暮らす人々が編みだした排水利用のローカルなしかけと、資源を利用する権利をもてない人々にも開かれていく共同性を明らかにすることを目的とする。これらを明らかにすることを通じて、徹底した開拓や開発をおしすすめる一方で、ときに災害を逆手にとったり折り合いをつけたりしながら棚田とともに生きてきた人々と自然とのやりとりの知恵と工夫を描きだしたい。

2　絶対的水不足に対する「むら」の工夫

尾根に水湧くむら

滋賀県大津市仰木は、琵琶湖をのぞみ比叡山を背にして、標高二〇〇メートル前後の古琵琶湖層の丘陵地にひろがる。峠を一つ越えると京都・大原につながり、比叡山延暦寺のふもとにひらかれた集落は、丘陵の尾根に東西にほそながく伸び、谷の急傾斜を利用して階段状の棚田がひらかれてきた。湖から山林までわずか三キロメートルのあいだに集落・田畑・水路・里山・奥山が一つながりになったエコトーン的な景観は、この地域の大きな特徴になっている。

写真 7-1　田植えを終えた棚田

空からむらを見ると、急峻な谷間に田んぼが幾重にもひろがる。河川はすべて谷底をながれ、集落はいちばん高い尾根につくられた不思議な景観をしている。一般的に水は高いところから低いところへながれていくにもかかわらず、この地域ではなぜか尾根に地下水や伏流水がゆたかに湧きだす。そのため地下水と伏流水が仰木の暮らしにかかせない生活用水と農業用水になってきた。「一番いい土地は田んぼに」と地元の言葉で語られるように、いい土があり水の条件もよい土地を優先的に水田に開拓していき、どうしても水田にできそうもない土地にむらをひらいていった。

ただし、いい土地を棚田にしても、もともと山が浅いため水を確保するために苦労をかさねてきた。二本の大きな河川と六本の小河川のほか、山水や湧水からながれでる谷川をあますところなく使い、さらに七四ものため池をつくってひろい棚田をかんがいするための水を確保した。村誌によると、河川の水路でかんがいされる水田は二七〇町歩（ヘクタール）、ため池でかんがいした水田の面積は三〇ヘクタールにもおよぶ。このほかにも用水権をもてないため雨水だけでかんがいする水田（天水田）は二〇ヘクタールもあった。いまでも梅雨から夏にかけて水不足になると雨乞い行事がなされ、水源では水神をたいせつに祀っている。

仰木庄の鎮守社である小椋神社（旧称田所神社）は、『延喜式神名帳』に記される滋賀郡八座の一つで、歴史のふかい由緒ある土地である。平安時代中期にあたる延長五（九二七）年に式内社にえらばれている。仰木は、山岳仏教の興隆もあいまって比叡山延暦寺の北の門前町として発展した。比叡山延暦寺の荘園や天領として支配されてきた歴史があり、水田稲作を中心にはやくから開発されてきた。

上仰木（カミオオギ）、辻ケ下（ツジガシタ）、平尾（ヒラオ）、下仰木（シモオオギ）の四つの集落があり、普段はそれぞれのむら単位で自治を行っている。田植えがちかづくと、仰木四か村と近隣のむら一村とが一緒になって五穀豊穣と一年の無事を祈る古式祭礼を執り行う。上仰木と辻ケ下は「カミ」、平尾と下仰木は「シモ」と呼ばれる。カミとシモでは、それぞれ依存している水系がことなるため、水利用や入会林野（水源林）の利用もカミとシモにわかれ、むらの開発の歴史をめぐっても対立している。

近年、棚田では、高齢化や担い手不足を背景に耕作放棄が一気にすすんでいる。全国には約二〇万ヘクタールの棚田が存在するが、滋賀県には現在約二二〇〇ヘクタールの棚田がのこされている。このうち仰木の棚田地域は約二〇〇ヘクタールをしめている。二〇〇五年現在の仰木の人口は二五九五人、七六二世帯。このうち農家人口は一七六二人、総農家数三七七戸（販売農家数二七八戸）、専業農家は一九戸である。一戸あたり平均約〇・六ヘクタールの水田で自給的な小規模農業をいとなんでいる。耕作放棄率は、全国平均よりやや高い程度でおさえられている。仰木は、京都・大阪まで一時間以内の通勤・通学圏内にある都市近郊農村なので、全体として棚田や山林がよく維持管理されている。

用水と排水

この地域では、図7-1のように、むらの入会林野でもある水源林からながれる山水や河川から引いた水を利用した水路を集落内に張りめぐらせ、家の軒先にため池をつくったり井戸を掘ったりして生活用水を確保してきた。生活用水もかんがい用水も一滴も無駄にすることなく、すべてうまく使いまわしてきた。

地域の水利用には、おおきくわけると用水と排水という二つのかかわり方がある。たとえば、水田をかんがいする

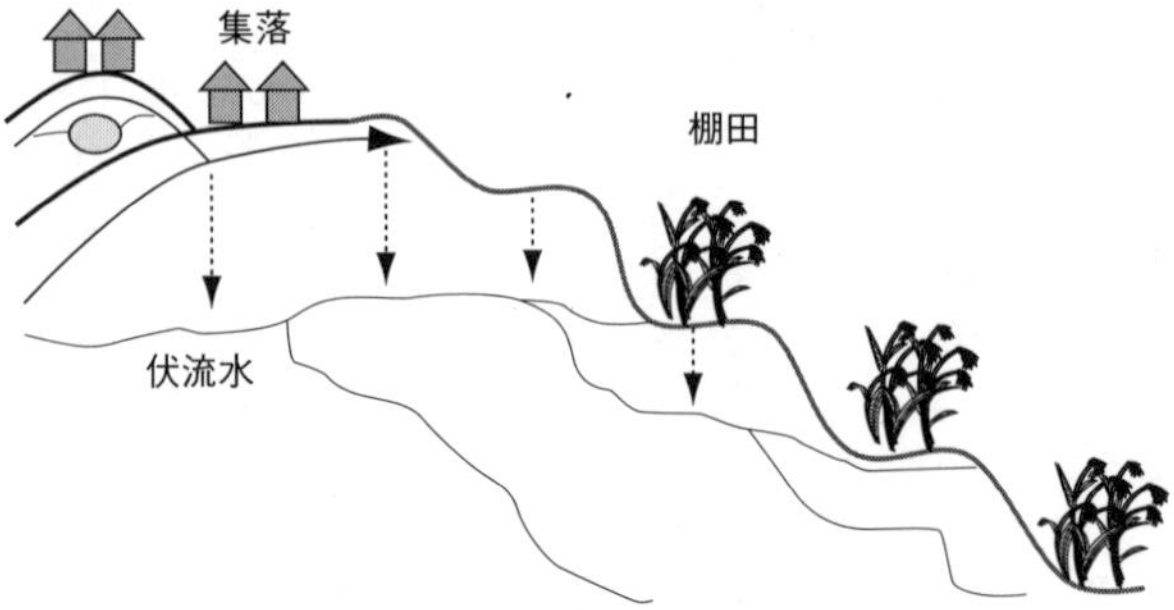

図 7-1　棚田の水掛かり関係

ために引きこむ水を用水といい、大雨や水があまったときに水田や水路からながしだす水を排水という。排水は悪水ともよばれる。用水も排水も地域ごとに権利の内容やとりきめについて明文化されていたり暗黙に申しあわせがなされていたりする場合がおおい。

ただし用水と排水は、完全に切り離されているわけではない。上の田んぼの排水を下の田んぼに落として用水として使いまわすことを田越しかんがいという。棚田では、基本的に田越しかんがいで、上から下の田んぼへ水を回し、さらにとなりあう左右の田んぼへと水をまわしていくので、用水と排水がわかちがたく結びついている。田越しかんがいでは、排水は不要な水ではなく、となりあう田んぼのかんがい用水（養い水）になる貴重な資源となる。平地の水田にくらべると、棚田には雨水だけをたよりに耕作する水田が圧倒的におおく、上流から下流への漏れ水のながれを徹底して利用しなければ棚田全体を維持することはできなかった。

ところが大雨で洪水がおこると、貴重な水も危険な水へと一変してしまう。上流の安全を守るための排水が、下流にとっては洪水や土砂災害をもたらす危険な存在になる。はやく水をながしたい上流の人々と、上流からながれこむ水をできるだけ止めたい下流の人々との間にはさまざまなもめ事がおこる。水の不足（水ゲンカや水争い）や水の過剰（水害や土砂災害）をめぐる問題を解決するために、それぞれ地域ごとに水利用の工夫をこらさなければならなかった。

仰木では基本的に耕作している人がことなる水田では田越しかんがいを行わない。田越しかんがいにもいくつかの種類があり、配分ルールの設定しやすい表流水を利用した田越しかんがいと、水の流れが見えないため明確なルールを設定しづらい漏れ水や伏流水（や地下水）を利用した田越しかんがいとにわけられる。畦畔に切りこみをいれて下流の水田に直接水をおとすこともあれば、竹の樋やちいさな溜めを利用してひろい範囲に水を落としていく方法もある。水をまわす必要のある範囲と水田の耕作の分散のしかたによって、どのように田越しかんがいをするかが決められる。

たとえば川から引きいれた水を共同で管理している水路ごとに配分し、その後にちいさな水路にとりこんで、そこから水田一枚ずつに水をまわしていく。ただし耕作している人がことなる田んぼは、自分の田んぼのなかで田越しに水をまわした後、いったん水路に水をもどすので、その下流の田んぼではあらためて水路から取水しなければならない。結果的にはおなじ水を利用しているにもかかわらず、田越しでかんがいするか水路経由でかんがいするかというプロセスのちがいは、人々の水にたいする意味づけにどのようなちがいを生みだしているのだろうか。

排水を受けいれなければならない下流の人たちに着目すると、排水を利用するのはかならずしも用水権をもっている水田に限定されていないことに気づかされる。むしろ排水を利用する人のなかには、ヒヤケやタレウケ、シケウケと地元で呼ばれている天水田（＝雨水だけでかんがいする用水権のない水田）の人々がおおい。当然のことながら、天水田の人々は、水路をながれてくる用水を利用する正統な権利をもたないので、正式な水利メンバーとして認識されていない。

しかし、用水権をもっている人たちによれば、水はかならず下に漏れていくものであり、天水田の人々の漏れ水利用を禁止することは、いっさい行っていない。日常の水があまっているときに、排水を利用できるのは当然のことであるが、水が不足してこまる渇水のときでも、天水田の人々はすこし遠慮や配慮をしながらも排水を利用しつづけることができる。

天水田の人たちは、水路から直接水を取りいれられないかわりに、上から田越しで漏れてくる水で水田をつづけることが可能になっていた。水路は、用水権のある人とない人を区別するための目に見えるしかけだが、実際の水利用の場面では、つねに漏れ水を利用できることのほうが重要だったのである。

3 棚田の暮らしの組み立て方

「ヒヤケ」「バクチ」という存在

仰木にかぎらず、棚田地域は、平地の水田とくらべて天水田が圧倒的におおい。棚田の開発は、年貢をはらわないですむことから、近世の新田開発の展開とともにピークをむかえる。これは隠田(カクシダ)と呼ばれる。民俗学者の宮本常一も指摘するように、厳しい検地にもかかわらず、田んぼ一反と記されている水田が実際には一反三畝あるいは一反四畝もあったところも少なくない(宮本 一九七三:二七)。とくに畦や土手の面積もふくめれば、実際の棚田の面積は記録にのこされている面積の三倍以上にもなるだろう。戦後の食糧増産政策に対応するために、棚田の開拓が奨励されたが、隠田にちかい棚田がみられる。

そもそも棚田は開発のはじまりから隠田の意味をその言葉のなかにふくんでいる。支配の網の目をくぐりぬける人々の知恵と巧みさから棚田が生みだされたといっても過言ではない。隠田は、おなじむらの人間にさえ秘密にされる場所でもある。棚田と平地の水田とのおおきな差は、隠田の存在にある。平地の水田であれば、障害になるような山林もなく、だれの水田がどこにあるか一目瞭然なので隠田のつくりようがない。ところが棚田の場合、丘陵地に複雑にいりくんでいるおかげで多少のごまかしや融通がきく。

山の奥深くにある隠田にいくには、むら人でも迷うようなほそい里道を歩いていかなければならない。土地勘がなければ目的地にはたどりつけない。たとえうまく見つけられても、複雑にいりくんだ地形と交差した里道に迷いこんでなかなか出てこられない。イノシシ、シカ、サルなど動物の目はあっても、まったく人目を気にしなくていい隠田では、よく博打（バクチ）が行われていたという。

　バクチの思い出を語りはじめると、むら人の表情は、とつぜん生き生きとしはじめ、おもわず眼の前でバクチが展開しているような錯覚をもつほどリアルな表現がとびかう。汁田（シルダ）やドブ田（ドブダ）といわれる湿田に腰まで水につかりながらの稲刈り作業を終えると、ようやくバクチを楽しめた。バクチは、ふだんの過酷な労働を忘れるほど大きな楽しみの場になっていた。一攫千金とまではいかなくとも、一発逆転をねらうことのできる胸おどる機会でもあった。

写真 7-2　山のひだまで開拓された棚田

　バクチでは、だれも知らないところでやるという「秘密」の要素と、一発逆転も不可能ではない「賭け」の要素、さらに個人技の競い合いがかさなりあって、生産の場である田んぼが突然「賭場」に一変する。他人の眼を盗みながら谷ぞいに棚田をつくりつづける執念と、賭場と化した棚田で一発逆転をねらうバクチとの間には、なにか通底している感情があるように思える。ここには自然を利用・管理するという関係をこえた人と自然とのかかわり方がありそうだ。

　隠田は、山ぎわにながれる冷たい沢水を利用しなければならないため、稲の生長が悪く収量もすくなかった。平均的な収量の半分もとれず、スズメのエサほども収穫できないこともしばしばだったと語られる。隠田は自然条件におおきく左右され、米をそだてても豊作と不作の差が、平地とはくらべものにならないほど大きい。当たりはずれのあるバクチにちなんでバクチ田と呼ばれたり、水がなくなって完全に干上がって日焼けてしまうためヒヤケと呼ばれたりする。

ところが、なぜか日照りがつづいた年にかぎって、バクチやヒヤケと呼ばれる天水田だけが大豊作になったという。ここには一発逆転の勝利を手にすることのできる賭けの世界へとつながるものがある。ヒヤケ田で米をそだてるという行為は、安定した収量を期待できないかわりに、土壇場の一発逆転的な賭けの要素を隠しもっていた。隠田は、干ばつや水害など非常時のセーフティ・ネットの役割をいつもはたすわけではない。バクチ田に賭けつづけた人々は、日常生活の安定化を志向するのではなく、不安定な状況のなかで、あえて不安定な状態を志向することで、自分たちの暮らしを組みたててきたのである。

漏れ水を媒介にした関係性

水路をながれる水を利用できるのは用水権のある人だけなので、おくれて開発したため用水権をもてない天水田の人たちは、地下水や伏流水をあわせた漏れ水を利用するほかなかった。漏れ水には、水源林からつづく地下水脈や湧き水のほかに、となりあっている水田の土手から漏れてくる水、上流部の水田からの漏れ水、ため池からの漏れ水なども含まれる。河川など目に見える表流水にたいして、こうした目に見えない地下の水脈を総称して漏れ水と呼んでおこう。

棚田地域では、平地の水田にはみられないおもしろい漏れ水利用のしかけをつくりだしている。地域によって名づけはさまざまだが、一般的に横井戸や横穴かんがいと呼ばれる。河川から水を引くことがむずかしい棚田では、地中に横穴を掘って、谷水や湧水・伏流水と上の段の水田から漏れてくる水などを引きこんで用水を確保する特殊なか

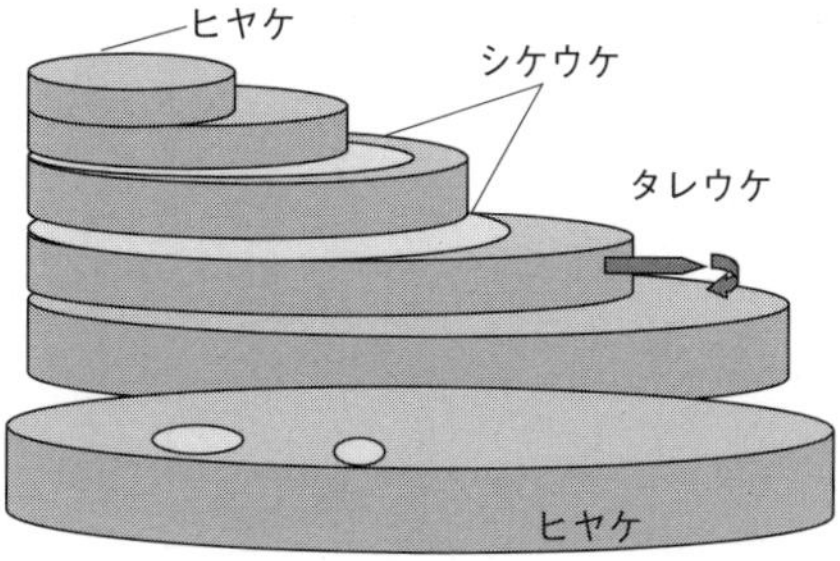

図 7-2　棚田の漏れ水利用

んがい様式をつくりだしてきた（竹内　一九八四、鳥越　一九五八、中島　一九九九）。仰木でもおなじような小規模な横穴のかんがい方法がとられている。

漏れ水を利用する技法には、おおきくわけて二種類があるといわれている。一つめは、田んぼの土手の中央部に打たれた「樋（ヒ）」である。樋とは、土手中央部にすこしだけ突端をだした管があり、それは水田の地中に伸び中央部までつづいている。樋は、水田どうしの水のやり取りのほかに、河川や水路から取水するときにも使われる。ただし天水田をもつ人が簡単に樋をつくれるわけではなかった。

漏れ水を利用するもう一つの技法は、タレウケやシケウケと呼ばれる。横井戸や横穴のようなおおきな水利施設の設置をともなわない簡単な仕掛けになっている。土手ぎわに溝を掘って、上からの漏れ水を最大限とりこめる。棚田の漏れ水の利用は、用水権をもっているかどうかにかかわりなく、だれでも利用できる点が特徴になっている。さらに、タレやシケという水とのかかわり方は、水田にだけ見られるわけではない。集落にも漏れ水のながれはあり、暮らしのなかの水利用でもタレやシケは重要な役割をはたしてきた。家のうらに樋をかけて漏れ水をためて洗いものをしたり、庭や畑にまくための水をためておいたりする。集落が尾根にあるため、集落のなかをめぐった水路の水は棚田に流れていく。農業用水も生活用水も一つながりになった水の流れがつくりだされていた（図7 - 2）。

棚田のかんがいのしくみを一枚の水田ごとにみていくと、上の田んぼの漏れ水をどれぐらい利用できるかによって、「タレウケ」「シケウケ」「ヒヤケ」と呼ばれており、天水田の内部でこまかく区別されている。

一つめは、上からザーッと漏れてくる水を利用する「タレウケ」。タレウケは、上の水田の土手中央部に竹でつくった樋をさして、そこから漏れ水をとる場合と、田越しで溝におとした水をとる場合とがある。漏れ水がいちばん多くたまる下流部の水田にみられ、ある程度の水量を利用できる。

二つめは、上の田んぼからジワジワと滲みだしてくる水を利用する「シケウケ」で、これは上の水田の土手と自分の水田の畦ぎわに溝をほって、そこからの漏れ水を利用する。たいてい中央部の水田である場合が多い。これはタレウケよりもさらにわずかな水を確保するためにされる。

三つめは、まったく水をとることのできない「ヒヤケ」と呼ばれるもので、基本的に湿田が多く、年中ジュクジュクと水がたまっている水田である。ヒヤケは、尾根の頂上や水路からはなれたところにつくられ、上流の水田からの漏れ水をまったく利用できない。これはバクチ田にあたる。ヒヤケは、湿田であるといっても、渇水時にはすぐにひび割れてしまうため、タレウケやシケウケよりも条件が悪い水田であると考えられている。すぐに田んぼがひび割れた状態になってしまい、どれだけ手をかけてもまったく収穫できなくなるので、最低の水田だと認識されていた。

棚田での水利用では、用水をとりいれるための施設を占有しているかどうかにかかわらず、河川から取水したあとの末端の水田一枚ごとの水利用のほうが重要な意味をもっている。実際の水利用をみていくと、天水田といっても、完全に雨水だけに依存しているのではない。漏れ水を媒介とすることで上流の田んぼやとなりあう田んぼで耕作する人々に依存した関係をつくりあげていることがわかる。

上流で使われた用水は地下に浸透して下流の水田で湧きだして下流の用水としても利用される。上流の水田でどれだけたくさん水を使っても、棚田の場合、地下からの漏れ水と畦や土手から漏れていく水が多い。下流の水不足をおぎなうための意図的な漏れ水であっても、意図せず漏れてしまう水であっても、棚田の傾斜や地質などの自然的・地理的な条件にくわえて、人々の水利用の網の目がつくりだす水のネットワークが形成される。漏れ水利用は、水は一度使うと流れてなくなってしまうのではなく、「水は使えば使うほど、どんどん水が漏れだし、湧きだしてくる」というあたらしい人と水との関係性をしめしてくれる。

4 漏れ水を媒介に生成するローカルな規範

漏れ水をめぐる微妙な差異の形成

正統な用水権をもてない天水田の人々は、漏れ水を利用する場合に、タレウケ・シケウケ・ヒヤケという三つの区別をつくりだして、絶対的な水不足の状況に対応してきた。もちろん水利慣行にもとづいて用水を利用している人々も漏れ水を利用している。ただし、これらの人々が、不足した水をおぎなうために漏れ水を利用しても、タレウケなどと呼ばれることはけっしてない。天水田の人々は、正統な用水権をもたず漏れ水だけに依存しているために、正統な権利をもつ人々と区別して名づけられている。天水田の人々のあいだに引かれるこうした微妙な線引きは、利用できる水量の多さをあらわしているだけでなく、漏れ水利用権の程度というかたちで正統な権利をもてない人々の内部にわずかな差異をうみだしている。

これまでみてきたように、はたらきかけがみえない漏れ水を利用する場合、樋を使って物理的に漏れ水をみえるようにすることで、漏れ水をめぐるやりとりを顕在化して共有することができる。土地や水を利用するためにはたらきかけつづけることで一種の占有的な意識が形成されて、だれでも利用可能な水資源にたいしてもローカルな取り決めが生みだされる。棚田地域における水の利用をめぐるローカルな取り決めは、景観的にはっきりとあらわれてくる。たとえば、となりあっている水田の片方には水が張られ、もう一方は干からびているという、棚田でよくみられる風景を考えてみよう。用水権をもっている水田と用水権をもてない水田の権利関係が、景観のうえにはっきりとあらわれている。ここで注意しておきたいのは、水を利用すると一言でいっても、実際に水を利用しているという事実関係が存在していることと、水を利用するに際して規範的性格をもった権利関係が存在することとは区別する必要があるということだ。なぜなら漏れ水を利用しているときに、それが恩恵として与えられているのか、実力行使で盗水をしているのか、あるいは両者の間でなんらかの取り決めや合意がなされているのかというように、それぞれ力関係がまったくことなるからだ。さらに、それぞれの漏れ水にたいする意味づけもまったくちがったものになる。

仰木の漏れ水利用をめぐるこまかな区別や差異は、カミ（上流）の人々によるシモ（下流）への恩恵でも盗水でもなく、はっきりと明文化されていなくても約束ごととして承認されていた。棚田全体の水利用から考えると、用水権のある上流の人々が水を利用すればするほど、下流の用水権のない人々は、漏れ水でかんがい用水を確保して棚田を維持することができたといえる。漏れ水は、下流にとって用水になると同時に、上流にとっては土手が崩れるのを防ぐ排水の役割もはたしていた。

棚田では、土地所有とは関係なく、水源林から集落をめぐり、水路や漏れ水をかいして水田と湖沼にいたるまでの水のながれがつくられている。水を媒介にしてつながる物理的・社会的・歴史的・生態的な関係性を「水掛かり共同性」と呼んでおこう。漏れ水を媒介させることで、水源林から棚田や集落へとつながる地上の水のながれと地中・地下の水脈をつなぎあわせて意味づける。

漏れ水のネットワークを人々が語るとき、土砂災害や水害など過去の災害経験や、個人所有の山林を水田化してきた開拓の経験や家ごとに苦労をかさねてきた記憶を介在させる。たとえば、「普段はどうもないところ（＝水田、畦）に水がよう湧いてくるなあと思ってたら、土手が全部崩れてしもうて、下の田んぼの人に申しわけないことした」。「イゼの水（用水権のある水）を使えんけど、ちょっとでも田んぼを広うするために、自分の山をひらいてきた。なんでか水はどっからか集まってきて、なんとかやってこれた。一気水やら土砂崩れやら起こるから、あんまりひらきすぎるとあかんって言われてきたけどなぁ」。

このように地すべりなど災害が起こりやすい状況を防ぐための工夫は、感覚や勘にもとづいて、それぞれの地域の言い回しで表現される。かならずしも明確なルールとしてしめされるわけではない。ここには漏れ水を完全にコントロールすることはできないという認識がまずある。災害を完全に抑えこめないのであれば、起こった出来事を受け容れざるをえない。地すべりで地形や水のながれが変われば、それに応じて田んぼの畦を区切りなおしたり土手をつくりかえたり、さらに水路を付け替えたりしなければならない。これは災害の受容と順応といいかえてもいいだろう。

しかし一方で、漏れ水を介したローカルな水のやりとりに着目してみると、予測できない災害の状況にただ追従しているだけではないことがわかる。漏れ水でゆるんだ地盤では地すべりが起こりやすい。地すべりが起こると傾斜がゆるくなるので、それを逆に利用してすくない労働力で棚田を開拓できる。漏れ水を徹底的に使いまわし緻密な関係をとっているのも、災害を引き起こす要因になる漏れ水を用水として確保するというように、災害を逆手にとる知恵といえる。棚田では、広大な棚田面積にたいして絶対的に不足している水をすべて共同体的な規制のもとで利用するという関係のとりかたをしない。天水田の人々は、用水権の必要とされる河川の水利用においては権利をもてない人々にすぎなかったが、漏れ水利用においては複雑なしかけを生みだす主体として立ちあらわれてくる。

漏れ水を共有する規範

棚田を維持管理する人々は、景観からは読みとれないわずかな差異や複雑な水利用のしかけをつくりだしてきた。近年、棚田地域が、農業生産の場から生活の場の一部へとかわり、あらたに観光・環境の「まなざし」から捉え返されるようになっている。ここで棚田をめぐる「まなざし」の位相の変化の背後でおこっている統計にあらわれない棚

写真 7-3　ほ場整備中の棚田

田の耕作放棄の実態を検討しておく必要があるだろう。仰木地区は、都市近郊にもかかわらず、まとまった棚田景観を維持してきた。

しかし、ここ数年ほどで耕作放棄と委託経営による専業化への二極分化が進行している。聞き取りによると、むらの内部で調整されているため統計に反映されていない耕作放棄面積もおおきいので、実際の耕作放棄率は統計よりもかなり高い値になっていると推定される。その傾向は現在もつづいており、山ぎわのほ場整備がなされていない棚田を中心に耕作放棄田が増えている。

水田農業を営む地域での耕作放棄は、たんに農地を放棄するにとどまらない。農地をかんがいするために必要な用水権を放棄し、水路そうじなど共同で管理しなければ維持できない労働から脱退することを意味する。棚田の維持管理は、平地の水田の何倍もの労力を必要とするので、一人でも水利組織からぬけてしまうと、水の共同利用がとたんに困難になる。のこされた人たちは、水利共同の維持だけで精一杯の状況に追いこまれる。これは水利秩序の弱体化につながる一方で、排水不備による災害のリスクを高めもする。さらに雨水と上流からの漏れ水に依存してきた天水田では、上流部の耕作放棄によって水不足が起こってしまう。

これまで用水権をもつ人々は、絶対的な水不足に対応するために、天水田の人々に用水権をあたえないことで、天水田の人々を棚田の表流水利用から排除してきた。しかしながら、放棄される水と土地が増加していく状況にたいして、水利組織では「中身のない」水利権という工夫を生みだした。「中身のない」水利権とは、仰木の水利用の仕掛けに筆者が名づけた用語であるが、これまで用水権をもてなかった天水田の利用者にたいして、正式な水利権を承認せずに架空のメンバーシップを与えるしかけである。

具体的には、タレウケ、シケウケ、ヒヤケと呼ばれてきた天水田の人々が、用水権をもつ人々の用水を利用したり、漏れ水を利用できるようになる。用水施設の修理などにかかる費用負担はないかわりに、草刈りなどの夫役（無償労働）が義務づけられる場合がある。こうすることで天水田は、かんがいに必要な水を確保でき、人数の減った水利組織では不足した労力をおぎない棚田全体を維持できるようになる。

ただし用水権といっても、それほど強い力をもっているわけではない。天水田の人々は、必要な時にいつでも水を利用できるとはかぎらない。用水権をもっている水田に隣りあう天水田の人々は、しばしばそれらの水路や水田から水を盗んで自分の水田をかんがいしてきた。絶対的な水不足のもとで、たとえわずかでも水を確保して棚田をいとなみつづけるための実力行使といえる。ほ場整備を終えても、あいかわらず盗水行為はつづいていたため、むらのなかで問題にされてきた。こうした状況をまえにして、耕作放棄によって人数がすくなくなった水利組織の人々は、天水田の盗水行為の監視や制裁をつづけていくコストを負担しつづけるのは不合理だと強く感じるようになる。

用水権をもつ人々は、天水田をもつ人々に限定された用水権を与えて、盗水行為に一種の正当性を担保するかわりに、メンバーシップの義務も負担することを交換条件とした。水路にちかい天水田の人々が、気がつくと草を刈り水路を補修するかわりに、あまった水を利用しつづけることで、そこに一種の占有的な意識がめばえてきた。この占有意識は、天水田の人々だけでなく、水利慣行によって優先権をもつ人たちにもしだいに共有されていった。天水田の人々が毎日かかわりつづけている状況を目にしていることや、下流の天水田の人々が水路補修でこまやかな配慮をしながら水配分を遵守していることにたいして信頼関係が生まれつつある。一見したところ持続的な水利用を目的としているように見える配慮や遵守は、天水田の人々の下流ゆえに頻繁におこる土手崩れのリスクや、それを防ぐための水路補修へのたかい関心と結びついている。こうして「中身のない」水利権にもしだいに中身が生まれてくるようになった。その結果、権利関係を変更しないまま便宜的にメンバーシップを与えるという本来の意図が裏切られてしまう。つまり「中身のない」水利権が、「中身のある」水利権へと転換されていくのである。

下流ほど水が豊富になる状況を生みだすという棚田に特徴的な漏れ水利用の共同性は、地域社会の基盤にある水利共同の関係に、共同体規制とはことなる共同性の契機が存在していることをしめしてくれる。水掛かりの関係をもとに繰りだされる共同性は、ローカルな文脈のなかで緻密に意味づけたり関係づけたりする一方で、バクチのように一発逆転や不安定な状態を組み込みつづけることによって、棚田で暮らしを組みたてることを可能にする。これまで、むら共同体としての水利共同関係から排除されてきた天水田の人々は、あらたな規範を生みだす主体となる。

5　棚田に生成するローカルな水掛かり共同性

風景をつくりだしている人々の営みをつぶさにみていくと、とてもこまやかな取り決めや心づかいがなされていることに気づかされる。あるときは慣行や慣習と呼ばれ、そのような人々の関係のとり方をつうじて、人々の自然の見方、あるいは自然との「間（マ）」のとり方をかいま見ることもできる。これは資源の利用・管理という近代的な自然認識でもなく、水田＝生産の場という限定された関係性でもなく、暮らしをふくみこんだ自然とのつきあい方という全体的な関係性といえよう。

棚田では絶対的な資源不足という自然条件のもとで、人々は自然にさまざまにはたらきかけ、場を意味づけてきた。かつては生産の場であった自然利用が、現在は生活の場の一部になり、観光や環境や文化的景観などあらたなまなざしの対象へと変化している。その結果、おなじはたらきかけであっても、その行為の持つ意味や役割は、それぞれの状況と文脈によってまったくことなる。棚田の水利用は、かんがいだけでなく排水や災害防止の意味が大きくなり、排除されてきた天水田の人々があらたな主体として立ちあらわれてきた。自然条件に左右されやすい不確実さと棚田内部の権利の格差という不平等な資源利用にいかに対応するかという点に、漏れ水利用をめぐる人々の戦略と意味づけを読みとることができる。

災害に典型的にみられたように、自然とのかかわりにおいて生活の場ではつねに予測不能な事態がおこり、たえず意味づけを組み換えなおす必要にせまられる。どんな状況にも一定の規制をかけるようなしくみや、たえず固定された方法でしか対応できないような共同性のあり方では、棚田のように災害と隣りあわせの地域で暮らしつづけることなど到底できない。バクチ田でみられたように、あえて一発逆転に打ってでるような博打の「賭け」の要素がおおきな役割を果たすこともある。

棚田と漏れ水とのつきあい方をつうじて見えてきたものは、水掛かりというあらたな共同性に根ざした水とのかかわり方だった。水掛かりの共同性をもとに生成するローカルな規範に着目することで、漏れ水を共有していく過程で、これまで主体として認識されえなかった人々が権利を獲得していく共同性の契機を見出すことが可能になる。たしかに天水田の人々が生みだした水掛かり共同性は、むら共同体の基盤を根底から打ち崩す力をもっているわけではないが、むら共同体とはことなるあらたな共同性の存在をしめしてくれるだろう。

◇参考文献

池田寛二　一九八六「水利慣行とムラの現在」『社会学論考』七（東京都立大学社会学研究会）：一三―四〇。
竹内常行　一九八四『続・稲作発展の基盤』古今書院。
玉城哲　一九八三『水社会の構造』論創社。

田村善次郎・TEM研究所　二〇〇三『棚田の謎――千枚田はどうしてできたのか』農山漁村文化協会。
東郷佳朗　一九九八「農業水利権の現代的構造」『法社会学』五〇：一三五―一三九。
鳥越憲三郎　一九五八『摂津西能勢のガマの研究』（民俗調査報告　第一輯）、豊中市立民俗館。
中島峰広　一九九九『日本の棚田――保全への取組み』古今書院。
宮本常一　一九七三（一九五九）「庶民の世界五　私墾田」『宮本常一著作集一三』未來社、一一〇―一一七頁。
柳田國男　一九七〇（一九〇七）「農業用水ニ就テ」『定本柳田國男集三一（新装版）』筑摩書房、四三六―四四七頁。

読書案内

◆人びとの「幸福／不幸」という視点から、現代社会の民俗について考えてみる
宮本常一・山本周五郎・楫西光速・山代巴監修『日本残酷物語五　近代の暗黒』平凡社ライブラリー、一九九五年。

◆多元的に「環境」を読み解くヒントに
イバン・イリイチ『H_2Oと水――「素材（スタッフ）」を歴史的に読む』伊藤るり訳、新評論、一九八六年。

◆資源管理という近代的な発想を超えて、人と自然との関係性を問い直すには
クリフォード・ギアーツ『インヴォリューション――内に向かう発展』池本幸生訳、NTT出版、二〇〇一年。

［第8章］復活、田んぼの魚捕り——現代社会の水田漁撈

安室　知

高度成長期以前に子どもだった人たちは、その多くが水田や用水路で魚捕りをした思い出を持っているのではなかろうか。日本の場合、高度成長は経済分野だけでなく、生活のあらゆる場面においていわゆる生活革命をもたらした。そして、それを象徴するように、田んぼで魚捕りする光景は経済成長に反比例してみられなくなっていった。ただ、興味深いことに、高度成長期の後に生まれた人や、都市に育ち実体験を持たない人でも、魚捕りといえば水田風景を思い浮かべる人は多い。意識のうえでは、実体験を伴わない人にまで田んぼの魚捕りは受け継がれているといってよい。

それは、なぜなのだろうか。日本人にとって水田での魚捕りとはどんな意味を持っているのだろうか。また、それは現代社会にどのような影響を与えているのか。そうしたことを文化的・社会的な視点から考えてみるのが本章の主たる目的となる。

それは、ひいては日本人の自然観や高度成長の文化的な意味を問うことにも繋がる。一種ノスタルジックなイメージを呼び起こす「田んぼの魚捕り」は、個人の小さな体験と片付けられてしまいがちだが、その背景には思いのほか大きな「歴史」があるかもしれない。

1　田んぼの魚捕りと水田漁撈

水田漁撈とは何か

田んぼの魚捕りを少し学問風にいうと水田漁撈ということになる。民俗学や人類学、地理学といったフィールド系の学問分野で使われる用語である。以下、水田漁撈およびそれに関連する用語について簡単に定義をしておく。

水田漁撈とは、水田用水系において水田魚類を対象に行う漁撈のことで、稲作の諸作業によりもたらされる多様な水環境を利用して行うことに特徴がある。

水田用水系とは、水田・用水路・溜池といった稲作のための人工的水界で、稲作の諸作業に対応して定期的に水流・水温・水量といった水環境が変化し、かつそれが一年をもってリセットされることに特徴がある。

また、水田魚類とは、フナ・コイ・ドジョウ・タニシなど水田環境に高度に適応した魚介類のことである。水田環境へ適応することにより、個体数を増やしたり、分布域を広げたりすることができた魚類であるといいかえることができる。適応の仕方としては、魚類の一生または生活史の一時期において水田環境を生活の場とするものであること、および水田環境を産卵の場とすること、という二つがある。

ただし、水田登場以前から存在する魚類であること、また水田魚類とはいうものの、タニシや淡水エビなども含めていること、および人間の利用（遊びも含め）に何らかの意味を持つものであることを考えると、水田魚類は生物の

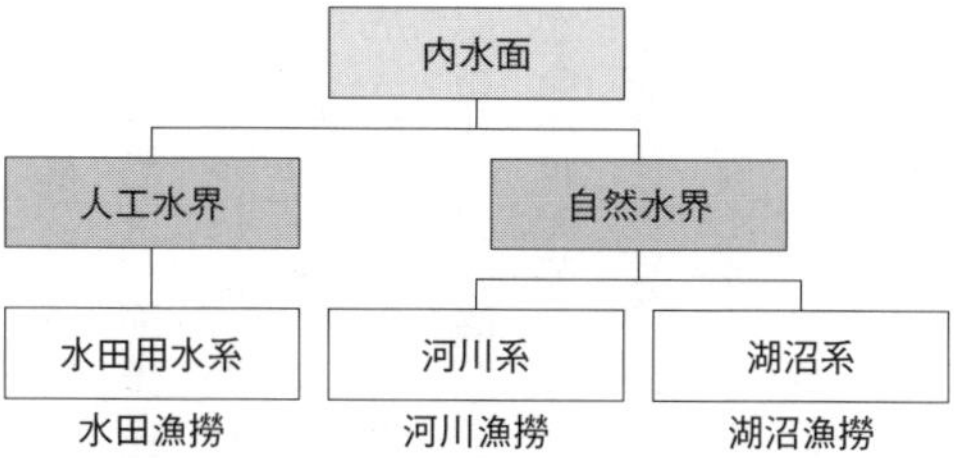

図 8-1　漁撈から見た内水面の分類

分類概念というよりは、文化概念として扱うべきである。

歴史学や民俗学といった人文科学だけでなく、経済学などの社会科学や水産学などの自然科学においてさえも、内水面は従来、漁撈の場としては河川と湖沼しか存在しなかったといってよい。さらにいえば、内水面は漁撈の場としては海面に比べ、はるかに小さな位置づけしかされてこなかった（図8‐1）。

それは、漁獲物として認められるのは商品として流通するものに限られていたからであり、つまり経済性からしか漁撈を見てこなかったからである。また、統計や法令規則に表れたり、また文書記録に残されるのは、経済活動としての漁業に関連したものだけであった。結局のところ、従来の研究視点では、漁撈は漁業としてしか存在しなかったといってよい。

漁撈という行為がほんらい持つ多面的な機能に着目するなら、それは商品生産という経済的側面だけでなく、自給的な側面、娯楽的な側面、そして社会的側面（環境論的側面を含む）など多様な側面を持つものであったことが理解される。とくに海面に比べると、経済的側面が弱小な分、内水面は相対的に多面的な機能を有しており、しかも内水面のなかで水田用水系の場合はさらにそうした傾向が顕著であった。

しかし、そうした多様な側面はほとんど学問的には無視をされてきたといってよい。経済的側面とともに、他の多様な側面を考慮するなら、もっと違った価値や歴史が見えてくるはずである。

水田漁撈の意義

水田漁撈の文化的・社会的な意義として、以下の四点を指摘することができる。詳細はすでに別稿（安室二〇〇五）にて述べているので、以下ではその概要を紹介するにとどめる。

①自給的生計活動（動物性タンパク質獲得技術）としての重要性

水田漁撈は、漁獲原理のうえで、受動的で小規模な漁撈技術を多用する水田用水期（四〜九月）と能動的で比較的大規模な漁撈が行われる水田乾燥期（一〇〜三月）の二期に分けられる。水田用水期・水田乾燥期のそれぞれにおいて漁獲原理を使い分けることにより、水田用水系から得た魚を食料として年間に平均化することが可能になった。水田からもたらされる米と魚介類との組み合わせは、稲作を主生業とする人びとの食生活にとって栄養バランスの問題をかなりの部分解決することができる。

②金銭収入源としての重要性

水田漁撈の意義が個人または家の自給的生計活動から村社会（水利社会）全体のものへと拡大していったときにみられる現象である。その場合、水田漁撈の場は、個人の所有となる水田ではなく、村や水利組織で総有する溜池や用水路であることが多い。また、水田養魚（とくに養鯉）への展開も金銭収入源としての意義に特化したときに起こる現象である。多くの場合、漁獲物や漁業権を売って得た金銭は水利施設などの管理維持費および親睦費に充てられる。

③水田漁撈が生み出す社会統合

水田用水系のうち溜池や用水路では秋になると村仕事として水利作業が行われるが、それに付随して村人（用水を総有する人々）共同の漁が行われることがある。ときには共同漁が儀礼化され村祭の一環として行われることもある。この場合、水田漁撈は、水を総有する人々が一年に一度、稲作社会（水利社会）における連帯の必要性を確認する機会として機能していたということができる。とくに、水田漁撈が社会統合と結びつく傾向は、水利が高度に発達した稲作地つまり水利において高度な共同性が要求される稲作地ほど高い。

④水田漁撈の娯楽性

現代にいたり、水田漁撈は総体的に自給的生計活動としての意義を低下させていったが、そうした中にあっても伝承として豊富に残されている現状は、人々が単調な農耕生活において、ある種の娯楽性を水田漁撈に見出していたからだと考えられる。また、水田漁撈に見る娯楽性は、③であげた稲作社会の紐帯を強化することにもつながっていたといえる。

2　水田漁撈の歴史

稲作地における生計維持システムの歴史展開

水田漁撈は、生計維持の視点に立ってみると、日本の生業史（とくに稲作展開史）に与えた影響は大きなものがあったと考えられる。昭和初期までの日本における稲作史についていえば、その基本は拡大展開にあった。昭和初期には、水田率が九〇パーセントを超えるような極端に稲作に特化した地域が各地に形成された。そうしたとき、日本人をして稲作の拡大へと向かわせた原動力の一つに水田漁撈があったと考える。

水制御に代表される稲作の技術水準が上がり、その結果として稲作への特化が進んでいくと、必然的に稲作活動は時間・空間・労力のすべての面で人々の生活を規定する割合を高め、稲作労働への集中化を生み出すことになる。稲作に適した条件を備えたところでは、自然環境は稲作により改変され、ことに水界は水田用水系へと整備されていく。また、稲作活動とは別に行われていた漁撈活動は労力的・時間的にその余裕が失われていく。つまり生業全体に占める稲作の重要性が他生業に比べて突出して大きくなった結果として、稲作活動に忙しくて他の生業活動は行うことができなくなってしまう。

そうしたとき、稲作を主生業とする人びとが生計を維持するためにとった戦略が、稲作による他生業の内部化（稲作論理化）である。稲作への内部化は、漁撈であれば水田漁撈や水田養魚、畑作であれば二毛作やアゼ豆といったかたちで行われる。つまり水田を稲作の場として選択したことが稲作に漁撈など他生業内部化の潜在力を与えたといえる。そうした水田の潜在力があるからこそ、日本において稲作がこれほどまでに文化的・経済的に大きな影響力を持ちえたと考えられる。

水田漁撈に代表される稲作による他生業内部化の知恵は、商品経済・貨幣経済の進展といった歴史の大きな流れのなかにあっても、比較的遅くまで日本の稲作農家が食料の自給性を維持することができた要因として指摘できる。また、稲作に内部化された他生業の存在は、自給性を維持しながら稲作に特化するという、いわば矛盾した生計維持のあり方を可能ならしめた最大の要因である。

そして、水田と漁撈との関係は決して日本にとどまらず水田稲作圏すべてにかかわる問題である。また歴史的に見ても、この問題は奥行きをもっている。ここで示したことはかなり時間を遡っても当てはまると考える。さらにいえば、日本における稲作の受容の時期にまで遡って考察してみる必要があろう。

生計維持システムと水田漁撈

図8-2を見てみよう。稲作地における生計維持システムの変遷に関していうと、大きな道筋として、生計維持における稲作の地位が上がるとともに、多生業が並立する状態（タイプ①）から、稲作以外の生業を稲作体系へ内部化する状態（タイプ②そしてタイプ③）へ移行するというプロセスを描くことができる。

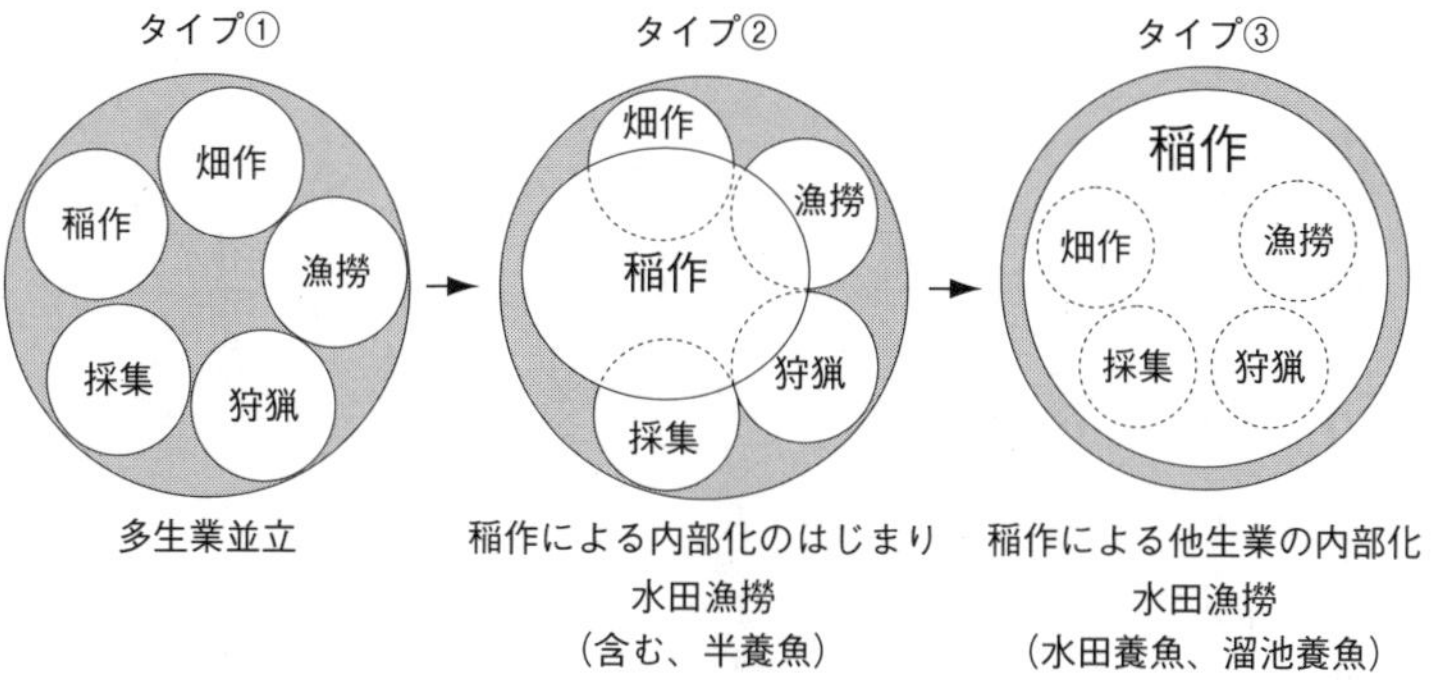

図 8-2　稲作地における生計維持システムの展開

ただし、稲作以外の生業として挙げた畑作、漁撈、狩猟、採集はあくまで例として示したもので、それ以外にも手工業や商業活動といったことも当然挙げられる。地域（また人）によっては、稲作への特化ではなく、手工業や商業活動への特化を選ぶこともあったと考えられる。つまり、ここではあくまでいくつかの第一次産業的な生業を例としてあげながら稲作との関係を理念化して提示したにすぎない。

また、タイプ①から②そして③へという図式は、ただ単にタイプ①が②に転換し、そしてそれが③に転換していったことを示すものではない。タイプ②であれば、タイプ①とともにタイプ②が付加され、タイプ③ではタイプ①②③がそれぞれ存在することを示している。つまり、稲作の生計維持システムがタイプ①からタイプ②を経てタイプ③へと移行するとき、それぞれ付加されるかたちで、そのバリエーションが増加していっていることを示すものである。

図8・2に基づいて、水田漁撈の歴史的展開についてまとめると、以下のような対比が可能となる。

【タイプ①の場合】

一、初期的な水田用水系は水の制御度が低く、漁場としては自然水界と同様の機能しかない。

二、自然水界での漁撈が中心となる。

三、漁獲対象魚は水田魚類より自然水界の魚類が主となる。

四、漁獲物は自給的（自家消費）な意味を強く持つ。
五、水田の多くは低湿田で低湿地（つまり自然水界）と未分化な状態にある。

【タイプ②の場合】
一、水田用水系は集魚装置として機能する。
二、捕魚が中心ではあるが、半養魚（知的前適応）段階までの展開がみられる。
三、コイ科魚類を中心としながらも多様な魚類を対象とする。
四、漁獲物は自給的（自家消費）な意味を強く持つ。
五、水田はあくまでも稲作のためのものという意識が強い。

【タイプ③の場合】
一、水田用水系は養魚装置として機能する。
二、水田漁撈とともに水田用水系での養魚が発達する。
三、漁獲対象魚はコイに特化する。
四、漁獲物（コイ）は商品（現金収入源）となる。
五、水田のなかに養魚のための施設が設けられ、魚の生産場として意識される。

3　水田漁撈の消滅と復活——高度成長期とその後

水田漁撈の消滅——一九五〇年代から一九七〇年代

昭和三〇年代から四〇年代（一九五五年から一九七〇年代）にかけて日本経済は高度成長期を迎える。そのとき、農

表 8-1　農家日誌に見る農業の工業論理化 ——山口県川上村 A 家の場合

年(昭和)	購入した農機具	農薬・化学肥料、その他
26		
28(27－)	発動機、ハロー（砕土機)、精米機	化成肥料の登場 農薬（殺虫剤 BHC）登場 農薬（セレサン石灰）登場
29	脱穀機（発動機)	
31(30－)	散粉機（農薬)	
34(32－)	脱穀機（発動機)＊、製粉機、米撰機	普及員による農薬・肥料の説明会活発化
35	架線（材木運搬用)	
37(36－)	噴霧機、散粉機	車購入（37 年)
38		農協にて構造改善の説明会活発化 化学肥料（ケイカル）登場
42(39－)	耕耘機、発動機（ディーゼル)＊ 動噴（動力噴霧機)、チェーンソー	この頃から化学肥料を多量に使用
43	乾燥機（穀物)、米撰機＊	化学肥料（ヨーリン）登場
44	耕耘機のホーク、草刈機	ササニシキ登場
45	動噴（動力噴霧機)＊	
47(46－)	バインダー（稲刈機) 乾燥機＊	農薬（除草剤）登場 コシヒカリ登場
48	揚水ポンプ	
49	自動脱穀機	田の排水改良（ヒフ管埋設工事)
51(50－)	乾燥機＊、田植機＊＊	箱苗導入
52	耕耘機＊、籾摺機（ロール式) カッター（刈払機)	
53	ハイベスター（自動脱穀機) 揚水ポンプ＊	
54	トップカー（農用運搬車)、精米機＊	

＊買い換えまたは複数台目の購入。
＊＊借用
（注）1. 括弧つきの年号は日誌の欠けているところ。
2. 田植機（二条植歩行型）が購入されるのは昭和 60 年、コンバインは平成 17 年になってからである。

薬・化学肥料の大量使用、大型農業機械の導入、土地改良事業の推進（用排水分離・乾田化）といった出来事に象徴されるように、日本の農業の中でもとくに水田稲作は工業論理化が一気に進む。

表8−1は山口県萩市の中山間地農村における高度成長期の農業機械化と農薬・化学肥料の使用について、ある農家（A家）の約三〇年に及ぶ農家日誌をもとに示したものである。

この表を見ると、昭和四二、四七、五一年は農業の工業論理化に関して、A家にとって大きな転機となっていたことがわかる。

昭和四二年はA家がはじめて耕耘機を購入した年である。また、ディーゼル発動機の買い換えをし、稲こきや臼挽きの作業に使用するようになった。全体として一気に農業（とくに稲作）の機械化が進んだことがわかる。

農業機械化の進展と呼応して、昭和四二年には、化学肥料や化成肥料が多量に使用されるようになる。たとえば、田起こし前にリン酸肥料、代掻き後にカリ肥料、田植え前に窒素肥料、そして一番草（除草）の前にカリ肥料、二番草のときに追肥（肥料は不明）というように、稲作の作業工程に対応して、きめ細かく化学肥料や化成肥料が田に入れられている。

次の転機となる昭和四七年は、バインダーがA家にはじめて登場する年である。すでに耕耘機・発動機・乾燥機・米撰機により、稲作作業では耕起・代掻きと調製段階の機械化が進んでいたが、ここにいたり収穫作業にも機械が導入されたことになる。また、この年は、除草剤がはじめて用いられた年でもあり、除草作業も人手が大きく軽減されている。

さらに、次の転機となる昭和五一年には、田植機が導入されている（ただし田植機は借用）。田植機の導入はそれまでの田植え作業にかかっていた日数を雇人に頼ることなく減少させることができた。たとえば昭和二六年には二六日間かかっていたものを一九日間に短縮させている。稲作作業において唯一機械化がなされないままきた田植え工程に

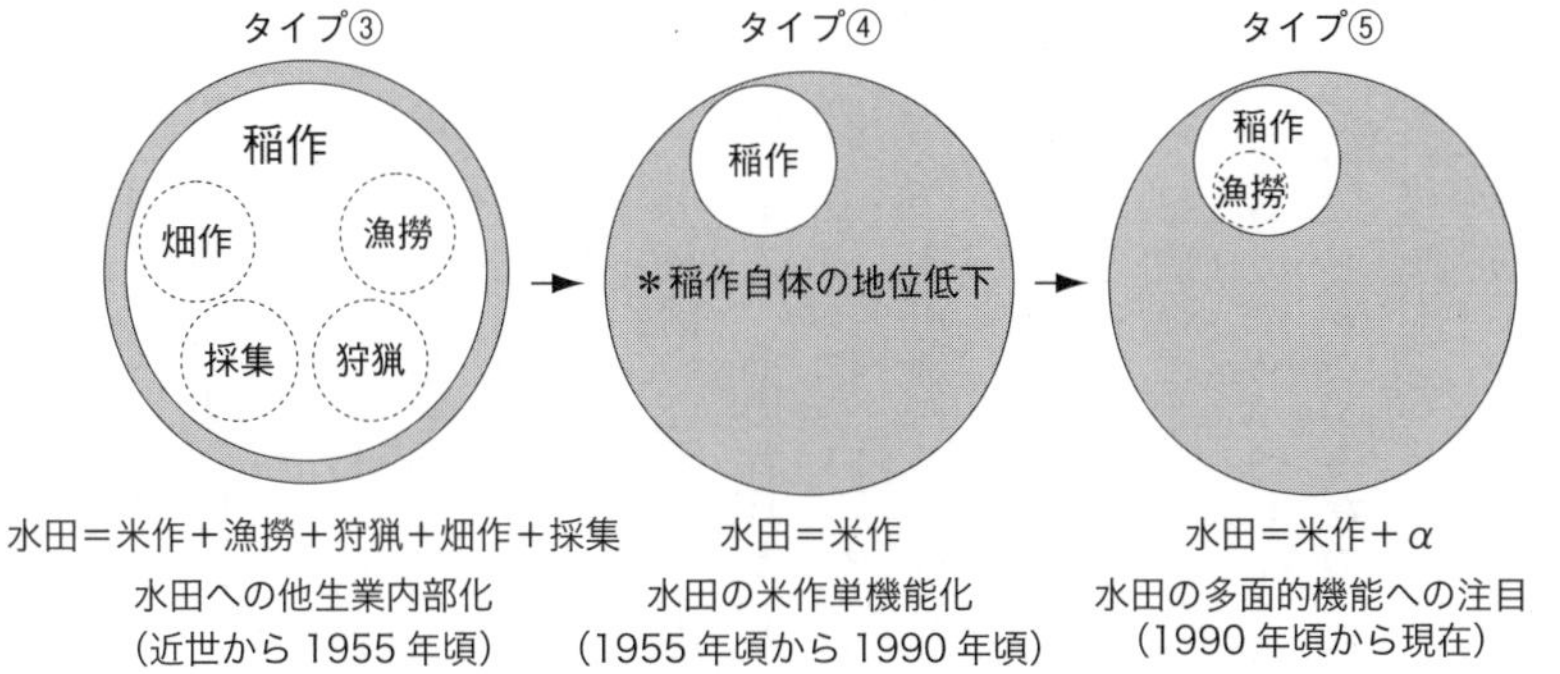

図 8-3　生計維持システムの展開史、その後

機械が導入されたわけで、これにより稲作の全工程に機械が導入されたことになる。

上記の昭和四二、四七、五一年のほかにも、二八年に発動機、二九年に脱穀機、三四年に脱穀機（買い換え）、三七年に自動車（出荷用）、五四年にはトップカー（農用運搬車）というように、ほぼ四・五年おきに高価格の農機具が購入されていた。とくに、四〇年以降は、新規購入やその買い換えのサイクルが加速しており、ほぼ毎年のように新たな農機具が購入されている。

そうした農業の工業論理化により、水田用水系から魚介類は排除され、水田漁撈や水田養魚はほとんど行われなくなった。A家においても、昭和三四年時点では農家日誌に「田の鯉」の記事がみられるが、そうした水田養鯉の記事が登場するのはこの年が最後となる。それは農薬（除草剤）や化学肥料の導入時期とほぼ重なる。

その結果、水田はまさにコメしかできない耕地に変貌した。これは、図8-3でいえば、歴史的展開過程のなかで日本の水田稲作が内部化していった他生業が一気に消滅したことを意味する。まさにタイプ④の状況であり、それはタイプ③の崩壊といってよい出来事である。

また、そうした動きは、稲作自体の生計活動としての地位低下を生み、稲作だけでは生計が維持できない農家を大量に生み出すことになる。これは近世以来続いてきた小農経営の崩壊を意味しているといってよい。その結果、高度に稲作に特化した稲作地ほど第二次・三次産業に現金収入源を求めざるをえなくなっていった。図8‐3で示すタイプ④の状況である。

水田漁撈の復活——一九九〇年代以降

前述のように、昭和三〇年代から四〇年代の高度成長期にいったん途絶えた水田漁撈は一九九〇年代にいたって一部に復活のきざしを見せた。

図8‐3に従って見てゆくと、タイプ④では水田＝米作地となり、水田の米作単機能化が進んだと同時に、稲作自体の生計維持に占める割合が大きく後退することになったことは前述の通りである。

そうした状況のなかで、水田漁撈が復活をはたしたのが一九九〇年代ということになる。図8‐3でいうタイプ⑤の段階である。その背景としては、たとえば一九九九年に施行した新農業基本法「食料・農業・農村基本法」のなかにも取り上げられているところの、まさに水田の多面的機能への注目がある。

ただし、水田漁撈の位置づけは微妙である。生計維持システムのなかに含まれる形（つまり稲作に内部化した形）で図8‐3では示しているが、復活してきている水田漁撈は必ずしも生計維持システムのなかに位置づけられるとはかぎらない。食や金銭収入の意味を失っている以上、生計維持システムの外側に置くべきという考え方も成り立つ。その場合、生計維持というよりは生活維持の側面からの評価となる。どちらにしろ、本章においては、いったん途絶えた水田漁撈がどのようにして復活をはたし、それはどのように位置づけられるのかということについて一定の見解を示しておく必要があるため、ひとまずその復活の外形的条件（漁の方法・場・対象など）に注目してタイプ⑤のようにした。

水田漁撈復活の背景として考えられるのが、以下に示す二つの出来事である（安室　二〇〇五）。

まず第一に、「ワイズ・ユース」(wise use) に代表される環境思想が九〇年代以降に広く普及し、それにより民俗技術に対する再評価がなされるようになったことがあげられる。ワイズ・ユースは、もとは一九七〇年代に「とくに水鳥のための湿地保全に関する国際条約」、通称ラムサール条約により提唱された環境思想である。それが、日本において一般化・大衆化するのはラムサール条約第五回締約国会議が釧路で開かれた一九九一年以降のことである。このワイズ・ユースという考え方の特徴は、たんに湿地保全を謳うだけでなく、昔から地域に伝わる在来技術は地域の環境保全にとって重要な意味を持っていたという立場を明確にしたことである。

一例をあげると、石川県加賀市の片野鴨池は、ガン・カモ類の飛来地としてラムサール条約の指定地となっているが、同時にそこには坂網猟という少なくとも近世期にまで遡る在来の狩猟技術が伝えられている。坂網とは一辺二メートルほどの三角網で、それにより飛行するガン・カモ類を生け捕りにする猟である。坂網猟が持続性をもって行われてきたことは、片野鴨池の場合、渡り鳥の飛来地としての環境を保全することに寄与したと評価された。その問題点については別稿(安室 二〇〇七)にて論じているが、まさにこの事例は地域に伝えられる民俗技術がワイズ・ユースとして高く評価されるようになったことを示している。

ワイズ・ユースの精神は、自然保護の問題だけでなく農業問題や地域振興など多方面に影響を与え、たとえば農業分野では先の「食料・農業・農村基本法」(一九九九)にもその影響が認められる。

水田漁撈の文化資源化

全国的に進んだ民俗技術の再評価の動きは、文化の価値づけに関して、従来から行われてきた世界遺産のような唯一無二の希少性に価値を認める方向とともに、「どこにでもある」民俗への注目を増す結果となった。そのこと自体は、文化の価値づけとしてあるべき姿であると考えるが、そのことはまた一つの新たな問題を引き起こすことになる。

文化資源化の問題が、水田漁撈復活の背景として、二番目に注目する点である。民俗が文化資源化するとは、資源として新たな価値づけがなされることである。新たな社会的・民俗的なリンクの獲得といいかえることもできよう。その意味では民俗の現代社会における存在意義の再発見といえるし、場合によっては衰微しつつある民俗の活性化にもつながる。

しかし、それにはいくつかの問題も内包される。一つは、民俗の断片化を招くことである。本来、民俗事象は他の民俗との有機的なつながりのなかで存在し、意味を持つものである。しかし、多くの民俗は文化資源化と同時に、そうした有機的連携を断ち切られることになる。だからこそ、本来なら空間的にも時間的にも限られたところにしか存在しないはずの民俗事象が全国区になれるのである。

そして、もう一つの問題は、現在、民俗の文化資源化の多くは商品化という形をとっていることである。商品化される民俗という問題は、経済に偏重した価値付けをもたらすことになり、経済性に見合わなくなれば簡単にうち捨てられてしまう。しかもすでに文化資源化に際して他の民俗と分断化されているため廃棄はより簡単に行いうる。九〇年代以降、復活してきている水田漁撈も早晩その問題に直面することになろう。

4　文化資源化した水田漁撈

水田漁撈復活の目的――タイプ⑤の水田漁撈

水田漁撈が復活を果たしたとき、その目的つまり文化資源化の意図は、大別すると二つある。

第一にあげられるのが、環境教育の目的である。環境教育の教材として水田漁撈はさまざまなところで復活を果たしている。全国に展開する「田んぼの学校」はその典型例であるが、ほかにも行事の名称に「～教室」「～体験」など、教育をイメージさせるネーミングのものに多く見受けられる。田んぼの魚捕りを通して、自然の豊かさや重要性を学ばせようとするものである。

第二にあげられるのは、地域振興の目的である。村おこしなど地域振興のイベントとして復活されるもので、「〜フェスティバル」「〜祭」など、やはり人の集いをイメージさせるものが多い。水田での魚捕りはかつての活気に満ちた農村のイメージと重ね合わされるのである。

第二の目的を主としながらも、第一の目的も加味した事例を一つあげてみよう（安室　二〇〇六）。

宮崎県木城町では「田んぼで楽しく遊ぼう」をテーマに、「岩渕大池『こいこい』in『オニバス』フェスティバル」が一九九〇（平成二）年から行われている。主催は岩渕地域伝統行事保存会（岩渕公民館）で、協力団体として消防団や婦人会などが加わり、木城町と町観光協会が後援している。このフェスティバルでは、地域の活性化、伝統行事の継承保存、地域住民の親睦、青少年の健全育成という四つの目的がかかげられている。

写真8-1　魚伏籠によるコイ捕り
（宮崎県木城町の岩淵大池）

これにより、かつて岩渕地区で行われていた溜池（岩渕大池）の池干しとそれに伴うコイ捕りが復活した。このとき、おもに用いられる漁具がツキカゴ（突籠）と呼ぶ魚伏籠である（写真8-1）。溜池の池干しに伴うコイ捕りは地域の伝統行事の復活であるとともに地域振興行事として位置づけられ、フェスティバルのメイン行事とされた。また、その一方で、第六回目のフェスティバルからは、子どものために田んぼでの「うなぎ・鯉のつかみどり大会」が行事化され、フェスティバルに追加されていく。

このとき岩渕大池で捕られるコイは事前に放流したものが多い。三〇センチを超える成魚とともに稚魚も放流される。稚魚はその年の漁獲対象というよりは、池のなかで大きく育つことが期待されて放流されるものである。それに対して、子どもの行事として行われる田んぼでの「うなぎ・鯉のつかみどり大会」の魚は、すべて行事の直前に放流されるもので、その日のうちにすべて捕られてしまう。魚捕りの場はフェスティバル終了後にはもとの乾いた水田に戻されるからである。

復活した水田漁撈の特徴——タイプ⑤の水田漁撈

復活した水田漁撈の場合、漁場は水田用水系またはそれに見立てた人工水界となる。つまり、本物の水田や溜池のほか、それに似せた空間（一時的に水が溜められたところ）も利用されることになる。そのとき、そうした場は一種のイベント会場と化す。その傾向は環境教育よりも、地域振興を目的とするものの方が著しい。

漁期は、本来の季節性（稲作暦や魚の生活暦）は無視されることが多く、いってみればイベントの都合に合わせて水田漁撈は行われる。この点は、対象となる魚はたいてい購入に頼られていることとも関係する。自然に魚が水田用水系のなかにやってくるのを待つことはない。場と同様に、季節性が無視される傾向は環境教育を目的とするものよりも、地域振興を目的とするものの方が著しい。

漁法は、手づかみやごく簡単な漁具（能動的に人が魚を追うタイプのもの）に特化している。こうした漁具の最大の特徴は誰にでもできるということにある。特殊な技術や装置を必要としない。また、手づかみや簡単な漁具ほど魚を捕らえたときの実感があり、それだけ感動が大きい。その点は環境教育と地域振興の別なく重視される。また、地域振興を目的とする場合には、先の魚伏籠のように、その地域に古くから伝わる（とされる）漁具が用いられることも多い。

漁の主体者に関していうと、魚捕りをするのはイベント参加者ということになる。多くの場合、復活した水田漁撈は企画者と参加者が分離して存在する。その場合、企画者により募集され、それに応募してきた人が水田漁撈の実行者となる。さらに、コーディネーターとして行政が関与する場合も多い。とくに地域振興を目的としたものはその傾向が著しい。

このほか、復活した水田漁撈では、主催者の合図とともにいっせいに魚捕りが開始されたり、時間が一定に制限されたりして、競争心をあおるものとなっていることが多い。とくに地域振興を目的とするものはその傾向があり、大物賞や大漁賞などを設けたり、漁獲高で順位を決定したりしてイベントを盛り上げたりする。

5　現代社会と水田漁撈

漁獲対象がコイであることの意味

こうして復活をはたした水田漁撈では、その漁獲対象はコイやウナギといった特定の魚種に限定されることに注目する必要がある。かつてのように、水田魚類全般を漁獲対象とすることはない。こうした傾向は環境教育を目的とするものよりも、地域振興を目的とするものの方が著しい。

しかも、「手づかみ」できる大型のコイやウナギでなくてはならない。そのとき重要な点は、コイやウナギは購入したものだということである。それを水田に放流するのである。稚魚を放流してそれが大きくなるまで待つということはほとんどない。

さらには、捕ったコイやウナギは食用にされることはほとんどない。現実問題としてそれを調理することができない。だからといって、捕った魚を売ることはなく、かつてのように商品となることもない。

復活した水田漁撈の対象魚としてコイやウナギが選ばれたのは、大きくて、元気なことがおもな理由である。捕まえることに醍醐味を味わえることが最大のポイントである。本来は水田漁撈の主たる対象魚であったドジョウやフナでは味わえない感動をもたらしてくれるといってよい。

そして、コイやウナギが選ばれたもう一つの理由は、それが水田魚類だということである。ただし、本来、そうしたコイやウナギが水田漁撈の対象魚となるのはごく限られた地域だけである。その意味ではフナやドジョウのように一般的な水田魚類とはいえない。養魚を除くと、自然に大型のコイが水田のなかまでやってくるのは大水面に面した低湿田だけであり、ウナギについても水田内にまでやってくるのはおおむね南西諸島に限られる。

しかし、そのように限られた地域でしか漁獲対象とならなかったものでも、それが水田魚類であるということは復活した水田漁撈の「本当らしさ」を演出するには重要である。水田漁撈を通して「自然」を体感させ、また「懐かしさ」を喚起するには、ただ大型の魚であればいいというわけではない。

現代社会のなかの水田漁撈

現代の水田漁撈はあくまでも文化資源として復活したものである。生計維持のための生業として復活したものではない。その意味では、前述のように、図8-3のタイプ⑤における水田漁撈の位置づけは正しくない。

しかし、以下に述べるように、従来水田漁撈が有していた文化的・社会的機能のうち娯楽性の部分を肥大化させたものであると捉えることができるわけで、途絶える前の水田漁撈とまったく切れた存在として現在の水田漁撈が存在するわけではないことも、また事実である。その意味で、従来からのつながりを重視したため、タイプ⑤のような位置づけにしたことを断っておく。

復活した水田漁撈は、かつて有していた四つの意義のうち、娯楽性を最大値化するものである。娯楽性を最大値化するうえでコイは重要な役割を果たしている。その意味で、現代の水田漁撈は対象をコイに特化させてはじめて意味

表8-2　水田漁撈と稲作展開タイプの対応関係

水田漁撈の意義	タイプ	対象魚
(1) 自給的生計活動としての重要性	タイプ①②③	多様な水田魚類
(2) 水田漁撈の娯楽性	タイプ①②③	多様な水田魚類
(3) 水田漁撈が生み出す社会統合	タイプ②③	多様な水田魚類
(4) 金銭収入源としての重要性	タイプ③	コイへの特化
(5) 文化資源としての意味	タイプ⑤	コイ（大型）への特化

を持つ。

また反対から見ると、大きなコイを素手でつかみ取るからこそ水田漁撈の娯楽性は最大値化することができたし、それをもって現代に復活できたといえる。

最後に、図8-2、8-3に示した稲作の展開史（タイプ①〜⑤）と水田漁撈の文化的・社会的意義との相関関係についてまとめてみる。それを示したのが表8-2である。

まず、（一）自給的生計活動としての重要性についていえば、タイプ①、タイプ②、タイプ③に当てはまる。（二）水田漁撈の娯楽性については、タイプ①、タイプ②、タイプ③に当てはまる。（三）水田漁撈が生み出す社会統合については、タイプ②、タイプ③が当てはまる。（四）金銭収入源としての重要性は、タイプ③である。（五）文化資源としての意味は、タイプ⑤となる。

対象魚に注目すると、時代が新しくなるほどコイに特化していった様子がよくわかる。（一）自給的生計活動としての重要性、（二）水田漁撈の娯楽性、（三）水田漁撈が生み出す社会統合の場合には、対象魚は水田魚類全般（つまり多様な魚介類）であり、特定の魚種に限定されることはない。それが、（四）金銭収入源としての重要性、（五）文化資源としての意味の段階にいたると、明らかにコイへの特化が見られる。しかもその場合のコイは大型のものに限られている。まさに、現代の水田漁撈は大きなコイなくしては語れない。

復活した水田漁撈が経済性を追求する狭義の文化資源にとどまることなく、現代社会において社会的・民俗的なリンクを獲得してゆくなら、ワイズ・ユースのような環境思想の移ろいのなかにあっても、その存在は失われることはないであろう。そのとき水田漁撈の対象は大きなコイだけではなく、フナやドジョウといった水田魚類一般に戻っているはずである。そうした方向へ導くのも、現在を生きる民俗学者の使命といえるかもしれない。今まさにその岐路に立たされている。

◇参考文献
安室知　二〇〇五『水田漁撈の研究』慶友社。
安室知　二〇〇六「地域おこしと水田漁撈」『民俗学論叢』二一：二一―二六。
安室知　二〇〇七「水田をめぐる民俗技術とワイズ・ユース」『人と水』三：九―一二。

読書案内

◆稲に関するはじめての本格的な学際研究、いまだに稲作研究に関する発想の宝庫
盛永俊太郎編『稲の日本史　上・下』筑摩書房、一九六九年。
◆環境稲作という実践を通して、水田の持つ潜在力を教えてくれる
宇根豊『田んぼの忘れもの』葦書房、一九九六年。
◆生物多様性をキーワードに、人里の意義について主に自然科学の立場からアプローチ
宇田川武俊『農山漁村と生物多様性』家の光協会、二〇〇〇年。

コラム

野生のミツバチを養う

ニホンミツバチの伝統養蜂

佐治　靖

日本には二種類の養蜂がある。

一つはヨーロッパ原産のセイヨウミツバチを用いた養蜂で、普段、私たちが食する蜂蜜の生産や養蜂といって思い描く光景はこれである。明治時代初めに移入されたことから近代養蜂と呼ばれ、ラングストロス式巣箱による効率的な養蜂技術と蜂蜜の生産性の高さが、いち早く関心をあつめ、大正時代には日本各地に普及し、今日にいたっている。

セイヨウミツバチは、寒冷気候や害敵のスズメバチのいる日本の自然環境での生息は困難で、人の管理を必要とし、また優良種の開発のため改良が加えられてきた。その点からいえば「家畜化」されたミツバチといえる。

これに対して、日本には、近代養蜂の移入以前から山野に生息する野生のミツバチを用いた在来の養蜂があった。これがニホンミツバチによる伝統養蜂である。ニホンミツバチは、アジアミツバチの一亜種で、おおよそ本州北部から対馬を含む九州南部までを生息域とし、伝統養蜂もこれと重なりあうように自然環境に恵まれた山間地域を中心に広く分布している。セイヨウミツバチと種が異なるニホンミツバチは、セイヨウミツバチの生態を利用した近代養蜂に適合することなく、独特な技能により利用されてきたのである。

その特徴は、ハチ群の獲得が原則的に山野に生息する野生群に依存する点である。人々は、くらしのなかで、この野生のミツバチの習性や生息環境を観察・熟知し、それを養蜂の技能へと高めてきたといえる。

春、ミツバチの分蜂期を待って「巣箱」を山野に仕掛

タッコ巣箱を仕掛ける作業
(福島県会津美里町東尾岐)

ける。巣箱といっても、丸太をくり抜き、あるいは板を張り合わせただけの素朴で単純な道具である。しかし、そこにはハチを誘き寄せる「罠」としてのさまざまな工夫が施されている。それに運よく営巣すれば、はじめて養蜂は成立する。これを一定の期間飼養して蜜をしぼる採蜜となる。採蜜は、近代養蜂のように可動枠や遠心分離機ではなく、巣を切り取って自然に蜜をたらすのである。地域によって、歴年飼養のためにハチ群を維持しながらの採蜜と、ハチ群を死滅させて採蜜する二つの形態がある。

こうした年に一度行うかどうかの採蜜。伝統養蜂は、決して生業や副業としての経済的価値があるわけではない。にもかかわらず、「はまる」と評するように、人々を引きつける。それは野生のミツバチを介しての自然とのかかわりや野生のミツバチを「養う」という楽しみが、人々を魅了するからである。

イモハチポン

古川　彰

イモハチポンというのは、愛知県の東部（矢作川の上流部だけかもしれない）で、山や川での遊びにはまってしまった男たちのことをちょっと呆れたように、バカにしたように言うときに使われ、蔑称のニュアンスも含んでいる呼称である。

イモは自然薯、ハチはスズメバチの蜂の子、ポンはスッポンを意味するが、かつてはそれぞれ山の植物食、昆虫食、そして川での魚食採取の総称として使われていたようである。わずかばかりの田んぼだけでは不十分な食生活を補い、その販売による現金収入源でもある、重要なオカズ採りだったのだ。しかし、トヨタが町にできて、多くのひとがそこで職工として働きはじめて現金収入の道ができるとともに、野の幸とともに山の幸、川の幸が普通に人々のくらしを支えていた時代は終わり、イモハチポンは次第に趣味的な遊び人のイメージへと変わっていったようだ。

同時に、その変化のなかで、山や川の動植物採取の総称であったものが、徐々に自然薯、蜂の子、アユへと特化していく。ただ、そうなっても、イモハチポンは廃れることなく、それぞれ立派な大会（自然薯の長さを競い、蜂の巣の大きさを競い、アユの大きさを競う）まで開かれて、大人の遊びとして独立している。

学会ではイモハチポンのような収穫仕事はマイナーサブシステンスとか遊び仕事とか呼ばれて、生業の補足的なものとして位置づけられてきたが、イモハチポンの位置づけだけからいえば、次のようになってしまう。

農業＝サブシステンス
イモハチポン＝マイナーサブシステンス＋プレイ
↓
会社員＝サブシステンス
農業＝マイナーサブシステンス
イモハチポン＝プレイ

もちろん会社員として稼ぐのをサブシステンスと呼んでまでマイナーサブシステンス論を語る必要はないのだが、高度な消費社会においては、人・自然の回路が純粋なプレイそのものとして再創造されていくのかもしれない。もちろん、イモハチポン＝マイナーサブシステンスという位置づけでもいいかもしれないが、たとえば豚肉を買ってきて桜チップで燻製を作るのをマイナーサブシステンスというのと同じくらいのことかもしれない。

アユ釣り人

イモハチポンに何か別の位置づけをしたいという欲望は残るが、なんとなく中途半端だ。

「マイナーサブシステンス」論というのは、どうも、「一見そうは見えないけれど、じつはまっとうな生業活動なんだ」というところが論の醍醐味になっているような気がする。そしてそこには、「暮らしの糧を得るのだからまっとうな活動だ」という読みもあるように感じる。つまり正業としての生業という感じである。

でもそうなると、マイナーサブシステンスの生業論というのは、案外、経済効率性に終始してしまうようなところもあるのではないかと思う。

それに対して、イモハチポン＝純然たるプレイ（当人たちは楽しいからやる）、というあたりまえの論理を、堂々と語るという路線があって、これはじつはマイナーサブシステンス論よりラディカルかもしれない。

マタンガリのカバとタンブ

フィジーの土地利用と人間関係

西村　知

私は、四年前に共同研究の調査地を決定するために、研究代表者とともに、はじめてフィジーの農村を訪問した。農村住民から自然資源をバランスよく利用し、豊かに生きるためのヒントを学ぶためである。いくつかの村を廻り、生物多様性や人々の生活リズムの観点から豊かさを体感し、ある村を調査地に設定した。

調査開始後は、この豊かな自然資源の利用を可能にする要因を特定する作業をはじめた。やはり、最も重要な要因は、全国土の八三パーセントを先住民系の血縁集団（マタンガリ）による共同所有とするＮＬＴＢ（先住民土地委員会）の制度である。マタンガリの共同土地所有が自然資源の有効利用を可能にするには、いくつか条件が必要である。そのうち欠くことのできないものが「カバ」の場である。

カバとは胡椒科の潅木であり、この根や茎を乾燥させて粉状にして水に混ぜ布で濾して飲む。粉末の漢方薬を水で溶いたような飲み物だ。カバは、日常の家族での集まりから村の重要な集会、外部者の訪問の際に飲まれる。重要な会議では首長（ラトゥ）が同席することが条件である。私も何度もこのカバの飲み会に参加したが、特徴的なのは、長くて退屈なことである。だがこのため、若者、女性、外部者も発言することが可能となり、ある意味、民主主義的な合意形成の場となる。

マタンガリの土地利用を有効にしているもう一つの要因はタンブである。これは、我々が普通に使うタブーの語源である。マタンガリ内では、土地の利用権や農産物の所有権はゆるく決まっているが、住民同士のコンセンサスで柔軟に運用されている。しかし、一定期間、この所有権が強調されるのである。たとえば、ある住民が結婚式のために大金が必要な場合、彼は、タンブナニュー（タブーのヤシ）という標識を自分のヤシ畑に立てる。この標識を見た住民は、標識の立つ場所のヤシの実に触れることはできない。マタンガリの土地利用は、このような、カバという文化的な場や可変的な所有権を可能にするインフォーマルな制度に支えられているのである。

村の子どもたち

マタンガリの制度は、それ自体で完結した制度ではなく、流動的な側面ももっている。一九世紀末から二〇世紀はじめに移住してきた砂糖キビ労働者の子孫であるインド系住民は国民の四割近くを占めるが、彼らの生活、経済空間は、マタンガリとリース契約を結ぶ以外は国土のわずかな自由保有地に限定されている。また、村外に住み経済活動を行う先住民（ガララ）も増加している。このように人種問題、先住民伝統社会の近代化を視野に入れると、資源としての自然環境を管理する単位としてのマタンガリの有効性は問い直されることになる。しかしながら、カバとタンブという自然の景観に象徴されるマタンガリは、共有された自然資源を、運用能力のあるもの、使用する必要に迫られたものに優先権をあたえる法的根拠となるのである。

第Ⅲ部

言葉

そもそも、民俗学を意味する英語の folklore は「folk」と「lore」の複合語である。後者のロア lore とは、体験を通じて修得されたり口伝えされた知識を意味する。birdlore とは鳥に関する観察事実や口承の俗信のことであり、woodlore とは森林に関する言い伝えの意味である。環境民俗学においても、知識が言語化される側面は焦点の一つとなる。つまりこのパートで問題としたいのは、環境はいかに語られるのか、その語られ方である。

第九章「民話の環境民俗学――猿退治伝説と猿害問題のあいだ」（山泰幸）は、徳島県鳴門市に伝わる猿退治伝説を、コミュニティと民話の関連性に着目しながら考察したものである。この伝説は、人獣交渉の象徴としての猿神退治から猿害駆除へと比重をおきかえながら（すなわち、かならずしも「共生」するのではなく、ときに「対置」されるものとしての人と自然の関係を問いながら）語られ、その語られるという言説実践によって共同性の生成を論じる。本章には、community in the making という環境民俗学の主題の一つが明確に提示されている。

手つかずの「自然」から、加工された自然としての「環境」への移行のあいだ、あるいは「環境」というもの言いで「人の手が加わった自然環境」が問題にされるようになることの意味を、天然記念物という表象において考察するのが、第一〇章「『野生』の志向――天然記念物『奈良のシカ』をめぐる運動の歴史」（香西豊子）である。言葉の歴史的省察によりながら、本章では奈良のシカが、禁忌＝神聖視の対象から愛護の対象、観光資源化、獣害の元凶などなど、多義的にその意味を変化させてきた過程をたどる。「天然」を「記念」

するというねじれた営みのなかに、「野生」を読み込ませようとする意図を見出すのである。

第一一章「生活改善と『村』の生活変容」（葛西映吏子）は、第二次大戦後の生活改善運動を主題とし、生活向上のコミュニティ的欲望がいかに個別化され個人的欲望へと変質するかという観点から、開発言説としての意義も照射しようとする。年中行事での過度な出費を抑える合理化・簡素化は、生活改善の柱の一つであったが、祭の当番（トウヤ）の規制は村の生活の栄誉を得るため「なりたい」欲望を抑え、逆に「断る」という選択肢も生じさせるほどに、生活をささえる欲望や感覚を再編する側面もあった。このようなミクロな視座から、筆者は戦後復興という大開発プロジェクトを見据えることを提案している。

第一二章「アユの来歴」（古川彰）は、商標としての側面もあるアユ表象（天然アユ、養殖もの、放流ものなどの命名）からローカルな知を読み取る試みである。一般に高い価値を持つとされる天然アユのみならず、湖産アユや養殖アユ、放流アユなども時代状況や地域社会のニーズに合わせて重視される。そこにはまた、河川環境とアユとの関係を観察する具体の科学が反映されている。自然を利用する人という主客関係にとどまらず、人と自然をより広く総合的に主体化するような認識、過去・現在から「ありうべき・ありたき」未来までも構想するようなローカルな知を、アユの来歴から読み解こうとするのである。

第Ⅰ部の冒頭で少しふれたように、本書の三部構成は、柳田國男の民俗資料の三部分類をずらすという仕掛けがほどこされていた。つまり柳田は、第一部「有形文化」→第二部「言語芸術」→第三部「心意現象」と進んだのに対し、われわれはまず心の問題から入り、具体的な生活技術を次におき、いま言葉の問題にたどりついた。この構成の意味について、補説しておこう。

柳田國男のいう「心意現象」の中心をなすのは「兆・応・禁・呪」であり、これらは「知識」と「技術」に分けられる。何らかが起こる前に、知らせとして受けとることとしての「兆」と、出来事が起こってから、その原因に思いいたることとしての「応」は「知識」であり、その知識がじっさいに言葉になるから言語芸術が民俗資料として重視されたのである。そこでその言葉の内容を吟味すると、「兆」とは現在をもって未来を知る時間順行的知識であり、「応」とは近過去から遠過去へさかのぼる場合のように時間逆行的知識である。つまり民俗学が対象とする言葉には、時間軸を自由に移行しながらこれまでの生活を省察したりこれからの暮らしを予測したりする作用があり、物質文化や生活技術（現実の生活世界）と心意現象（理念の精神世界）を結節させることができるわけである。したがって柳田の「第二部」を展開させることとは、環境民俗学全般にわたって展開させることでもある（当初、この第Ⅲ部は「表象」という表題だったが、表象作用は本書のあらゆる部分に妥当するという理由で、「言葉」に変更された。このことからも、本パートの内容が本書全体において重要な位置にあることが理解されよう）。

このパートは、環境民俗学はいかにして展開されていくのかという基本的問いをもちながら読み進められることを想定している。そしてこの問いそのものについては、終章において、ふたたびふれることになろう。

（編者）

［第9章］民話の環境民俗学――猿退治伝説と猿害問題のあいだ

山　泰幸

1　民話と町おこし

渦潮で有名な徳島県鳴門市では、地元に伝わる猿退治伝説を活用した町おこしが住民有志によって行われている。[*1] 伝説の概要は、人間に危害を加えていた猿を退治しようとした猟師が返り討ちに遭い殺され、弟がかたきを討ったというもので、鳴門市の大麻町と北灘町の分水嶺、天ヶ津峯を中心として、北に殺された猟師の墓、南に猿の墓がある。墓の存在は地元の住民には古くから知られていたが、近年では一部の登山者や郷土史家にしか知られておらず、草木に覆われたままになっていた。住民有志の会の設立趣旨によれば、この町おこしは、忘れられていた猿と猟師の墓と、それにまつわる伝説を掘り起こすことで、「地域のコミュニティ意識を醸成し、地域の活性化を図る」ものとされる。

以上の目的のもと、猿と猟師の墓を訪れる人を増やすために、まず雑木や雑草を伐採して山道をハイキングコースとして整備し、数ヵ所に案内板を設置した（写真9‐1、2）。また、地域の子どもたちに関心をもってもらうために伝説を紙芝居にして、小学校で公演し、さらに猿と猟師の墓に小学生たちを遠足に連れて行くという活動を行っている。

写真 9-1　猟師の墓

写真 9-2　猿の墓

興味深いのは、この活動の中心メンバーには、長年、有害獣駆除に携わってきた猟師が参加していることである。猿やイノシシによる食害防止を願って定期的に供養のため墓を訪れていた猟師が、山中深くにある猿と猟師の墓への道案内をしているのである。

近年、猿やイノシシなどによる農作物や人間への被害が大きな社会問題となっている。鳴門市も、猿やイノシシによる被害の深刻な地域の一つである。行政によるおもな対策は、地元の猟友会のメンバーに依頼して、有害獣駆除を行うというものである。ここ十数年、猿やイノシシの被害は急増しており、とくに猿の被害は深刻であるという。

ここには二つの活動がある。一つは、猿退治伝説を活用した町おこしであり、もう一つは、猿やイノシシなどによる深刻な被害に対する有害獣駆除の活動である。これら二つの活動は、それぞれ異なる目的をもった異なる活動である。しかし、これらは同一の地域において、そこで暮らしていかなければならない住民の必要性から生まれた活動という点で共通している。さらに、伝説の内容が、猟師による猿退治であることを考え合わせれば、民話と町おこし、そして有害獣駆除の活動は、相互に関連していると考えられるのである。

本章は、民話を活用した町おこしの活動を、その背景となる自然環境と関係づけながら、考察を試みるものである。

2　習俗のディスクール

この伝説の概略を、民話集『阿波の語りべ』に掲載された「狒々猿の墓と猟師の墓」と題された話から紹介してみよう。

「昔、大麻山附近の山に猿の大群が棲み、それを支配する親分猿は人の言葉が分り霊力を持ち、しばしば麓の作物や人畜にまで被害を加えるようになった。この時播州（兵庫県）に有名な兄弟の猟師がおり、兄は鉄砲の名手で弟は弓の名手であった。この話を聞き兄が先ず賢い犬を連れて猿退治に来た。山の近くにはあばら家が一軒あって一人の老婆が糸をつむいでいたので、猟師が猿のよく出る所を聞くと丁寧に教えてくれたが『何発弾を持っているか』と尋ねた。猟師は『十発持っている』と答えたが、実はその老婆は猿の化身であった。山へ登ると猿が居たので早速猟師は鉄砲に弾を込めて猿の心臓部をねらって一発はなした。ところが猿は釣鐘をかぶっていたから十発撃ちつくしても殺すことができず、撃ち終わるや否や猟師に襲いかかり食い殺してしまった。犬は血に染まった猟師の袖をくわえて播州に帰った。兄の非業の死を知った弟は犬の案内で兄の仇を討つべく強弓を持って大麻山へ来た。老婆に道を聞き、また尋ねられるままに『矢を十本持っている』と答えてしまった。老婆と別れてしばらく行くと、犬が急に見えなくなったので、どうしたのかと思っていると、まもなく茅を一本くわえてきて猟師の行く手を妨げた。ここで猟師も事の次第を悟り、その茅で一本の矢を作りえびらにさし一本の鋭い矢を別の所へかくし持った。犬は納得して猟師を猿の居る所へ案内した。猿はすでに釣鐘をかまえて待っていた。弟が十本打ち尽したので猿は安心してゆっくりと猟師に向って来た。猟師はすばやくかくし持った矢を取り出し弓につがえるや至近距離から猿の心臓をねらって放したところ、ねらいはあやまたず猿の心臓を貫いた。村人は猟師に感謝すると共に、狒々猿の祟りを恐れてお墓を作り丁寧に葬った。また後に非業の死をとげた猟師の墓も故郷播州を望むことのできる丘に立てた」（徳島県老人クラブ連合会　一九八八：一六二―一六三）。

この伝説を知って、私がすぐに思い浮かべた話が二つある。一つは「猿神退治」と呼ばれる話である。『今昔物語』にすでに見られ、全国各地に同様の話が伝えられている。一方、兄が殺されて弟が敵討ちをするなどの特徴に焦点を当てれば、「三人兄弟・化物退治」に近い筋を持っている。この伝説は、関敬吾の昔話の話型を参考にすれば、「猿神退治」と「三人兄弟・化物退治」の二つの話型の境界的な位置にある伝説ということができるだろう。

ところで、習俗の言説の「主体」を考えるとき、第一次的な審級は、そこかしこで民話を語り伝える個人である。しかし、従来的な民俗学の問題構成では、習俗の言説の真の主体として、個々人を超えた「共同体」が前提とされてきた。つまり民俗学は、「共同体」論的言語を前提として、習俗の言説の第一次的な主体であるところの「個人」の存在を括り出し、その言語上に習俗を取り込むことで、結果的に、「村落共同体」や「常民」、あるいは「日本人」などを実定的な形象として産出する学的言説として機能してきたといえる。

このことは、しばしば批判的に言及される柳田國男の民俗学ばかりでなく、その後に登場する構造主義や記号論に影響を受けた研究も同様である。たとえば、これらの研究においては、民話は「テキスト」と見なされ、一つのテキストの形態論的構造や、複数の隣接するテキスト間の変換関係が明らかにされる。そして、そうした作業を通じて、「共同体」の秩序を維持する「排除のシステム」や、「人間」の「無意識（の構造）」などがテキストの内側から浮かび上がることになる。「猿神退治」の場合であれば、生贄という習俗によって秩序を維持しようとする共同体の構造を、一方、「化物退治」の場合であれば、他者に対する人間の潜在的な恐怖心や排除の思想などをテキストの内側から読み出すというわけである。[*2]

この問題構成を部分的に転回したのが、構築主義的な研究である。[*3] たとえば、遠野の観光を扱った研究では、遠野の人々が外部の視線によって構成された「民話のふるさと」という自己イメージに単に従属させられている受動的な存在ではなく、それに抵抗し積極的に自己イメージを利用していると見なして、そうした人々の主体性を高く評価し、観光において創り出される文化も、現地の人々にとっては真正な文化であると主張する。人々の主体的な活動に着目して、文化の創造的な側面を明らかにする新たな視点を提供してきた。[*4]

ここでは、以上のような視点を踏まえて、「コミュニティ」構築に向けた人々の主体的な活動に着目してみたい。なぜなら、この町おこしは、文化を構築する主体の共同性を前提とすることなく、それをいかにして作り出すかが課題となっているからである。

住民有志の会の設立趣旨によれば、「地域のコミュニティ意識を醸成し、地域の活性化を図ることを目的とする」とある。ここには、地域という言葉が地理的概念ではあっても、共同体的概念ではないという認識が示されている。このズレをどのように埋めていくのかが、現実的な課題として生じているのである。猿退治伝説の再発見と新たな語り出しは、このような認識を背景にした、「コミュニティ」構築のための言説的実践なのである。

こうした事態を捉えるためには、テキストの「内部」に主体としての共同体を見出したり、逆に、文化の「外部」にそれを構成する主体としての共同体を前提とするだけでは不十分である。この伝説を再発見した人たちが、この伝説から何を新たに読み出したのか。また、それによって何がもたらされたのかといった「出来事」、つまり「言説」への視点を考慮しなければならないだろう。

習俗の言説の内部／外部に主体としての共同体をアプリオリに設定するのではなく、人々の言説的な実践において、習俗とコミュニティがどのように接合され、コミュニティが実定的な形象として定着していくのか、そのプロセスを注視することが求められる。そこには、言説上に構成されたコミュニティと相互に内実を与え合うような、さまざまな非言説的実践が試みられているはずであり、それらを記述することが要請されるだろう。[*5]

3　猿退治伝説の再発見

この猿退治伝説を題材に町おこしの活動を企画したのがYさんである。Yさんの掛け声で、山中奥深くにある猿と猟師の墓までの道案内をかってでたのがMさんである。そして、この伝説を広く地域の児童に伝えるために、紙芝居化したのがOさんである。この活動の中心である三人の言説的・非言説的実践に着目することが必要となってくる。

鳴門市は、市内の一四の自治振興会に対して、地域活性化のために補助金を出すことを決め、アイデアを募集した。当時、瀬戸町の自治振興会の会長だったYさんは、天ヶ津峯を挟んだ、瀬戸、北灘、大麻町のなかの四つの自治振興会を一つのグループとして、文化財や史跡、自然を歩いて見て回れるハイキングコースを設けることを提案した。そこで注目したのが、猿と猟師の墓である。猿と猟師の墓は、四つの地区のちょうど境界にあたる山中奥深くにあり、それぞれの地区から猿と猟師の墓までの山道を整備してハイキングコースにすれば、そこに住民の交流が生じると考えたのである。山歩きは一人で歩くことはなく、必ず数人で歩くものであり、そこには協力も生まれ、また言葉も交わされる。Yさんは、それによって、「共助の精神」が養われると考えたという。Yさんは、「共助の精神」という言葉に示されるような人間の「内面」だけでなく、ハイキングコースを人々とともに歩くというように、人間の「外面」、すなわち「身体」と「コミュニティ」を結びつける言説的実践を試みているのである。後に触れるように、「共助の精神」のような人間の「内面」を語る言語は、紙芝居化された伝説によってさらに豊富に語られることになる。

この活動の一環として、Yさんがとくに力を入れているのは、猟師の墓を史跡に指定することで、この伝説を「史実」として確定することである。この伝説が、ただのお話ではなく、「史実」であることを証明することが、猿と猟師の墓に訪れる人を増やし、この活動を成功に導くものと考えているからである。

Yさんたちの熱心な活動もあって、教育委員会が作成した大谷焼の登窯を中心に周辺の文化財を紹介したパンフレットには、猿と猟師の墓も掲載されている。

パンフレットには、二二件の文化財の所在地が地図上に示されて、簡単な解説が付されている。これらは「国登録有形文化財」「国指定重要文化財」「天然記念物」「県指定史跡」などと説明されている。しかし、「猟師の墓・猿の墓」の解説だけが、他の文化財と異なって「伝説」となっているのである。現時点では、伝説に基づいて、墓を史跡に指定することは難しいが、しかし、パンフレット上では史跡と同等の扱いを受けているのである。

文化財や史跡という「制度の言説」に戦略的に依拠しながら、習俗の言説を「歴史」に取り込み結びつけて語ることで、「コミュニティ」を構築しようとする言説的実践が試みられているのである。[*6]

小学生の頃から紙芝居を読み聞かせ、伝説の舞台となったハイキングコースに出かけるという非言説的実践を通じて、「心」と「体」を語る人間学的言説と結びつき、さらに「歴史」を語る制度の言説と結びつけられることで、「コミュニティ」はより確かなものとして構築されていくのである。

4 「猿」と「猟師」のディスクール

ここでは、Yさんの活動に見られるような、習俗とコミュニティとを結びつける言説的実践を可能にする条件について考えてみたい。[*7]

すでに検討してきたように、言説の機能を考えるとき重要なのは、言説を語る主体が何であるかよりも、言説の対象が何であるかの方である。なぜなら、言説はそれがかかわる対象を、まず自ら実定的なものとして創り出さなければならないからである。このことは、昔話や伝説といった習俗の言説であってもかわりはない。とりわけ、伝説は、それが特定の場所に根ざし、具体的な事物と結びつき、固有名詞で語られるように、それを構成する多様な言説群に支えられながら、その厚みを加えることで、語り伝えられうるものとなるからである。

これらの言説群は、習俗の言説を支えてそれを可能とする条件であると同時に、習俗とコミュニティとを結びつけようとする人々の言説的実践を可能にする場のようなものである。それゆえ、ここで取り上げる人々の言説的実践の様態を把握するためには、ある方法的な視点を設定することで、それらの場を切り出してみなくてはならないだろう。しかし、注意しなければならないのは、しばしばそれらの言説群＝場を外的条件と同一視して実体化（環境決定論）したり、逆に、外的条件を離れて抽象的に実体化（テキスト分析）したりしてしまうことである。なぜなら、それらの言説群＝場にも、それぞれに応じた言説的実践があり、それらに相関する非言説的実践があることが見えなくなってしまうからである。

この伝説を支え、厚みを与えている言説群を考える場合、重要なのは、「猿」と「猟師」の言説である。この活動には、猿やイノシシによる食害防止のために定期的に墓を訪れて供養をしていた猟師が重要なメンバーとして参加しているのである。つまり、「猿」と「猟師」の言説を接点として、この伝説をコミュニティに接合する言説的実践が可能になっていると考えられるのである。

ここでは、猿と猟師の墓までの山道の案内人を引き受けたMさんの活動に注目してみたい。

Mさんは、一九三三年生まれ、現在七〇歳台半ばの現役の猟師である。子どもの頃から銃には関心があった。戦後、バスの運転手をしながら資金を蓄えて、はじめて銃を手に入れたのは三〇歳のときである。先輩の猟師に連れられて大阪の上六で購入。SKBと呼ばれる銃身の短い二六インチのもので、当時、五万五～六千円したという。その後、一〇丁ほど代替わりし、現在は四丁を所有。四丁の銃のなかから、その日の気分で一丁を選び使用する。六〇歳で退職し、その後もバス関係の仕事に携わってきたが、七一歳の誕生日からは猟師中心の生活となっている。Mさんは、はじめて銃を手に入れて以来、猟師を楽しみとして生活してきた。獲物を仕留めたときの感動はもちろん、一日の猟が終わって、毎晩、大切な銃の手入れをするときも、たまらなく楽しいという。

Mさんは、一一月半ばから二月半ばまでの猟期の間は、ほぼ毎日、猟に出る。ここ何年かは、イノシシが増えたため三月半ばまで猟期が一ヶ月延長している。さらに、それとは別に市の要請で有害獣駆除を行ってきた。

有害獣駆除は、鳴門市の猟友会のメンバーから三〇人が、県の農林事務所から許可を受けて行っている。駆除の期間は、猟期の終わった四月から九月半ばぐらいまで、何度か延長されながら設けられる。駆除の対象は、猿とイノシシが中心である。この地域の猿は、昔から最大でも一五キログラムを越えるものはないとされるが、一方、イノシシは、体重二〇〇キログラム、全長一八三センチもあるものが捕獲されたこともあるという。また、ハクビシン（タヌキの一種）や、最近ではアライグマが捕れるようになっている。外から持ち込まれたペットが野生化して繁殖している可能性が高いという。

この地域の有害獣のなかでは、猿による被害が深刻で、被害の激しい、鳴門市の北灘や粟田では、農作物への被害、道路沿いの商店に陳列している食料品への被害、民家や幼稚園、小中学校などの校庭に出現し、児童・生徒を威嚇するなどの被害があり、Mさんはこれに対処してきた。また、半漁半農の北灘では、「大漁がサル（去る）」といって、猿を殺すのを嫌がるので、Mさんが駆除に出かけるという。この一年（二〇〇六年）で、実に七三頭の猿をMさんは駆除したという。これだけの数の猿を駆除しているのは市内でもMさんだけである。

一日のスケジュールは、朝七時に山に出かけて、まず数ヶ所に仕掛けた罠を確認する。罠には三種類あり、主にイノシシ捕獲用の大きな鉄のオリを八、猿用のカゴを三、ワイヤー式のものを一〇ヶ所、仕掛けている。これらの罠は手作りで、巨大なオリに関しては、自分で設計して工場に特注して作る。これらを約三時間かけて確認していく。そして、昼食をとりに一度帰宅して、一一時半から一三時半ぐらいまで休憩し、午後は罠を回ることはせず、再び猟銃をもって出かける。夕方、午後六時には引き上げる。

Mさんは、有害獣駆除の活動を、四〇年以上、基本的にいっさい補助をもらうことなくボランテイアで行ってきた。しかし、タマ一発で二三〇円もかかり、通報を受けて現場まで出向くための車のガソリン代も出ない。さらに捕獲した動物の死体の処分もしてきたのである。もちろん、特注の罠の費用も自己負担である。すでに退職しており、労力においても経済的にも大きな負担である。四〇年間、何度か行政に支援を訴えてきたが、予算を理由にただ耐えることを求められてきたという。数年前には、たまりかねて捕獲したイノシシの死体を、出勤時の市役所の玄関前に投げ捨てて、大声で訴えたという。その後、死体だけは市役所が引き取りに来て、県の焼却施設に輸送することになったという。

こうした多くの負担を抱えながらも、Mさんは有害獣駆除のボランティアをやめることはない。それは人助けになるということと、やはり猟の楽しみ、獲れたときの醍醐味があるからだという[*8]。

しかし、Mさんが、有害獣駆除の仕事を反省的に捉え返して、その意義を積極的に見出し、この仕事をやり続けようという決心をするきっかになったのは、最近のことなのである。それは、この町おこしの活動に参加したことがきっかけであった。

Mさんがこの活動に参加したのは、山中のどこに所在するのかわからなくなっていた猿と猟師の墓にいたるまでの道案内を頼まれたことがきっかけである。猟師として長年、山を歩いてきたMさんにしかできない仕事である。そして、二〇〇三年七月、この活動が地元放送局から取材を受けることになった。そのときに、Mさんは、猿を退治した伝説の猟師に自分をなぞらえて、自分が有害獣駆除をやらなくてはならないと、心ひそかに誓ったという。

このことは、町おこしの活動への参加をきっかけに、猿退治伝説と有害獣駆除の仕事がMさんのなかで一つに結びついたことを示している。このことは同時に、猿退治伝説に厚みを加え、そこに確かさを与えていたのは、その背景に「猿害」と「駆除」の言説が地域に一般化していたことを予想させる。*9
つまり、猿退治伝説が再発見されて、再び語り出されるようになったことと相関するように、「猿害」と「駆除」の言説が、支配的な言説として登場してきたのではないかと考えられるのである。

5 「猿害」のディスクール

環境社会学者の丸山康司は、「ニホンザル問題」が発生する複雑な背景を次のように説明している。

「二〇世紀の後半においては、野生のサルに関連する知識や価値のネットワークが失われ、学術的価値の保護を主目的とする自然保護制度によって不干渉という関係が導入される一方で、観念的なサル観が普及する。また、観念的なサル観に影響を受けたサルへのかかわり方も発生した。都市部を中心に普及した動物園などを通じて動物を愛護の対象として見なすという心象が普及し、サルを含めて動物は『かわいい』ものになった。こうした学術的価値としての希少性と愛護的な価値としての『かわいい』サルの出現を背景として、日本各地で行われたのが野猿公苑事業である。野猿公苑は、急激な個体数の増加や人慣れの進行という問題の原因となっており、サルによる農作物や人間への被害である『猿害』に与えている影響は少なくない」（丸山　二〇〇六：一七四）。

丸山によれば、観念的なサル観が普及し、サルに対する心象が変化したことが、人間のサルに対する行動を変化させ、それに応じて、サルの行動も変化し、サルによる被害が増大してきたと指摘する。「逆説的ではあるが『かわいい』サルをかわいがることによって、『かわいくない』サルを生み出すことになった」のである（丸山　二〇〇六：一七〇）。

さらに、丸山は次のように述べる。

「『殺してほしい』という感情も率直なものであろうし、捕獲されたサルに対する『かわいそう』という感情も率直なものなのである。相反する感情ではあるが、それぞれの状況においては率直なものなのである。地域住民の感情が矛盾しているというよりは、サルの存在そのものが地域住民から矛盾しているため、その矛盾に反応する地域住民の感情に一貫性がないように見えるだけである」(丸山 二〇〇六：二一二)。

猿害問題の発生には、複雑なプロセスが背景にあると考えられ、単純な因果関係を求めることはできないが、しかし、現代の「猿」の言説が、「かわいい猿」と「猿害」の言説が同居することで、矛盾を引き起こしていることは間違いないようである。ここで検討している猿退治伝説の再発見にいたるまでに、当該地域における「猿」の言説も同様の変遷を辿っていると考えられるのである。

猿退治伝説による町おこしの活動がはじまる一三年前の一九九〇年四月、猿害の激しい鳴門市の北灘で、「第二回してこいな九〇桜まつり」が開催された。この祭りの目玉行事として「猿をやっつける押しずしづくり」というイベントが企画された。このイベントを取材した当時の記事を抜粋してみる。

「でかいぞ！ 三〇〇キロの押しずし」「児童ら二〇〇人二時間がかり」「農作物を荒らすサル憎しと企画」(徳島新聞一九九〇年四月六日)、「近くの山に生息する約三百匹の野生ニホンザルに、稲やトマト、スイカなどを食い荒らされる被害が続出しているため、猿がつくったものを人間が〝横取り〟してやろーと、日ごろのうっぷんを晴らそうとの狙い。猿のお面をつけた北灘東小学校の児童ら地元住民約二百人がかりで作った日本一のジャンボ押しずし、名づけて『モンキーずし』づくりをカメラで追った」「〝粟田の子猿〟日ごろ農産物を食い荒らす野猿の格好してはしゃぐ子どもたちも『かわいいけど、稲やスイカは食べないでほしい』ときっぱり」「二時間がかりで完成しただけに味も最高。猿がつくったものを横取りして食べるという趣向だけに、参加者も気分が晴ればれ、『スカッとしたね』と口をそろえた」（徳島新聞一九九〇年四月九日）。

興味深いのは、「猿害」に対抗して、人間が猿に扮して作った押しずしを人間が横取りすることで「仕返し」するという演劇的なパフォーマンスによって、日ごろの鬱憤を晴らそうとしている点である。また、ここには「駆除する者」と「駆除される者」といった非対称的な関係はなく、猿と人間を対等な関係で捉えている点も注目される。これに関連するが、猿を「かわいい」とする態度と「憎い」とする態度が同居している点も注目される。そのことは、小学校の児童が猿の面をかぶって押しずしを作っていることにも表れている。

このイベントの段階では、「猿」の言説は、「かわいい」と「憎い」といった二つの言説が同居することで矛盾を引き起こしていることがわかる。この矛盾に対する一つの解決として行われたのが、このイベントなのである。注意したいのは、このイベントにおける「猿」の言説には、「猿害」と「仕返し」は登場しているが、「駆除」の言説は登場していないことである。そして、この「仕返し」の「主体」として言説上に構成されているのは、「人間」なのである。[*10]

しかし、十数年後の猿退治伝説を再発見した段階では、以上のような「猿」の言説は変化しているのである。

6 「猿害/駆除」のディスクール

紙芝居のCD-ROMを見ると、画は見事な出来映えで、内容も伝説をもとに脚色されて、「猿の墓と猟師の墓 愛と勇気の物語」というタイトルの物語に仕上がっていた。

紙芝居化された猿退治伝説には、伝説にはなかった、猿退治以前の村人と猿との平和な共存関係を描いた場面と、猿退治以後の猿と村人との和解の場面が付け加えられている。そして、大麻山の木こりの息子「太助」と、太助が仲良くなった小猿の「佐助」という主要な登場人物が付加されており、太助と佐助の関係の変化を軸として、この伝説が包み込まれるように構成されているのである。

内容を簡単に紹介すると、大麻山は、豊かな自然に恵まれ、村人は猿やイノシシとも平和に暮らしていた。太助と小猿の佐助は仲良くなり、村の子どもたちと毎日一緒に遊んでいたが、ある日、突然、佐助がやって来なくなる。その頃から仲良しだった猿たちが、畑を荒らしたり、家畜に手を出し、さらに村人にも危害を与えて大怪我をさせるようになる。その理由は、身の丈三メートルもある霊力をもった大猿が猿を支配しはじめたからで、猿たちは大猿に逆らえず、「心まで支配されてしまった」からである。

そこで村人は、「大猿さえ退治できれば、もとの平和が取り戻せる」と考えて、大猿退治を猟師に依頼することになる。この後は、ほぼ伝説の通りである。そして、猿退治の一〇年後のエピソードが加えられている。一〇年間、毎日、猿たちが死んだ猟師の墓に花や果物を供えていたことを、大人になった太助が発見し、そこで佐助に再会するのである。太助は仲良かった猿のことを本心から信じていなかったことを反省し、このことを村人に伝え、猿と村人との交流が復活するというものである。

ここで注意したいのは、まず、紙芝居化されることで、猿の被害とそれに対応しようとする村人とが明確に語られるようになったことである。つまり、「猿害」と「コミュニティ」とが結びついた新たな言説が登場しているのである。もう一つ、重要な点は、「良い猿」と「悪い猿」との区別が設けられていることである。もちろん、実際的な被害の場面では、こういった区別は不可能であろう。しかし、紙芝居においては、これが可能となっているのである。「かわいい猿」が同時に「かわいくない猿」でもあるという矛盾した猿の言説に対する「神話的解決」ということができるだろう。

ここでは、紙芝居に厚みを与えているのが、「猿害」と「駆除」の言説であることがはっきりと示されている。「悪い猿」と「良い猿」とに区分できる以上、「悪い猿」は徹底的に駆除しなくてはならないのである。ここで注意しておきたいことは、作者Oさんが紙芝居を通じて、「『助け合いの心』『感謝の心』『動物への愛護の心』『信頼と絆』そして『愛と勇気』を伝えたい」と述べるように、これらの人間の「内面」を語る道徳的言語と結びつきながら、猿の駆除を正当化する言説が登場していることなのである。

ここには、「猿害／仕返し」とは異なる、「猿害／駆除」の言説が登場している。そして、「猿害／駆除」の言説の主体として、コミュニティが言説上に構成されているのである。

猿退治伝説の再発見には、「猿害／駆除」と「コミュニティ」とが結合した新たな「猿」の言説の出現が背景にあると考えられるのである。

7 視点としての「自然環境」

現在、全国各地で、地域に伝わる民話を活用した同様の町おこしの活動を見出すことが可能であろう。そうした活動を捉えて記述する際に重要なのは、アイデンティティの創出や地域活性化を安易に語るのではなく、そこにつねに繰り広げられている「コミュニティ」構築の言説的実践を記述可能とするような視点を確保することであろう。

本章では、猿退治伝説の再発見の背景に、新たな「猿」の言説の登場に遭遇することになった。その意味で、本章の記述を可能にしたのは、「猿」の視点であったということができる。しかし、それは「良い猿」の視点ではなく、再発見され紙芝居化されることで、呼び出されながら、結局は退治されることになった「悪い猿」の視点でなければならない。
良い猿がコミュニティと親和的であることに示されているように、すでに良い猿の視点は「コミュニティ」を語る言説上にその住処を得てしまっている。それゆえ、良い猿の視点からは、「コミュニティ」構築の言説的実践は死角となってしまうのである。重要なのは、殺された大猿を語る言説を、「コミュニティ」構築の言説的実践を記述するための方法的視点として確保することである。これを、ここでの関心にそって言えば、「自然環境」を取り戻すということなのである。たとえば、Mさんは、毎年、猟師仲間数人で費用を集めて市内の寺院に依頼して、殺された獣の供養を営んできた。ここには、有害獣の被害を受けている住民たちには知られていない、「コミュニティ」とは切り離された「自然環境」をめぐる言説的／非言説的実践があることがわかる。[*11]
「自然環境」を「視点」とすることによって、「文化」や「コミュニティ」をアプリオリなものとすることなく、そこに繰り広げられている人々の言説的／非言説的実践が記述可能な対象として浮かびあがってくるはずである。[*12]このような人々の言説的／非言説的実践の総体が、これからの環境民俗学的な記述の魅力的な対象となるのではないだろうか。[*13]

◆注
＊1　以下の活動の実際については、山（二〇〇七）でくわしく論じている。
＊2　分析の実際については、上野（一九八四）や赤坂（一九八五）、小松（一九九五）などを参照。なお、このテーマの研究の現状は、六車（二〇〇三）にくわしい。
＊3　これらの構築主義的研究の批判的整理は足立（二〇〇〇）を参照。
＊4　この立場の代表的論考は、太田（一九九八）。この枠組みを前提として、民話観光における「語り部」という個人の活動を積極的に捉える川森（一九九六）もある。

＊5　近年の人類学における「共同体」概念の再構築の試み（小田　二〇〇四）や、「小さな共同体論」を提唱する環境社会学の議論（古川・松田　二〇〇三）などを参照。また、「生成するコミュニティ」に関する興味深いケーススタディに、家中（二〇〇一）などの成果がある。しかし、本章の目的は、「共同体」概念を再構築することではなく、「共同体」構築の言説的実践を、どのような「視点」から捉えるかという点を議論することにある。

＊6　近年、文化財と地域活性化の関係に関する多くの研究がなされている。民俗学による最新の動向を知るには、岩本（二〇〇七）参照。

＊7　ここでの言説分析の考え方については、内田（一九八九）をはじめとする内田の諸著作の影響のもと私なりに工夫している。

＊8　「楽しみ」としての「生業」を「深い遊び」と捉える菅（一九九八）を参照。

＊9　他の地域の「猿神退治」伝説においても、話の冒頭にはほぼ必ず猿による被害、つまり「猿害」が描かれている。その意味で、この伝説は猿害伝承と見なすことができる。この伝説の背景には、猿害という自然環境的な条件があったと想定することも可能である。なお、猿と人間の関係史や文化史については、三戸・渡邊（一九九九）、広瀬（一九八九）などの諸研究を参照。

＊10　Mさんによると、猿害が目立ちはじめたのは、一九八〇年代後半頃からのようで、それまでは、一～二ヶ月に一度、猿の群れが姿を見せるぐらいで、それを見て、「大麻（猿の群れが住む山）の若い衆が遊びにきた」と冗談を言うぐらい、人間が追うとすぐに逃げ、ほとんど問題にならなかったという。

＊11　それゆえ、猟師の墓だけでなく、猿の墓が、どのような立場の人たちによって、どのように供養されてきたのかを明らかにすることが重要になってくるだろう。

＊12　鳥越皓之は、「民俗学が対象とする『自然環境』はつねに、〝人間の手が加わった自然環境〟である」とし、「このような意味での『自然環境』（加工された自然）と人間とのかかわりのカラクリを民俗学的視点から研究する分野」を「環境民俗学」として提唱した（鳥越　一九九四）。本章は、「人間の手が加わった自然環境」を、「自然環境」を語る「言説」として捉え直すことで、鳥越の問題意識を継承しようとする。

　鳥越は、環境民俗学の研究分野を、①自然の「利用」、②自然と人間の「共生」、③環境を媒介した「人間相互の関係」、以上の大きく三つに分けているが、本章は、②の自然と人間の「共生」の中に含まれている、自然と人間が「対立」する側面に、特に注目して考察を加えたものである。

＊13　なぜなら、「自然環境」を視点としなければ、決して捉えられないような奥行きをもった、言説的／非言説的実践を記述することに、民俗学の本領があると考えるからである。その意味で、ここでの記述の対象は、「自然環境」という視点と相関的に切り出される、限定された「断面」であることに注意したい。

◇参考文献

赤坂憲雄　一九八五「人身御供譚への序章」『物語・差別・天皇制』五月社、二〇六―二三六頁。

足立重和　二〇〇〇「伝統文化の説明――郡上おどりの保存をめぐって」片桐新自編『歴史的環境の社会学』新曜社、一三二―一五四頁。

岩本通弥編　二〇〇七『ふるさと資源化と民俗学』吉川弘文館。

上野千鶴子　一九八四『構造主義の冒険』勁草書房。

内田隆三　一九八九『社会記序』弘文堂。

太田好信　一九九八『トランスポジションの思想――文化人類学の再想像』世界思想社。

小田亮　二〇〇四「共同体という概念の脱／再構築――序にかえて」『民族学研究』六九（二）：二三六―二四六。

川森博司　一九九六「ノスタルジアと伝統文化の再構成――遠野の民話観光」山下晋司編『観光人類学』新曜社、一五〇―一五八頁。

小松和彦　一九九五「恐怖の存在としての女性像――化物退治譚の深層」『異人論』ちくま学芸文庫、九七―一二六頁。

菅豊　一九九八「深い遊び――マイナー・サブシステンスの伝承論」篠原徹編『民俗の技術』朝倉書店、二一七―二四六頁。

徳島県老人クラブ連合会　一九八八『阿波の語りべ』徳島県老人クラブ連合会。

鳥越皓之編　一九九四『試みとしての環境民俗学――琵琶湖のフィールドから』雄山閣。

広瀬鎮　一九八九『猿と日本人――心に生きる猿たち』第一書房。

古川彰・松田素二　二〇〇三「観光という選択――観光・環境・地域おこし」古川彰・松田素二編『観光と環境の社会学』新曜社、一―三〇頁。

丸山康司　二〇〇六『サルと人間の環境問題――ニホンザルをめぐる自然保護と獣害のはざまから』昭和堂。

三戸幸久・渡邊邦夫　一九九九『人とサルの社会史』東海大学出版会。
六車由実　二〇〇三『神、人を喰う——人身御供の民俗学』新曜社。
家中茂　二〇〇一「石垣島白保のイノー——新石垣空港建設計画をめぐって」井上真・宮内泰介編『コモンズの社会学』新曜社、一二〇—一四一頁。
山泰幸　二〇〇七「民話——猿退治伝説はなぜ再び語られるようになったのか」小川伸彦・山泰幸編『現代文化の社会学入門——テーマと出会う、問いを深める』ミネルヴァ書房、一三七—一五一頁。

読書案内

◆民話に込められたメッセージを読み解く研究手法の好例として

小松和彦『異人論』ちくま学芸文庫、一九九五年。

◆文化の創造的な面を人々の主体的な活動から考える際には

太田好信『トランスポジションの思想——文化人類学の再想像』世界思想社、一九九八年。

◆民話に限らず、さまざまな文化が保存され活用されるグローバルな状況を考えるために

荻野昌弘編『文化遺産の社会学——ルヴール美術館から原爆ドームまで』新曜社、二〇〇二年。

［第10章］「野生」の志向——天然記念物「奈良のシカ」をめぐる運動の歴史

香西豊子

1　「環境」の奥行きにむかって

問題の所在

日本において、わたしたち人間を取りまく事物は、「自然」とも「天然」「造化」とも呼ばれてきた。人間は、そのすでに在る不易なもののなかに産みおとされるのであり、そこから、「風土」を論じ「景観」を語ってきたのだった。しかし、近年になって、その自然は、「環境」という言葉遣いによって名指されるようになっている。これはもちろん、単なる言葉のうえでの流行ではないだろう。高度経済成長期あたりから、自然は、超然として「自ずから然る」在り方をやめた。人間の活動にどこか連動し、ときにそれによって傷つく「四囲の事物の（環）あり方（境）」として、位置づけなおされるようになったのである。

所与なるものから、保全の対象へ——。こうした自然に対するまなざしの転回は、では、具体的にはわたしたちのまわりで、どのように進行したのだろうか。そして、その転回の余波は、現代という時代に、どのようなかたちで及んでいるのか。人が自然や環境とつきあう様相の一端を、歴史という観点から跡づけてみようというのが、本章の目的である。

考察の対象

「環境」は、自然が危機にさらされる局面において感知され、しだいに言葉にされるようになった。この事実性は、「環境」という言葉が、どこか人間の営みに反省を強いる響きを帯びていることに裏打ちされていよう。わたしたちは、「環境」なる語を用いるたびに、否が応にもその繊細さを意識せねばならない。自然と同じように（それこそ自然に）は、環境とつきあうことができないのだ。

そのよそよそしい関係のせいか、現代の日本における環境の語りのなかには、逆に本質論的な、ありし日の人と自然の姿を実体化し礼賛するものがみられる。かつてそこには厳然とした調和があったのだが、今にいたるまでに、それが変容してしまった（しまいつつある）という見方である（これを今、「環境民俗」の本質主義と呼ぼう）。そして、その本質論的な環境の語りは、同時に、それに抗する批判的な見方を生みだしてもいる。つまり、環境の民俗として新たに読みだされる人と自然の様相は、歴史のある時点で（あるいは悪くすると論者の頭のなかで）創りだされたものではないかという懐疑である（こちらは「環境民俗」の構築主義と呼ぶことにする）。

前者の、環境民俗なるものを見出し、それに積極的な意味を与えてゆく本質主義的立場には、せめて、その付与される意味の分だけの意義が認められよう。一方、そうして評価される環境民俗が、そもそも「見出された」ものであること自体、すでに本質ではなく仮構だとする後者の構築主義的立場にも、それの暴く意味の文脈分だけの意義があるはずである。しかし、いずれの立場にせよ、それらが環境の解釈学としてあるかぎり、議論は空転することを避けられまい。というのは、そこにはなぜいま環境が「問題」となっているのかという歴史的な見取りが希薄だからだ。

現代における人と環境との関係を考えるとき、重要なのは、何もすでにできあがった環境の語法にしたがい、緊要と思われる課題を分析することばかりではあるまい。他方で、その問題の自然や環境がそもそもいかなる成り立ちをしているのか、見定めておくことも必要である。わたしたちが環境という言葉で四囲の事物を言い表しはじめる過程で、何が問題とされ、どういう動きが起こったのか。迂遠ではあっても一つ一つ検証しておかねばならない。

そうした立場にたって、自然・環境と人との関係のあり方を眺めかえすとき、興味ぶかい対象として立ちあらわれてくるのが、「天然記念物」の制定・保存活動である。「天然記念物」という、この時おり目にする文字列には、日常、さして違和感をおぼえることはない。だが、言葉の構成をあらためて見てみると、そこには二つの干渉しあう動きがはらまれていることに気づくだろう。「天然」という本来的には人間の営みを超越した動きと、それを「記念」するという人間による固定化の動きである。

天然なるものを記念する——。この非常に困難な企図をになわされた「天然記念物」のまわりには、したがって、人と自然・環境をどうかして摺りあわせようとする運動の歴史が刻まれているにちがいない。では、はたして、それはどのようなものであったか。「天然記念物」制度の創設そのものに関しては、すでにいくつもの論考がある。そこで本章では、具体的に、数ある天然記念物のなかでも随一の歴史を持つ「奈良のシカ」を取りあげ、自然・環境の現在を考える手がかりを探ってゆくことにする。

2 「奈良のシカ」の現在——「天然」と「記念」のはざまで

天然記念物「奈良のシカ」

古都・奈良の風物はと問われて、奈良公園にあそぶ鹿を挙げる人は、由緒ある神社・仏閣を回答する人とおなじくらい多いにちがいない。旅行でおとずれた際に、手ずから鹿にせんべいを与えた思い出を持つ人も少なくないだろう。鹿が芝のうえで悠揚とたむろする姿は、数多の図版や写真にも収められ、いまや南都の景観の一部となっている。

その奈良の鹿が、「奈良のシカ」として国の天然記念物に指定されたのは、一九五七（昭和三二）年のことである（なお、「天然記念物」とは、国や地方自治体によって指定される、学術的に貴重で日本の「自然」を記念する動物・植物・地質鉱物である。[*1] 奈良公園周辺にいる鹿（里シカ）だけでなく、春日山原生林に生息する鹿（山シカ）もこれに含まれ、現在、約一二〇〇頭が確認されている。

写真 10-1　奈良公園（飛火野）にて草をはむ鹿の群れ
（注）奈良市観光協会提供。

「奈良のシカ」は、生物学的に見ると日本国内に多数生息するニホンジカであり、けっしてそれ自体で珍しいわけではない。にもかかわらず、それが天然記念物に指定されたのは、その生態学的な特徴によるようである。「奈良公園一帯のシカは、春日大明神がシカに乗って春日山にきたという説話から、しだいに『神鹿』としてあがめられるようになったため、ことのほか愛護され、よく人に馴れ、集団で行動し、奈良公園の風景のなかにとけこんで、わが国では数少ないすぐれた動物景観をうみ出している」（文化庁文化財保護部 一九七一：一四七）。つまり、人間に馴れた特異な行動様式を獲得し、また当地の希少な動物景観をつくっていることが、記念すべき「天然」として評価されたのである。

「奈良のシカ」は、身近に生態を観察できるとあって、格好のニホンジカ研究の対象ともなってきた。その成果によると、「奈良のシカ」はいわば半野生の状態にあるのだという。奈良公園にいるところばかりが目立っているが、それらはニホンジカとしての野性を立派に保持しており、春日山の原生林をも生活の場としている。また、食糧も、愛護団体からの餌や鹿せんべいにのみ頼っているのではなく、公園内のシバ草や森林の木の実などをみずから探して食べている。つまるところ、その生態的特徴は、つぎの五点にまとめられるようだ。①全体として閉鎖的な空間に生息していること、②生息密度が高く個体数変動の少ない個体群であること、③オープンな環境と食性の単純化、④給餌されることによる人間への馴化、⑤「角伐」行事（奈良公園史編集委員会　一九八二）。

こうした「奈良のシカ」の持つ、他に例をみない習性は、裏をかえせば、鹿と人との相互作用がいかに局地的かつ継続的にもたれてきたかを示している。そして、その点を考え合わせると、「奈良のシカ」として天然記念物に指定されているもののなかには、必然的に人間の営みも含みこまれているといえるのだ。では、人間はどのように鹿と関係を切り結んできたのか。まずは参照点となる現代の様相を確認したあと、その歴史をたどってみることにしよう。

「奈良のシカ」の愛護活動

天然記念物「奈良のシカ」の保護育成を、現在、中心的にになっているのは、財団法人「奈良の鹿愛護会」である。戦後まもない一九四七（昭和二二）年に創設されて以来、今日にいたるまで、じつにさまざまな問題に対処してきている。同会の活動は、おもに日々の①鹿のパトロールと世話（怪我をした鹿の救助・治療、オス鹿の角伐り、妊娠したメス鹿の保護など）や、②鹿を収容する施設・設備の整備のほか、③鹿の保護育成の呼びかけ、④事故防止の看板の設置などである。鹿は生き物であるため、いつ、いかなる事故に遭うともわからない。そのため、職員九人（二〇〇七年現在）で職務を分担し、二四時間体制で鹿の警護にあたっている。

そうした同会の活動は、会員からの会費・寄付や、自治体などからの補助金（奈良県・奈良市・春日大社・若草山保勝会）、基本財産の利息、および事業収入（毎年一〇月に開催されるオス鹿の角伐りの参観料や、登録商標「鹿せんべい」の売り上げなど）によってまかなわれている（なお、同会で専売している「鹿せんべい」は、米ぬかや穀類など、原材料まで管理されているという。「シカの健康を考えて、天然のもので作られています」(同会HP)。

同会がこれほどまでに徹底して「奈良のシカ」の愛護に努めるのは、一つにはそれが奈良の重要な観光資源となっていることによる。のちに見るように、春日山近隣に生息していた鹿は、古代から近世にかけて「神威」によって守られ、「神鹿《しんろく》」として狩を禁じられてきた。それが一転、明治になると、奈良公園創設の動きに連動し、今度は古都・奈良のアイコンとして活用されるようになるのである。天然記念物に指定されたのも、その貴重な観光資源を法的に保護するねらいからであった(明治維新後と戦後数年の取締りがゆるんだ時期には、密猟や野犬の襲撃により、鹿の頭数は二桁にまで減った。鹿は、肉や皮はもとより、毛は筆に、角は細工物に、袋角の血は薬にと、全身余すところなく利用されうるため、あえて保護をしていなければ、一定の頭数を維持できないのだ)。

だが、同愛護会が、広域に柵をめぐらしてまで鹿を保護するのは、そのためだけではない。鹿は被害者になるばかりでなく、ときには加害者ともなるのだ。鹿が周辺地域の農作物を荒らす、いわゆる「鹿害《ろくがい》」である。鹿害は、地元では明治期以降、長きにわたって問題とされてきた。とりわけ、戦後になって「奈良のシカ」が天然記念物となってからは、農家も鹿を乱暴にあつかうわけにもいかず、問題はこじれた。一九八〇年代には、裁判にまでつながっている。奈良の鹿愛護会は、その間、農家のクレームの矢面に立たされ、鹿害補償の問題にあたった。つまり、鹿の積極的な「愛護」の裏には、鹿害の被害を抑えるという意図もふくまれているのだ。

こうした「奈良のシカ」の愛護の現状を確認したうえで考えなければならないのは、鹿という「天然」が、それでも「記念」されつづけていることの意味あいである。観光に資するはずだという社会の一部の目論見が、鹿の「天然」性を迂回して、社会のべつの局面にひずみを生じさせている。その意味では、鹿害は、けっして鹿にのみ帰されるべきものではなく、「奈良のシカ」を演出している人間もまた同罪だとは言えまいか。

もし鹿を「天然記念物」という枠組みにいれなかったならば、鹿をめぐる軋轢は、多少とも緩和していたかもしれない。つまり、鹿をまったくの「天然」の状態におくならば、害をおよぼす鹿は、日本のほかの地域と同様に、適宜駆逐されたかもしれない。逆に鹿を完全に「記念物」として囲い込み管理していたならば、そもそもの鹿害はおこらなかったろう。と考えると、問題の根源は、そうであるにもかかわらず、「天然」と「記念」という相互に矛盾する動きをぶつけてしまったこと、すなわち、鹿の「野生」性を志向しつつ保護しようとしたことにある。

とはいえ、一足飛びに結論をいそぐ前に、ここで押さえておくべきは、一部の声を押し殺してまでも、鹿に「野生」であることを求める動きが、どのように出てきたのかということである。そこで、つぎの節ではいよいよ現代をはなれ、天然記念物「奈良のシカ」を生みだすにいたった動きについて歴史的に跡づけていくことにしよう。

3 「野生」を志向する運動

「愛護」の歴史の内実

「奈良のシカ」の由緒の語りだしは、史実というよりも神話的な雰囲気にみちみちている。春日山周辺には、元来、ほかの地域とおなじく野生の鹿が生息していた。そこへ七六八（神護景雲二）年、藤原氏が氏神として春日大社を建立する。そして、その春日の神様は鹿島神宮から勧進した際に、鹿に乗ってお越しになったという騎鹿遷幸説が、平安時代の中頃より流布しはじめる。一帯に棲む鹿は、それによって神の使いの「神鹿」とみなされるようになるのである（『春日権現験記』「春日鹿曼荼羅」ほか）。

ところが、一二世紀になると、春日大社は興福寺の支配下に組みいれられることになる。そしてそれ以降、「神鹿」は、春日神鹿信仰にみられるような単なる「神使」としてではなく、興福寺の威容を誇示するために利用されはじめる（坂井　一九八九）。神鹿殺しの罪を犯せば、親族一同の財産は没収され、引き回しのうえ断頭にされた。ま

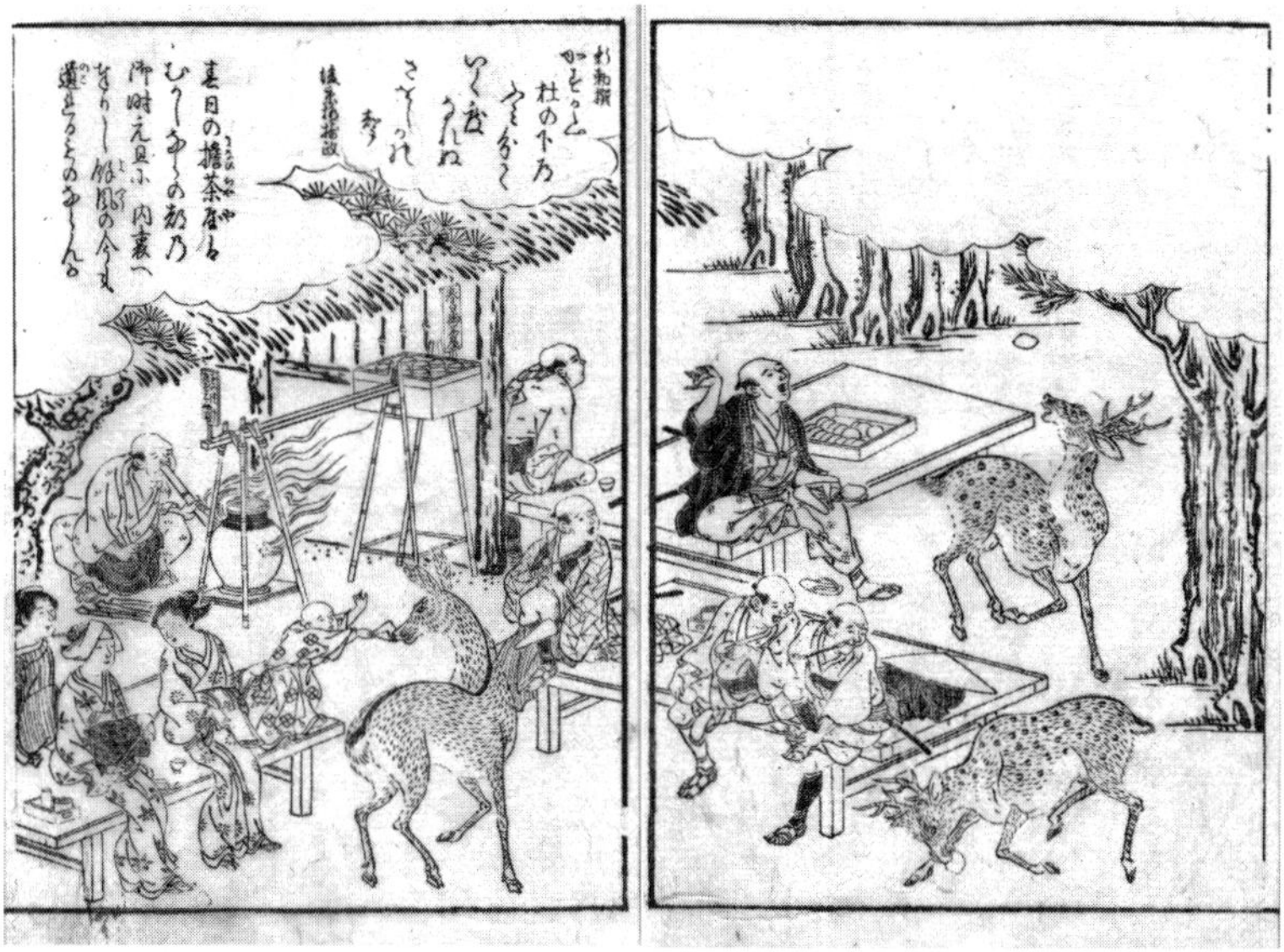

図 10-1　春日野の茶屋

（注）『大和名所図絵一』（江戸後期刊行）より。筆者架蔵。

図 10-2　春日社の全景

（注）『（改正絵入）南都名所記』（江戸中期刊行）より。筆者架蔵。

た、犬は鹿を食い殺すということで禁制とされ、犬狩りも行われた。奈良出口七所には、「犬堅く入るべからず」の達しが回されていたという。

中世のこうした厳しい鹿の統制のさまは、多くの伝説やことわざを介して、後世に伝わっている。たとえば、「鹿を殺せば石子詰」というのもその一つである（『奈良叢談』四四〇頁）。鹿殺しの犯人は、生きながらにして埋められ、上から石を詰めるという刑罰（石子詰の刑）に処せられたというのだ。そのほか、「奈良の早起き」という言い習わしもある。朝起きたときに家の前で鹿が死んでいると、殺害の嫌疑をかけられてお咎めがくだる。そこで、奈良の人々は早起きをしてまず前の通りを確認し、死鹿をみつけると、国境《くにざかい》を越えるまで順繰り順繰り、隣家の前へと鹿を引きずっていったと伝えられる。

ここでいったん想起しておきたいのが、「奈良のシカ」が天然記念物に指定された事由の文言である（本章二三三頁を参照）。「奈良公園一帯のシカは、……しだいに『神鹿』としてあがめられるようになったため、ことのほか愛護され……」というが、歴史の断片からほの見える人と鹿との関係性は、そこでいわれる愛護とは、おおいに意味あいを異にしている。春日野の鹿は、ひとえに慈しまれるだけの存在ではなかった。それはまた、「愛護」の一言では片付けられない歴史の闇部を宿してもいたのである。

さて、近世にはいって幕藩体制が確立すると、寺社の権能に対する政策があらたまり、興福寺の特権にはしだいに制約が加えられるようになる（杣田　一九八〇）。たとえば、興福寺が神鹿殺しを奉行所に申し立てても、罪人は従来のような重い処分を受けなくなる。また、一六七一（寛文一一）年以降、鹿の角は人に危害を与えかねないとして、奉行所の裁量により、毎年、雄鹿の角伐りが行われるようにもなる。

さらに、近世になると、春日野周辺の「八ヶ村」（幕府の直轄領であった八つの村）では、鹿による農作物への被害が考慮されて、租税が免除された。為政者の配慮は、しだいに「神威」ではなく民衆の生のほうに準拠するようになったのだ。そして、それに合わせて、鹿も部分的に脱神格化され、人間の生に添うよう位置づけなおされていった。

だが、一見おおきく映るこうした転換も、のちに鹿が経験する変転にくらべれば、多少、人とのあいだの慣習上の線引きが動いたというにすぎないのかもしれない。というのも、このとき、鹿の生存の基盤それ自体は、ほとんど揺るがされなかったのだから。ところが、明治になると、鹿は一時、絶滅の危機にさらされることになる。人が自然の改変へと、おおきく踏みだしてゆくのである。

奈良の鹿の近代——前近代の表象から、観光事業の象徴／鹿害の張本人へ

明治維新前後の世相の混迷は、長きにわたって制度を迷走させた。が、そのあおりを蒙ったのは、なにも人間ばかりではなかった。それまで「お春日さんの鹿」として守られてきた鹿もまた、明治初年には、超克すべき前近代の表象として政治的な介入をうけるようになる。

たとえば、一八七一（明治四）年一一月に奈良県令に赴任した四条隆平は、一八七二（明治五）年に、「神鹿」思想を盲誕として打ちやぶるべく、春日野で鹿狩りを行った。当時の新聞は、それをつぎのように伝えている。

「古来禁断ノ場所　春日山ノ鹿ヲ獵ル　正月十六日奈良県ニ於テ、県令ヲ初メ其他官員数名遊獵ヲ催シ、春日山ノ鹿数十匹ヲ狩リ取レリ、土俗古ヨリ鹿ヲ殺セル者ハ必ズ神罰ヲ蒙ルナド云ヒ伝エ、大ニ之ヲ忌ミ憚リシガ、此挙果シテ土人ノ恐怖大方ナラズ、然ルニ其後少シノ異議モ之ナキニヨリ、却テ従来ノ盲説ヲ悔悟シ、皆々安堵ノ思ヒヲナセリト云」（『新聞雑誌』二三：奈良市史編集審議会編　一九九五：二四二—二四三より転載）。

県令はこのとき、人々の前に大鍋を持ちだし、鹿肉をすき焼きにして食べたともいう（藤田　一九九九：七〇）。

同県令はまた、一八七二（明治五）年の秋には、三つ叉の大鹿を捕獲し、馬の代わりに、県庁に出勤する馬車を引かせていたという話も残っている（仲川・森川　一九四二：三〇六）。

しかしながら、この時期に鹿がからめとられていったのは、開化政策を推しすすめる政治的な文脈だけではなかった。他方で、春日野一帯の観光地化と開墾とを図るという経済的な文脈が創出されるなか、この農作物を荒らす害獣は、駆逐されようとしたのだ。

四条県令は一八七二（明治五）年末、まず春日神鹿は有害無用の動物だとして、鹿が農作物を食べた場合には銃殺することを許可した。そして、翌一八七三（明治六）年、大蔵省につぎのような上申を行った。

「当県下奈良群鹿の儀春日神社神鹿と唱え来り候、原因が不明に候得共、往昔は鹿守を置かれ市街に縦横の害を防ぎし由、その足跡尚現存すと古老の申伝えも有之候得共、方今は市街、田野に縦横に横行し農作物を損食す。その弊害不尠これがために開墾の術も難施行遺憾この事に候。乍併奈良地方の義は各国稀有の大銅仏等遊観に供すべきものあり。因ってこの群鹿も神域の内に牧畜場を開き柵門を建築し、これに花木を植えて一層の風景を増加せば京阪の間、遊歩の地となり且は開墾播種の術も行われ国益の一端とも相成一挙両全の儀と存候」（藤田　一九九九：七三）。

ここで留意すべきは、県の当初の開発枠組みのなかでは、春日野の観光地化と鹿の保護とは、両立する動きでなかったということである。「弊害」をもたらす鹿は、明治初年の、観光地の整備や農業の発展という企画の前に、柵のなかに囲いこまれようとしていたのだ。この例からしても、奈良の鹿に「野生」を求める動きが、けっして歴史に普遍的な事象ではないことがわかるだろう。それは、何かべつの社会的な要請（たとえば観光推進や鹿害対策など）がかけあわさって生じた、言わば結果なのだ。

はたして、春日神社から興福寺までの一帯を観光地化する事業は、一八八〇（明治一三）年二月の「奈良公園」開設というかたちで結実することとなる。そして、鹿を囲い込み隔離する事業の方も、一八七三（明治六）年四月に実行にうつされた。春日神社の境内に鹿園が建設され、近隣の人足・二百余人が総出で、七百数十頭の鹿を柵内へ追い込んだのである。

しかしながら、鹿園では給餌や管理が行き届かず、大多数の鹿が斃死した。半年後の同年一一月に、県令が交代したときには、鹿園の鹿は三八頭にまで減少していたという。

そこで一転、今度は春日神社が中心になって、鹿の保護が開始される。一八七四（明治七）年に、鹿園は春日神社に引き渡され、その翌年、有志による神鹿保護団体「白鹿社」が結成された。そして、鹿はふたたび放飼いされるようになる。一八七八（明治十一）年には、春日神社は、県に「神鹿殺傷禁止区域」の制定を請願し、県の側でも、同区域内で生じた鹿害については春日神社が責を負うという条件のもと、これを認めたのだった。

だが、そうなって不利益を蒙るのは、周辺の農家である。農家らは、一八八七（明治二〇）年、県に神鹿放飼区を縮小するよう願い出た。これを受けて県は、一八九〇（明治二三）年、「神鹿殺傷禁止区域」を改定し、春日神社境内と奈良公園地内とする。農家の要望を全面的に汲めば、鹿の保護が困難となる。が、鹿の保護を優先すれば、鹿害が拡大する。その均衡を探るのがいかに難しかったかは、この間の朝令暮改が雄弁に物語っている。

一八九一（明治二四）年に、「春日神鹿保護会」（会長は春日神社宮司。先述の「奈良の鹿愛護会」の前身に当たる）が発足されたのも、そうした困難に対処するためであった。この時点では、奈良公園の鹿を観光に役立てようとする動きがすでに定着していた。そこで同会では、神鹿を保護し遊覧客を誘致するとともに、鹿害の対策にあたった。

まずは、周囲の私有地でも鹿の殺傷を禁じる代わりに、周辺農家に鹿の食害がおよばぬよう、神鹿殺傷禁止区域のまわりに柵や塀を設置した。そして、それでも被害が生じた場合には、春日神社の私財（春日山の枯損木払下金や浄財

図 10-3　奈良公園の神鹿

（注）絵葉書セット『奈良公園の風光』のうちの１枚（右は葉書の入った袋）。
成立年代不明（戦前期）。筆者架蔵。

など）で補償することにした。また、一八九二（明治二五）年には、春日参道の北側に鹿園を建設し、鹿が農地を荒らさぬよう、夜間はそこに収容した（ちなみに、このとき鹿を呼びあつめるのにラッパを吹き、餌付けをしたのが、のちに観光と化する「鹿寄せ」のはじまりという）。一九一二（明治四五）年からは、同会の活動に県や市も加わるようになった。

　こうして、明治に入ってからも、春日野の鹿は、どうにか生存の途を得た。しかし、ここで見誤ってはならないのは、鹿の存在を規定する論理が、維新の前後ではまったく別のものに変わっているという点である。鹿は、もはや「神鹿」という禁忌の制度的な基盤を失った。代わりにその生命線は、観光と鹿害対策という二つの論理の交錯する、制度のあわいに放りだされることになったのである。

鹿に「野生」を志向する体制の成立とその代償

　さて、ここまでで確認したところを整理すると、明治期における鹿の「愛護」活動の内実とは、鹿を「野生」のまま保護しつつも管理するというものだった。その難題に直接あたったのは、春日神鹿保護会である。鹿のあり方へと集約される、さまざまな要請の調整は、ひとまず、自治体をあげた鹿の「愛護」機関の設置によって図られることとなったのだった。

　しかし、鹿の「愛護」の流れをそう整理してみたとき、そこから大きく外れたように映るのは、のちの、鹿の天然記念物指定という出来事である。というのも、それは明らかに鹿害対策を脇へ置き、鹿の「野生」性の保護を優先した動きだからだ。両者の調整をてがける機関が用意されながらも、鹿が法的保護の枠組みへと入れられていったのは、どういうことだったのか。大正期から戦後の天然記念物「奈良のシカ」指定までの動きを、つぎに追ってみよう。

春日神鹿保護会は、鹿の保護事業にくわえ、鹿害防止のための設備の管理や起こってしまった食害の補償などにあたったが、それには相応の資金が必要となる。同会はそれに地方自治体からの補助金や有志からの寄付をあてたが、他方では、鹿の保護も行いながら鹿害も制御する、資金の循環機構をつくりだした。

その一つが、おなじみの鹿せんべいである。奈良県は、一九一三（大正二）年に、「官幣大社春日神社ノ承認ヲ経タル飼料品ニアラサレハ同社神鹿ニ之ヲ供与スルコトヲ得ス。前項ノ違反者ニ対シテハ其ノ供与ノ停止若クハ物品ノ廃棄ヲ命スルコトアルヘシ」という布達を出し、実質上、業者による鹿の餌の販売を禁止する。そして、せんべいに証紙を付して神鹿保護会の専売とし、売り上げを同会の財源に繰りこむことにした。鹿の食害を防ぐための餌代を、観光客らにも肩代わりしてもらうようにしたのである。

また、一九二三（大正一二）年からは、明治二〇年代以降に断続的に再開されていた雄鹿の角伐りを、同会の主催で行うこととした（なお、角伐りを実見した県知事の「残酷」だという意見により翌一九二四〔大正一三〕年には禁止されるが、人への傷害事件が多発したことから、一九二八〔昭和三〕年に復興する）。これは、鹿が人や仲間を傷つけるのを防いだだけでなく、見物客から観覧料を徴収することで、同会にあらたな事業収入をもたらした。

しかし、そうした試みが定着しはじめた矢先に、肝心の鹿が激減するという事態が起こる。太平洋戦争である。一九四二（昭和一七）年の調べでは約八〇〇頭いた鹿も、人間の側の食料事情の悪化から、多くが捕らえられて食用に供された。一九四六（昭和二一）年に春日神社で、「第一回奈良の鹿増殖対策会議」がもたれたとき、鹿は七八頭しか確認されなかったという。

　事態を重くみた同会議では、密猟者から鹿を守るための方策を協議する。その結果、決議されたのが、鹿を国の天然記念物の枠組みに入れることだった。県では、さっそく申請の手続きをとり、翌年には鹿は天然記念物に仮指定された。これに合わせて、春日野の鹿は「奈良の鹿」と称されることとなり、春日神鹿保護会も先述の「奈良の鹿愛護会」へと発展的に解消された。その後も、県の負担で「奈良の鹿飼料園」が設置されるなど、天然記念物の指定に向けた取り組みがなされた。こうして、一九五七（昭和三二）年、奈良の鹿は国によって、天然記念物に指定されることになったのである。

　そうしてみると、鹿の天然記念物指定という事態は、鹿をめぐる従来の運動が変容した結果ではなく、ともかく鹿を絶滅から救うという、さしあたっての要請を容れた末の出来事だったといえる。が、その経緯がどうであったにせ

図 10-4 絵葉書数点
（注）成立年代不明（戦前）。すべて筆者架蔵。

絵葉書セット『奈良公園の鹿』の袋

「春日野の桜花（奈良）」

「奈良春日神鹿ノ角伐」

「春日神鹿角伐り」（背景に大勢の群衆）

よ、結果として従来の運動の力学に変調が生じたことには変わりない。鹿の「野生」性が、「記念」というかたちで固定化され保護されることになったことのもつ意味合いは、明暗二つのかたちで現れることとなるのである。

暗の方の帰結というのは、鹿害をめぐる人々の対立の先鋭化である。いったん鹿が天然記念物の枠組みに入れられてしまうと、鹿の保護活動には法的な効力がそなわり、農家では鹿害への対策を制限されることになる。そこで、被害を訴える農家は、鹿が天然記念物に仮指定された時点で、あらかじめ鹿害についての取り決めをしておくべく、春日神社や奈良の鹿愛護会、国や地方自治体とのあいだで協議をすすめる。その結果、一九五三〔昭和二八〕年には、鹿害の実態を調査し、その防止策について検討する「奈良市鹿害対策協議会」〔会長は奈良市助役〕が設置されるにいたり、以降、鹿害はこの協議会の審議を経たうえで、適宜補償されることとなった。

ただし、その間の一貫した、農家による要求――すなわち、鹿の「〔一〕放し飼いをやめよ、放し飼いをするなら〔二〕天然記念物指定のあり方を変更する〔引用者注：奈良に生息する鹿をおしなべて「奈良のシカ」として天然記念物とするのではなく、地域を限定する〕か、〔三〕頭数制限〔駆除〕せよ、〔四〕それもダメなら補償〔コスト負担〕せよ」〔渡辺 二〇〇一：一三四―一三五〕――は、「十分」に受け入れられることはなかった。終局的に、話し合いは、法廷の場へと持ち越されたのだった〔一九七九〔昭和五四〕年の第一次鹿害訴訟、および一九八一〔昭和五六〕年の第二次鹿害訴訟。一九八五〔昭和六〇〕年に和解〕。

その一方で隆盛をみたのは、観光の論理である。その後、鹿の保護は順調にすすみ、頭数も増加する。それとともに、鹿のあり方を規定する制度は、ほぼ完全に観光のうえに基盤をすえるようになったのだった。象徴的なのは、かつては保護と隔離のために夜間に行われていた、鹿の鹿苑への追い上げが、一九六二〔昭和三七〕年頃から、「夕方、公園からシカがいなくなって困る」という鹿せんべい屋の苦情が容れられるかたちで中止されたことである。農家の要求は、これとは対照的に、抑え込まれていった。

「鹿の放し飼いをやめよ」と、鹿の「野生」性の制限をもとめる声は、それでは観光にならないという地方自治体の意向によって押し切られたまま、現在にいたっている。

奈良公園を遊歩しシバをはむ鹿の姿からは、こうしたある意味、根深い「愛護」の歴史を読み出すことは困難であろう。「奈良のシカ」は、今やもっぱら、観光都市・奈良を象徴する「お春日さんの神鹿」であり、幾世代にもわたって地域の人々に護られてきた愛らしい存在なのだ。いや、それが真実ではないと言っているのではない。ただ、それが真実の一面でしかないことは、どこかに記述されておいてもよいだろう。天然記念物「奈良のシカ」のなかには、農作物を食い荒らす生物としての「野生」と、それを制御し利用しようとする人間の策動とがまた、たくみに織り混ざっているのである。

4 「奈良のシカ」から考える人と環境の姿

本章ではこれまで、天然記念物「奈良のシカ」の来歴を振りかえることをとおして、人が自然・環境とどのように関係を切り結んできたか、その一例をみてきた。「奈良のシカ」が天然記念物となったのは、今からちょうど半世紀まえのことである。そこに至るまでには、歴史的な諸条件から派生するさまざまな運動が交錯していた。そして、そこに至ってからも、鹿の「野生」をめぐっては、(見かけ上はともかく)未だその最適なあり方が模索されつづけている。この事例を参照しながら、現代における人と環境との関係を考えるとき、一つの論点として浮上してくるのは、はたしてわたしたちは、天然・自然なり環境なりの奥行きをどこまで想定しながら議論をしているのかということである。

奈良の鹿の場合、それは明治期までも、人との交流がまったくないという意味での野生の状態にあったのではなく、むしろ禁忌という、人間の強烈な介入によって「野生」の状態におかれていた。そして、その「野生」は、明治期以降に意味の読み替えこそされたものの、けっして人間の関心の対象から外れることはなかった。鹿の天然記念物指定により「記念」されることとなったのは、そうした人為の織り込まれた「天然」だったわけである。

とするならば、一見、「農家とシカとの闘い」（渡辺　二〇〇一：一三〇）に映る鹿害も、その実すべてが人間側の演出によるからくり芝居だと言えないこともない。鹿という配役に、無垢で奔放な「野生」の立ちまわりをさせ、表向きは「愛護と共生との葛藤」という鹿害ストーリーを進行させつつ、裏では人形師達が互いに足を踏みつけあっているのだ（皮肉なことに、奈良の鹿の天然記念物指定は、鹿害までも恒久的に「記念」することになってしまった）。

ここからひるがえって考えるべきは、それと同様のことが、「環境」の議論についても起こってはいないかということである。ひょっとすると、わたしたちは「環境」を論じているつもりで、じつは何か別の社会的な状況を、議論のなかで再演しているのかもしれない。環境が問題だという言明の、その「環境」は、いったいどの程度の奥行きをたたえている（いない）のか。そうした一々の省察の積み重ねのうえに、人と環境とのあり方を考える基盤は築かれてゆくのだろう。

◇注

＊1　「文化財保護法」（昭和二五年制定）に規定される文化財には、「有形文化財」「無形文化財」「民俗文化財」「記念物」「伝統的建造物群」の五類型があるが、「天然記念物」はそのうちの「記念物」の一つ。「特別史跡名勝天然記念物及び史跡名勝天然記念物指定基準」（昭和二六年告示）によると、「天然記念物」は「動物植物及び地質鉱物のうち学術上貴重で、我が国の自然を記念するもの」とされている。

◆参考文献

川村俊蔵　一九七一「奈良公園のシカ」今西錦司編『日本動物記四』思索社、一―一六六頁。

財団法人春日顕彰会　一九七四―一九七九『天然記念物「奈良のシカ」調査』各年度版。
坂井孝一　一九八九「『三ヶ大犯』考――中世奈良における『児童・神鹿・講衆』に対する犯罪」『日本歴史』四九六：一七―三六。
杣田善雄　一九八〇「幕藩制成立期の奈良奉行」『日本史研究』二一二：一―四一。
中本宏明　一九八一『奈良の近代史年表』大阪書籍。
仲川明・森川辰蔵編　一九四二『奈良叢記』駸々堂書店。
奈良県童話連盟・高田十郎編　一九五九『大和の伝説』大和史蹟研究会。
奈良公園史編集委員会　一九八二『奈良公園史』第一法規出版。
奈良市史編集審議会編　一九九五『奈良市史　通史四』吉川弘文館。
藤田和　一九九九『奈良の鹿　年譜――人と鹿の一千年』ディア・マイ・フレンズ。
文化庁文化財保護部監修　一九七一『天然記念物事典』第一法規出版。
渡辺伸一　二〇〇一「保護獣による農業被害への対応――「奈良のシカ」の事例」『環境社会学研究』七：一二九―一四四。

読書案内

◆「自然・環境 vs 人間」という思考図式をほぐすのに、「動物」という項をぶつけてみる
国立歴史民俗博物館編『動物と人間の文化誌』吉川弘文館、一九九七年。
◆歴史という比較の軸をもちこみ、現代の「環境」のあり方を考える
片桐新自編『歴史的環境の社会学』新曜社、二〇〇〇年。
◆「所有」という観念の成立しがたいコモンズ（共有財）について考える際に
井上真・宮内泰介編『コモンズの社会学――森・川・海の資源共同管理を考える』新曜社、二〇〇一年。
◆人間を中心にすえ、空間を改変してゆく近代のひとつの運動について知るには
小野良平『公園の誕生』吉川弘文館、二〇〇三年。

［第11章］生活改善と「村」の生活変容

葛西映吏子

1　村の祭りの衰退からみる生活改善

色とりどりの旗をなびかせ、二隻の船が競い合う。海の入り江にたたずむ神社から神社へ、波をこぐ櫓の音と浜からの声援が重なる。大漁祈願の祭りである船漕ぎ祭りは、村と村の競い合いでもあり、個々人の晴れ舞台でもあった。漕ぎ手は汗を流して櫓をこぎ、人々は叱咤激励のやじを飛ばす。三重県熊野市の海辺で行われる、船漕ぎ祭りのワンシーンである。

かつて、村にとって祭りは一年に一度の大イベントであり、祭りの運営をになう祷屋を受けることは、村に住まう人々にとって、一生に一度の出来事であった。人々は競争に勝ちたいという思いから練習を重ね、ショウド（祷屋の家の主人）として祭りを成功させたいという欲望を抱き、水垢離や注連縄つけなどさまざまな儀礼も行ってきた。これらの欲望は、コミュニティの一員として生活するなかで非常に重要な意味をもっていたのである。

しかし、今、船漕ぎ祭りは存続の危機にさらされている。村の若年層の減少により、祭りに参加できる人数が減

写真 11-1　風を切って進む船

少したこと、村の外から人手を借りてきたとしても、普段から櫓をこいでいる漁師とは違って、思うように船が進まず競争にならないなど、無形文化財に指定されてはいるものの、祭りの存続は困難な状態におかれている。また、全国の地域社会が抱える過疎高齢化問題もその大きな要因である。

なぜ、こうした、一年に一度、一生に一度という出来事であり続けてきた活気ある祭りは、村にとって、なくてはならないものではなくなってしまったのだろうか。

祭りや儀礼、生業に関する技術などの民俗変容は、第二次世界大戦後の村落開発や高度経済成長期における〈民俗の喪失〉という文脈でしか明らかにされてこなかった。戦後の大規模開発によって地域は大きく変わった。戦後から高度経済成長期を経ての、「開発」と地域社会のかかわりを論じた研究には多くの蓄積がある（福武　一九六五、玉野井　一九九〇、鶴見　一九九六、一九九八、町村編　二〇〇六）。これらの研究の議論の多くは、高度経済成長期における生活の変容がコミュニティの結びつきを弱くし、コミュニティの崩壊をもたらしたことを指摘してきた（余田・松原編　一九六八、米山　一九六九、山本　二〇〇一）。確かに、高度経済成長期の地域社会における生産と消費にかかわる生活の変化の大きさは否定すべくもない。しかし、なぜ戦前期までの地域社会の比較的自律的な生活体系が、広大な消費地へと変貌することが可能であったのか、またその変化がどのようにしてコミュニティの紐帯を弱めることにつながったのかについては、必ずしも詳らかではない。

本章では、終戦から高度経済成長期にかけて行われた「生活改善」政策に焦点を当て、政策としての生活改善がもたらした村落社会の生活変化とその意味、村のなかで生きる個々人がどのように生活改善を経験したのかについて検討する。

敗戦後、農山漁村を対象とした「生活改善」政策は、蚊や蠅の駆除、カマドの改善、食生活や食に関する習慣の是正、家計簿の記帳による収支管理など、農山漁村における「遅れた」生活を近代的合理的生活へと変えることを目的として行われた。英語では Life Improvement と訳され、現在の「開発途上国」における支援プログラムにもたびたび用いられている。「開発途上国」支援における「開発」の自明性と同様、生活改善政策は、合理的近代的な生活を「善き生活」として自発的・主体的に求めることを要請してきた。逆にいえば、生活改善の思想は、「善き生活」への欲望を内在化させることによって浸透したのである。

これまで、生活改善政策は、「生活改善運動」として村の人々によって主体的に担われ、農山漁村の民主化近代化に貢献したとされてきた。しかし、村の外部から提示された「改善」は、村の何をどのように変えていったのか。やや結論を先取りしていえば、「生活改善」という思想の浸透によって、高度経済成長期にはすでに村は労働と消費の「市場」として再編されていたのではないか、戦後の比較的短い期間に、個々人の欲望とコミュニティの欲望とが結びついた地域社会の習俗が消し去られ、家庭や個人を消費の単位としたあらたな習俗が植えつけられるという、「欲望の再編」が行われたのではないかというのが、検証すべき本章の主旨である。

2　村の欲望

一般的には、欲望という言葉は個人的な欲求として捉えられているが、村の「欲望」とはいかなるものか、また個人的欲望と村の欲望とのあいだには、どのような結びつきがあるのだろうか。

柳田國男（一九九〇）は、家永続の願いが人々の幸福を支える基盤であると考えた。家が続くことが人々の幸福であり、すなわちそれが村の幸福として求められているということである。雨乞い、虫送り、風祭りなどの共同祈願は、村の秩序回復や共通の利益を求めて行われるものであり、逆に共同体の危機への「応」（事が発現してから其事の原因を説明し、それに対応する知識の全部［鳥越　一九九七］）の知識であった。これらの共同祈願は、それぞれの場所で内発的に作り上げられてきた、〈人 - 自然関係〉の表出であり、村人全員の中位の幸福（守田　二〇〇三：一二六）の維持と同時に、村の維持を望む精神から続けられてきたといえるだろう。

飢餓への恐怖やそれから逃れたいという切実な願いから、共同祈願は維持されてきた。だが、祈願することなく幸福が手に入る時代、「飢えない時代」の到来によって、その真剣さは失われ、村のなかで伝承されてきたさまざまな行事や心意が消滅、または希薄化したと田中宣一（二〇〇〇）はいう。また飯島吉晴（一九九九）は、かつて村としての幸福を求めるための祈願が、高度経済成長期において個人主義化し、日常主義化したと指摘している。資源に対する生活の依存度が減少し、相互行為を媒介していた労働力やモノの財を共有する互助組織としての村の機能の必要性が低下したことによって、「村の幸福」を維持せんとする欲望は、私的・個人的幸福の実現という欲望のあり方へとシフトしていったとする。これは、現在、家族行事や個人的な出来事として行われているものの多くは、かつては村全体で祝われ、また忌避されるような「村事」であったという指摘とも一致する。

以上のように、民俗学では、村の「欲望」は村の安定や幸福の維持に向けられるものとして捉えられてきた。だが、そこに個人の欲望がなかったかというと、そうではない。たとえば、幸福祈願の一つである村の祭りに参加したい、そこで目立ちたいといったような欲望は、コミュニティのなかで個人的「ハレの舞台」を経験することであり、村の行事を継続していくために必要な個人的欲望であった。それは、「トウヤをまわす」「トをうける」という実践（民俗）として表れていたし、個人的欲望を承認する場として個とコミュニティは結びついていたのである。

では、なぜ全国各地の「伝統的」行事はしだいに行われなくなったのか。多くの議論は、地域開発がすすみ、第一次産業から第二、第三次産業へと労働形態が変わったこと、それに伴い村から人口が流出し、担い手が減少したことに原因を求めてきた。

だが、地域開発の受け入れや労働形態を変えることは、高桑守史（一九九七）の指摘にもあるように、自分自身、そして子孫が暮らす場の開発は、地域社会や自然環境の破壊を想定する以前に、村にとって必然性を伴った「善」として受け入れられ、ときに求められてきたのである。こうした道は、個人的な自己実現や財の獲得を目的とした欲望ではなく、コミュニティとしての村のゆくえと個々の欲望が一致する先で選び取られてきた。

戦後復興から高度経済成長期にかけての地域社会の変容については、ダムの建設や道路の敷設といったようなマクロな開発が行われることによって民俗的変容が起こった、という文脈で語られてきた。しかし、村のなかで実現可能な個人的欲望が、村というコミュニティから切り離されてきたプロセスを捉え直すためには、個とコミュニティの関係性をよりミクロな視点で見ていくことが必要なのではないだろうか。以下、第三節では、ミクロな生活の変容をもたらした生活改善という政策とは何か、第四節では生活改善が村というコミュニティに浸透するプロセスを見ていきたい。

3　民俗学と生活改善

歴史的には、第二次世界大戦は日本にとって大きな転換点であったことは間違いない。しかし、民俗の変容にとっては、戦争よりも高度経済成長の影響が大きいという指摘がなされている（田中　一九九六）。色川大吉（一九九〇）は、一九四五年の敗戦が歴史的な画期ではあるものの、生活史・世相史の観点から見ると、一九五五年あたりが日本の大転換の時期であると述べている。

だとすれば、戦後日本の民俗的変容について論じるためには、戦後から高度経済成長にいたるまでの村に注目し、その近代化のプロセスを捉え直す必要がある。この期間に農山漁村に浸透したものこそ、生活改善の思想であった。明治以降の急激な近代化の背景には、常にといっていいほど、生活改善という政策が見え隠れする。地方政策としての「生活改善」は、明治以降、いくども実施されてきた。明治期の、地方制度の改良や旧慣習の破壊、国家の末端機関としての共同体建設、貧困からの解放などを目的とした地方改良運動、昭和初期の農業恐慌による農村の再建を目的とした農村経済更正運動、戦後民主化以降の生活改善諸活動などである。

田中宣一（一九九六）が指摘しているように、生活改善関係の諸活動は、民俗そのものを変えようということを一つの目的にしていたのであり、民俗全般に与えた影響は非常に大きい。しかしながら、民俗学においてこれらの影響についての十分な検証は行われてこなかった。

生活改善は、民俗の変容にとって、どのような力として働いたのだろうか。松崎憲三（一九九八）は、地方改良運動における「町村是」と民俗の変化について言及している。「町村是」は、明治二〇年代から昭和初期まで、全国各地で作成されたもので、冠婚葬祭、贈答、見まい訪問などにおける諸儀礼やつきあいの簡素化、時間の計画的管理を推奨するものであり、村独自の生活のリズムを変えたといわれる。旧暦による農事暦を中心とした生活リズムから、国家的行事を前面に据えた新暦による生活への移行は、国家政策に沿った近代日本固有の生活リズムがつくられる過程でもあったと松崎は述べている。

生活改善の普及は、農山漁村の近代化、合理化が絶対的に「善」であるという前提のもとで進められてきた。だが一方で、政府の地方政策として、明治近代から幾度も実施されてきたという事実は、その生活改善の思想自体が、常に十分には村の生活のなかに根づいてこなかったということを示している。「町村是」「村規約」「生活改善事項」など、規約の制定によって一時的に簡素化が進んだとしても、ほとぼりがさめればまた元通りに戻るという事例が報告されている（弓山　一九九二、松崎編　一九九八）。こうした現象は、生活改善という政策の普及のスピードと個々人の受け止め方とのあいだには、なんらかのズレがあったということを表している。村全体で合意が得られたはずの決まりを破るのは、常に個々人だったからである。

次節では、終戦後どのようにして生活改善が普及していったのかを具体的に検討しながら、農山漁村というコミュニティにとってだけでなく、村の一員としての個々人にとって生活改善はどのような意味をもっていたのかについて考えてみたい。

4　生活改善思想の普及過程と「主体性」

生活改善思想の普及

一九四八（昭和二三）年七月施行の農業改良助長法の趣旨をうけて、農林省内に農業改良局が設けられた。そのなかの普及局に生活改善課が設置され、戦後の生活改善政策ははじまった。

具体的に生活改善思想の普及にかかわったのは、生活改良普及員と呼ばれる女性たちであった。人口の四割以上が農業に従事していた当時、一九四八年には、約五七〇万戸の農家を対象として、全国に五六〇九人の農業改良普及員が派遣され（うち五四五四人が農業関係、一五五人が生活関係）、一九五〇年には一万四一五人（うち九七一〇人が農業関係、七〇五人が生活関係）の改良普及員が派遣されている。農業

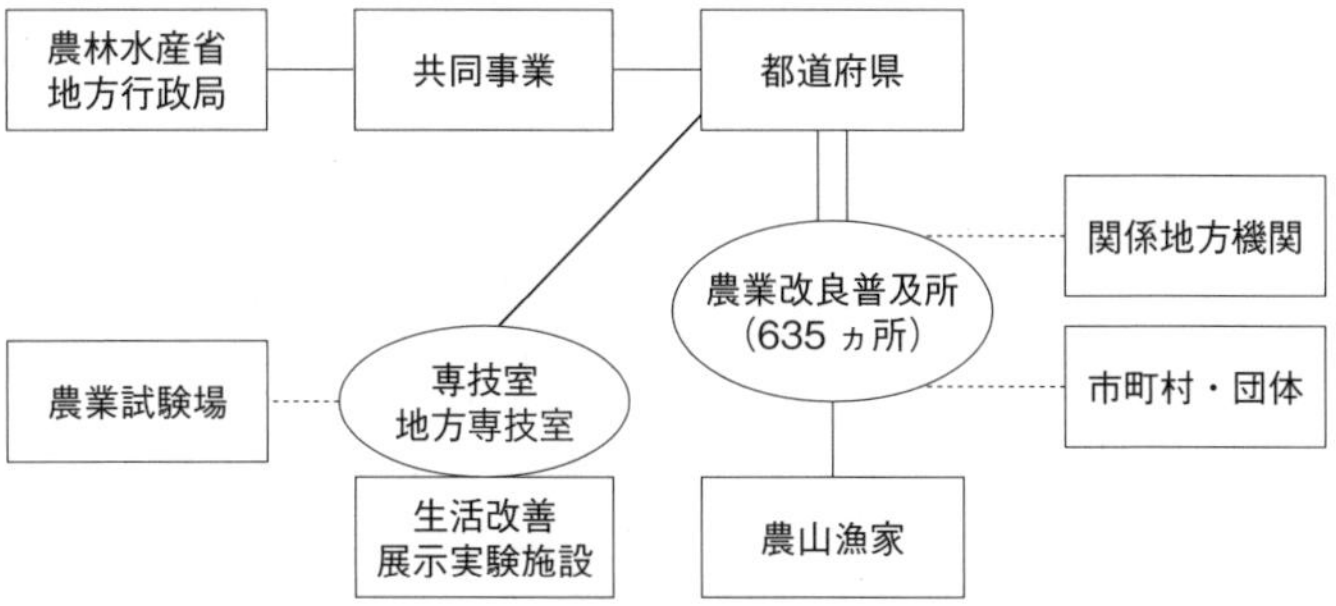

図 11-1　農業改良普及の組織図

関係に比べて数の少ない生活改良普及員に関しても、全国（総数）で各月平均三八万五七四八回、普及員一人当たり平均三一九・七回の生活指導が行われていた。さらに、一九六二年には、生活改善近代化センターが全国四八ヶ所に設置され、生活関係の活動はより拡大していく。

こうした普及活動においては、生活慣習の近代化が教育的に指導された。課題として多くの地域で実施されたのが、改良カマドを取り入れた台所の改善や改良風呂、住居の改造や、共有の加工所をつくっての主食改善、合理的作業着への改善、冠婚葬祭における節約などである。また、丁寧すぎる挨拶と言葉の改善や突然の訪問や接待を禁止するなど、日常生活にかかわる細かな改善も求められることがあった。

戦後生活改善の理念とは、農業生産の過程や農山漁村の生活における無駄や無理を省き、合理化を図ることであった。その目的は、直接的に生産力技術力向上として打ち出されるのではなく、後述するように女性の地位向上や農村民主化、農村生活の合理化という、「生活」に結びつけたソフト面からの改善という方法によって綿密な計画のもと進められたのである。

生活改善の「主体性」

これまで、生活改善運動はどのように評価されてきたのか。生活改善の普及には生活改良普及員が大きな役割を果たしたとされ、各地域の婦人会を中心に改善の思想や方法が広められた。したがって、生活改善普及事業は日本の女性農業者の生活と地位向上を可能にした自主的運動として論じられてきた（天野　二〇〇一、市田　一九九五）。また、最近では戦後日本の農村開発経験が、近代的合理的生活が主体的に創出された自助的活動の成功例として国際援助の現場に応用されつつある（佐藤・青山編　二〇〇五、水野　二〇〇二）。

だが、安丸良夫（一九七九、一九九九）が、明治近代化の民衆思想における通俗道徳のイデオロギー性について言及しているように、民衆の自己形成、自己鍛錬にとっての「道徳」、つまり生活改善によって持ち込まれた「近代的生活」が持つイデオロギー的正統性を無視することはできない。

たとえば、富山一郎［*1］（一九九三）は、一九三〇年代のアイヌ民族や沖縄人に対する皇民化政策としての生活改善（標準語奨励運動、洗骨廃止運動など）を取り上げ、生活改善を構成する諸項目に、「清潔 - 不潔」「健康 - 病気」「科学 - 因習」「進んだ生活 - 遅れた生活」といった二分的な価値規範の存在を指摘している。彼ら／彼女らにとっての生活改善とは、「日本人」として演出されたより良き生活へ向けての運動であり、同時に「日本」への動員を促す生活であった。「生活改善」は、「改善すべき」地域の習慣や文化を、不潔なもの遅れたものと位置づけることで、文化的国家統一を志向するものだったという。

生活改善という思想の普及は、当該地の人々に受け入れられてきたが、安丸や富山が指摘したように、国家によって提示された「道徳」や「進んだ生活」は、「改善されるべき」人々にとって強力なイデオロギーとして機能したのである。

以上のように、「生活改善」は、自助と強制の両側面の葛藤のなかで展開してきた。にもかかわらず、内発的なものではなく計画的に内在化された生活改善志向は、その土地固有の習俗や文化を内側から突き崩してしまう危険性を持つ、という点については十分に留意されていないのである。

改善の捉え方のズレ

生活改善の普及方法とは、日常生活に関する「実現すべき」「新たな」衣食住の姿を提示することによって、習俗的感覚を脱色し、あらたに着色するものであった。不健康や不衛生を増長させるものとして伝統的慣習を否定し、「栄養」や「衛生」「合理性」を伴った生活を提言し、改善は行われたのである。こうした改善にまず取り組んだのは、村の封建性の犠牲とされた女性たちであった。

生活改善政策は、初期の頃から主に女性がかかわってきたし、現在では後継の課が女性の起業活動の支援などを行っている。では、生活改善にかかわる女性と、男性の受け止め方には、どれほどの違いがあったのか。三重県内で生活改良普及員として指導を行った小宮てる子は、手記のなかで「農村の男性は保守的で消極的だった」と経験を語っている。共同作業を効率よく行うために、田んぼや畑に時計を持っていき、労働時間を正確に計る女性たちに対して、「わし等は、あんなあたたい（ぬけめがない）ことはできん」などと、村の男性による生活改善への批判があったことを記している（小宮　二〇〇二）。

生活改善の経験に関する記録は、圧倒的に女性のものが多く、日常生活における改善すべき点についての「気づき」を語り、積極的に改善したことへの満足と抱負が語られる。だが一方で、冠婚葬祭に関する虚礼廃止については、男女ともに「改善はむつかしい」と語る人が多いのである。「葬儀関係は、亡くなった方を送るたった一度のこと、せめて葬儀だけは」「あんまり厳しく決めると人間のつきあいが冷たくなる」など、家庭内の会計としては、出費はできるだけ押さえて効率よく時間を使いたいと考えはじめた女性たちにとっても、冠婚葬祭に必要な経費や手間、つきあいなどは必要であり、こうした行事の簡素化が、コミュニティ内の結びつきを変えていくであろうことは危惧すべきこととして認識されてきたのである。

5　個の欲望と生活改善

三重県熊野市における「近代化」

生活改善は、近代的・合理的生活というグローバルな正統性を付与された思想と、日常生活にかかわるミクロな規

表 11-1　生活改善普及事業年表

	普及員数（全国）	普及方法	目的	普及の対象	指導内容
昭和20年代	10,083 名	紙芝居 緑の自転車	貧しさからの脱出 生活の合理化 考える農民の育成	個別農家	衣生活改善（水田作業衣の改善、ふとん干しの励行）、食生活改善（家畜の自家飼育による動物性食品の摂取、片寄った食事の改善）
昭和30年代	12,226 名	スライド スクーター	よりよい農家生活	個別農家および生活改善実行グループ	衣生活改善（作業衣の改善、わらぶとんの普及）、食生活改善（農繁期の共同炊事、保存食の普及、スピード料理の普及）
昭和40年代	12,879 名	8 ミリ 自動車	生産と生活の調和 農村の生活環境改善	生活改善実行グループ	農業者の健康管理（バランスのとれた食事、農作業環境改善、健康診断受診の推進、農作業・家事作業時間の適正配分）
昭和50年代	11,722 名	ビデオ 自動車	多様化への対応	生活改善実行グループ 農業生産組織	労働と所得にみあった経営設計、農業者の健康管理（健康管理組織の育成、農産物有効利用の豊かな食生活、農作業環境改善）

（注）三重県農業技術センター改良普及事業職員協議会資料より作成。

制を併せ持つことによって、だれにでもできる「主体的行動」を要求した。しかしそこには常に個々人の欲望とコミュニティの一員としての欲望との間に葛藤を生じさせていたのである。冒頭でとりあげた熊野市の船漕ぎ祭りも、生活改善政策の影響を受けてさまざまに変化してきたが、それはどのように受け入れられていったのか。その際、人々はどのような選択を行い、その結果、何が変わったのだろうか。

熊野市の海岸部は、海と山が非常に近接したリアス式海岸である。世帯数一〇戸から五〇戸以上の集落まで、さまざまな規模の漁村集落が尾鷲市まで連なっている。一九五五（昭和三〇）年を前後して、熊野市内において上水道工事が次々と着手され、各地域を結ぶ道路も整備されていく。一九五九年七月には、熊野市‐尾鷲市間三四キロをつなぐ国鉄紀勢本線ができた。

それによって、それまでバスで国道四二号線矢の川峠を越えて二時間四〇分、巡行船では五時間かかっていたものが、三八分から一時間ほどで行き来できるようになり、生活圏に大きな変化がもたらされた。

三重県では一九五〇年から一七一名の改良普及員が各地に派遣され、一九五五年には二七一名が改良普及に携わっている。初期の生活改善は、個別農家を対象としたカマドの改善、保存食や製パン・パン食の推進、農薬散布時の作業衣の改善、蚊や蠅の駆除などに重点がおかれていたが、次第に普及の対象も目的も大規模なものに変わっていく（表11-1）。また、開始当時は農家中心であった生活改善は、一九五〇年代後半から漁家も対象となり、無駄な消費を招く「因習の是正」に焦点が当てられていく。とくに収入の上下が激しい生業とのかかわりで「派手好み」とされた漁村では、ハレの日に関する改善に重点がおかれた。具体的には、病気見舞いや初盆まいりのお返しの廃止や成人式の服装を洋服に統一すること、祭りの簡素化などが求められた。

「ハレ」の簡素化による欲望の変容

祭りに関する改善は、村における「ハレ」の日の簡素化であった。ふたたび、船漕ぎ祭りを行ってきた村の事例を取り上げてみたい。S集落は、世帯数八二、人口一八四人（男九一人、女九三人）（平成一八年二月一日現在）の集落で、江戸後期に漁業権を得たとされ、隣接するT集落とは古くから漁業権をめぐる対抗関係にあった。

S集落と隣のT集落は、かつて一つの村であった。毎年五月と一一月に行われてきた祭りでは、集落間の対抗意識があらわになり、競漕の勝ち負けが漁の善し悪しを左右するともいわれてきた。祭りを運営する祷屋は、祭りの前日と当日に関船の漕ぎ手四〇人、それに付随したさまざまな役の人を加えた約五〇人を家に招待して、酒盛りをする。そのとき家が小さいと全員が入れないため、増築したり、畳を入れ替えたりするなど、準備に相当な費用がかかることもあった。まさに、祷屋を引き受けるということは、大きな出費を伴う「一生に一度の大イベント」であった。

表11-2　S集落の世帯数と人口の推移（各年10月1日現在）

区分	昭和32年(1957)	昭和34年(1959)	昭和40年(1965)	昭和45年(1970)	昭和50年(1975)	昭和60年(1985)	平成2年(1990)	平成7年(1995)	平成12年(2000)	平成18年(2006)
世帯数	96	95	90	93	98	91	88	85	80	84
人口	247	502	458	464	462	344	294	236	202	188

（注）『広報くまの』、熊野市ホームページより作成。

こうした個々人の村への貢献が、「浪費」として節約の対象として位置づけられるのは、一九六〇年代である。新生活運動の影響によって、祷屋だけが費用を負担するのではなく、各氏子からお金を集めて運営費にあてるようになった。また、毎月約二回行われていた注連付けや毎朝の垢離などの儀礼は、仕事が忙しくなるにつれ、次第に簡素化されていった。

Aさんは、一九六九年に三〇代で祷屋を引き受けた。若いということで多少のプレッシャーも感じたが、その分、祷屋が回ってくる年を逆算して蓄えもつくり、祭りに備えた。だが、ちょうどその年、改善の要請が伝えられた。Aさんは当時の心境を次のように語る。

一生一度のことだから、みながやってる何以上のことをやったろかという心意気でおったんだけども、ちょうどたまたまその年にね、区長さんが、このままこのような派手なしきたりを続けていきよったら、とてもやないけど今後生活に困る人もおるだろうと。このへんで生活改善していこうやないかというのが、ちょうど私が祷屋にあたったときなんですよ。私は頼んだの。区長さんにね。今もう一生懸命働いて、お金もうけも割合いいようになって生活しとるから、そういう生活改善するんやったら、私の次の人からにしてもらえんかと。それが残っていくからね。その人からこうやと。それがいやでさあ、頼んだわけ。しかし見渡したところ、私は三四歳という若さで当屋引き受けたのが初めてやったわけ。みんな六〇代や五〇代の人。ほやから区長さんが、「あんたら若い人が率先して、いわゆる生活改善運動を先駆けて、いう意味で、あんたのとこからやってくれんか」いうのでね、申し入れられてね。それで祝い事の内容も、四分の一ぐらいに縮められたんですわ。ところが、士気があって負けまいとして部落対部落の競争だから、一生懸命なって（櫓を）押してきた人たちに、やっぱりご馳走だして、疲れを癒すためのもてなしをしたいですわ。しかしそれが削られるとね、これだけえらい目してくれたのに、こんなご馳走でいいのかなと思てさ。といって決まった以上はさ、人間生きていかな仕方ないし、櫓をこぐ人らも、そういう事情を知っとったもんで、そんなこと気兼ねせんでええよと、もうそういう時代に入ったんだから、たまたまおまえんとこから第一歩踏み出していくんだから、そういう気兼ねしなくてもいいよって言ってくれましたけどね。やっぱ祷屋の主としたらね、一生懸命櫓をこいでやってくれたのにさ、もうちょっとしてやりたいなちゅう気持ちはあったですわ（七一歳男性）。

Aさんは、もてなしの「節制」を仕方なく受け入れたが、その際、この規制が絶対に元に戻らないように念書を書いてくれとまで頼んでいる。なぜなら、冠婚葬祭に関する「節制」は、一度節制することに決めたとしても、すぐに元に戻ってしまうということが過去に何度もあったからだった。そうなると、自分だけがもてなしを「けちった」かのように村の記憶に残っていくことになり、それはAさんにとって堪え難いことだったのだ。しかし、Aさんの意に反して、次の祭りからは元の豪華な接待に戻ってしまう。

Aさんにとって、半ば強制的に簡素化は実行された。祭りの簡素化によって無駄な浪費を節約すべし、という目標は、区長を通して通達されたからだ。だが、当時の区長もまた、亡くなる間際に「あのときはAに悪いことをした」という言葉を残したのだという。国の政策として、また村の近代化にとって善きものとされた改善は、村というコミュニティのなかの個人にとって、ハレの日の「こうありたい」という欲望を抑制することによって成り立ってきたのである。

マクロな変化と欲望の再編

「生活改善」によってもたらされた変化のなかでも、台所の改善や水道システムの導入、住居の改善、合理的作業

表11-3　H集落での生活改善に関して（昭和57〔1982〕年）

佛事

(1) 通夜は親せきと近所だけにして、他の人はできるだけくやみを述べるだけで帰るようにし、茶菓子は全廃する。

(2) 忌明の料理は各班ごとのおぜんを使い、昔の簡素な料理程度にして必要以上派手にならないようにする。他所におぜんを届けることは廃止、砂糖だけにする。

(3) 手伝いの人にお礼はしない。

(4) 香典は一般の人には千円程度にすること。

(5) 初盆のおそなえは、一般の人は袋に入れないで、おさい銭だけ持っておまいりすること。

(6) 法事は家でおぜんを出す時は、砂糖のお返しはしない。おまいりだけの場合は砂糖だけとする。

お見舞い

(1) 病院への出産見舞いは廃止する。

(2) 病気見舞いはできるだけ退院後にすること。必要に応じてお見舞いはことづける。

(3) 病気見舞いは一般の人は千円程度にする。

お祝い

(1) 出産祝いは長男長女だけにしてできるだけお金にする。祝い返しは赤飯程度にして赤飯のできない家は千円以内のお返しとする。

(2) 結婚祝いの返しは引き出物程度にして、引き出物をもらった家は祝いの返しはしない。

(3) 紐解き、初のぼりのお祝いは全廃する。（家族で祝う場合は内輪だけにして他家へごちそうを持ち出さない）

(注) H集落における配布物より。

着の製作、生業技術の合理化などの「物」を求めることによって実現される改善は、高度経済成長期を経てますます変化の速度を早めていった。S集落でも一九五九年に簡易水道が敷設されたのを皮切りとして、カマドのない住居の建設や堤防の建設が本格化した。こうした改善は、村の風景を変えた。[*2]

一方で、祭りの梼屋の役割、冠婚葬祭や見舞いの金額への規制は、つきあい関係や義理関係にかかわるコミュニティの基層を形成する部分にも変化を求めた。Aさんは、生まれ育った村のなかで、誉れでもある梼屋という役割を引き受けるために、仕事も調整しいわば「晴れ舞台」を迎えんとしていた。また、仕事の空き時間を見つけては、祭りのクライマックスに歌われる「舟歌」を練習し祭の締めの場を盛り上げたいという意欲を持っていた。それらは単なる「浪費」や「投資」とは異なる意味を持つ、コミュニティに対する欲望であり、生存（survive）と実存（existence）レベルで捉えるならば、「実存のレベル」（米山　二〇〇六：七二四）の行動である。[*3] 生活改善とは、こうした実存レベルの「欲望」に対する規制でもあったのである。

村にとって祭りは、大漁という村全体の幸福を祈願する場でもあり、隣の村への個々人の対抗意識を発散させる場としても存在してきた。生活改善運動の過程で禁じられた祭の日の「浪費」は、村におけるハレ・ケのサイクルのなかでの「浪費」であり、村への貢献であったし、こうした「浪費」は、村への贈与という側面を持ち、個々人は村というコミュニティの一員として生きる意味を獲得してきたともいえよう。だが、Aさんの経験のように、村に貢献したいという「欲望」は、生活改善の普及とともにさまざまな形で漂白されていった。祭りの際のもてなしや祝いの品、弔いの時間は、合理的近代的生活にとっては「無駄」なものとして切り捨てることが求められた。そして節制された「浪費」は、消費経済への順化とともに個人的欲望としてあらたに「着色」され、さまざまな物質に対する投資として村の外へ向けられていく。生活改善というミクロな規制による個々の主体の欲望の変化が、マクロな村の変化と連鎖し、欲望の再編を引き起こしたのである。

写真 11-2　船頭では稚児が舞う。稚児も大切な役目。

6 マクロな開発／ミクロな開発

本章では、生活改善とは村にとってどのようなものであったのか、祭りに関する改善を事例として、戦後の農山漁村において実施された生活改善が、民俗変容の素地をつくったのではないかという仮説について検討してきた。

S集落は、現在は祭りの運営から手を引いている。船の競漕がはじまると港へ集まり、声をあげて漕ぎ手を叱咤激励するものの、儀礼を執り行う担い手としては参加しない。S集落が祭りの裑屋を持つことをやめて祭りの運営から手を引く直接のきっかけになったのは、「ある家が裑屋を断る」という出来事であった。かつて、裑屋という役割は、引き受けるか引き受けないかの選択肢はありえなかった。「トをうける」ということは名誉であり、回ってくれば必ずやるものだったからだ。それが、個人的な家の事情で裑屋を受け持つことができず負担であると表明できるようになった。いうなれば、こうした選択ができるようになったこと自体が村の大きな変化を意味しているのである。

生活改善は、敗戦後の日米関係を背景とした、「善」「欲望」「感覚」の再編であった。終戦後の混乱のなか生活改良普及事業を計画し、普及したことの一番の目的とは、アメリカの対日政策を背景とした、民主化と合理的近代化という思想を浸透させることであった。敗戦後の復興過程においては、封建的思想・制度を廃棄し、民主化を押し進めるため、村落共同体解体の必要性が説かれた（丸山　一九六一）。

「生活改善」の思想とは、コミュニティに埋め込まれていた個人の「善」や「欲」を切り離し、コミュニティに向けられていた欲望を個別志向の欲望へと再創造していった。つまりそれは、古川彰（二〇〇四）がいうように、民俗的行事や慣習、冠婚葬祭などの「村事」を、「家事」「私事」へと変えていく過程でもあったのである。

終戦直後の衛生状態の改善や食糧増産政策、高度経済成長を経たあとの浪費の削減、生活の合理化まで、生活改善の思想が人々の日常生活というレベルで浸透することによって、国家の民主化、資本主義体制の浸透を支えてきた。生活改善における、日常生活レベルでの欲望の再編による合理化が、大きな抵抗なく、人々に戦後日本の大規模開発ともいうべき「近代化」を受け入れさせたのである。

生活改良普及事業の思想は、新生活運動や新農村建設事業など、個別農家＝「点」の改善から地域社会空間＝「面」の改善へと継続されていく。それは、女性や若者を中心的担い手とした日常生活に関する「ミクロな開発」から、地方の有力者が携わるような公共事業の実施などの地方開発政策、さらには国土開発という「マクロな開発」へと展開していく過程でもあった。

こうした過程においては、国土開発が最優先され、ダム事業をはじめとする開発事業や企業の招聘による、地域生活の崩壊やコミュニティ的紐帯の希薄化が指摘されてきた（湯川　一九九一、田中　一九九六）。宮本憲一（一九七三）は、マクロな視点から、戦後の地域－都市生活間の格差是正を目的とした「地域開発」が、七〇年代からは新全国総合開発という経済効率優先の「国土開発」へと展開し、その過程で現代的貧困が生じたと指摘している。

こうした指摘をよりミクロな視点から捉え直してみることが、本章の目的であったともいえる。日常生活における「時間」のコントロールや計画的かつ合理的な生産活動、栄養のバランスを考えた食物の摂取、無駄な出費の節約などは、人々の生活感覚を変えていった。災害や公共事業のような目に見えて大きな変化は、村の風景を変え、人々の生活に否応なく影響を与える。一方で、生活改善が与えるような変化は、村の生活の基層部分に内在的に影響を与え、したがって、いつのまにか根本からコミュニティに対する個のあり方や自然との関係性を揺るがす事態に導いたのではないだろうか。開発が行われたから、もしくは公共事業を受け入れたから、民俗の変容が起こったのではなく、よりミクロな変化から地域の崩壊は起こったのである。

現在の地域活性化等の動きは、敗戦から高度経済成長期にかけて弱体化してきた、互助機能や地域固有の風景の自己回復運動であることがしばしば指摘されている（高桑　一九九七、恩田　二〇〇六）。

地域活性化の方向性模索とともに、開発事業を受け入れてきた多くの地域は、現在もなお、過疎問題や公共事業をめぐる問題を抱えている。過去のいくつもの地域政策の失敗と、格差が再生産され続ける現状を打開するためには、改めて「マクロな開発」問題を、戦後の生活改善政策の延長上において捉え直してみることが必要なのではないだろうか。本章で着目したような、内なる自然の変容と開発問題は、「生活改善」という「ミクロな開発」を媒介項として、密接な関係にあるということを指摘しておきたい。

◆注

＊1　安丸（一九九九：一〇）は、明治中期の世直し運動の普及を取り上げ、模範村の社会的役割が、近代日本のなかでイデオロギー的正統性を獲得していったと述べている。戦後生活改善の普及方法においても、改善重点部落を設置してのカマド改善普及が行われるなど、明治期と同様の手法がとられていた。

＊2　S集落は一九五九（昭和三四）年九月の伊勢湾台風による多大な被害を受けており、住宅再建や堤防の建設着工は災害復興の影響も大きい。

＊3　「生存と実存」のなかで、米山（二〇〇六：七二三）は人間存在をその自然的基礎から捉える次元を「生存のレベル」と呼び、人間の存在自身を否定することさえあえて行う、個人の主体的行動選択にまで還元できる文化としての人間現象を、「実存のレベル」と呼ぶ。

◇参考文献

天野寛子　二〇〇一『戦後日本の女性農業者の地位——男女平等の生活文化の創造へ』ドメス出版。
飯島吉晴　一九九九『幸福祈願』筑摩書房。
市田知子　一九九五「生活改善普及事業の理念と展開」『農業総合研究』四九（二）：一—六三。

色川大吉　一九九〇『昭和史世相篇』小学館。
恩田守雄　二〇〇六『互助社会論――ユイ、モヤイ、テツダイの民族社会学』世界思想社。
熊野市　一九八二『広報くまの』六月号。
小宮てる子　二〇〇二『緑の自転車――ある生活改良普及員の奮闘記』新精舎。
佐藤寛・青山温子編　二〇〇五『シリーズ国際開発三　生活と開発』日本評論社。
高桑守史　一九九七「地域開発と民俗変化」『日本民俗学』二一〇：一―五。
田中宣一　一九九六「故郷および故郷観の変容」『日本民俗学』二〇六：二―一二。
田中宣一　二〇〇〇『徳山村民俗誌』慶友社。
玉野井芳郎　一九九〇『地域主義からの出発』学陽書房。
鶴見和子　一九九六『内発的発展論の展開』筑摩書房。
鶴見和子　一九九八『鶴見和子曼荼羅Ⅱ　人の巻』藤原書店。
富山一郎　一九九三「忘却の共同体と戦場の記憶――『日本人』になるということ」『日本寄せ場学会年報〈寄せ場〉』六：五三―七〇。
鳥越皓之　一九九七『環境社会学の理論と実践』有斐閣。
福武直編　一九六五『地域開発の構想と現実　第三分冊』東京大学出版会。
古川彰　二〇〇四『村の生活環境史』世界思想社。
町村敬志編　二〇〇六『開発の時間　開発の空間』東京大学出版会。
松崎憲三編　一九九八『近代庶民生活の展開――くにの政策と民俗』三一書房。
丸山眞男　一九六一『日本の思想』岩波書店。
水野正己　二〇〇二「日本の生活改善運動と普及制度」『国際開発研究』一一（二）：三九―一五〇。
宮本憲一　一九七三『地域開発はこれでよいか』岩波新書。
守田志郎　二〇〇三『日本の村――小さい部落』農山漁村文化協会。

安丸良夫　一九七九『神々の明治維新――神仏分離と廃仏毀釈』岩波書店。
安丸良夫　一九九九『日本の近代化と民衆思想』平凡社。
柳田國男　一九九〇（一九三一）「明治大正史世相篇」『柳田國男全集』二六、筑摩書房。
山本剛郎　二〇〇一『地域生活の社会学』関西学院大学出版会。
湯川洋司　一九九一『変容する山村――民俗再考』日本エディタースクール出版部。
弓山達也　一九九二「農村における生活改善運動の諸問題」『日本文化研究所紀要』六九：一〇三―一三九。
余田博通・松原治郎編　一九六八『農村社会学――実証研究による体系化』川島書店。
米山俊直　一九六九『過疎社会』日本放送出版協会。
米山俊直　二〇〇六『米山俊直の仕事　人、ひとにあう。』人文書院。
熊野市ホームページ　http：//www.city.kumano.mie.jp/sisei/toukei02.html（最終アクセス二〇〇六年一〇月二六日）

読書案内

◆日本の生活改善政策を、国際援助の方法として応用しようという現場について知るには
佐藤寛・青山温子編『シリーズ国際開発三　生活と開発』日本評論社、二〇〇五年。
◆戦後の地域開発を批判的に捉え、地域社会における「発展」の意味とはなにかを考える
鶴見和子『内発的発展論の展開』筑摩書房、一九九六年。
◆日本の近代化政策と民俗の対立・葛藤・変容について知るために
松崎憲三編『近代庶民生活の展開――くにの政策と民俗』三一書房、一九九八年。
◆近代化の思想とそのイデオロギー的側面について考察するには
安丸良夫『日本の近代化と民衆思想』平凡社、一九九九年。

［第12章］アユの来歴

古川　彰

1　アユの命名と知識、技術

アユは年魚といわれるように次世代を生んで一年で生を終える。上りアユ・落ちアユという名がしめすように、秋口から冬にかけて中下流部で産み落とされた卵からふ化した仔魚は海に下り、沿岸部で稚魚の時期を過ごす。一〇センチ弱に成長した若アユは五月頃に遡上を開始し（上りアユ）、中上流部で夏を越し、秋口には下流部へと産卵のために降下する（落ちアユ）。このような魚は両側回遊魚とも呼ばれる。

中上流部で過ごすときにアユはなわばりを持ち、その性質を利用した釣りが友釣りで、落ちアユの降下の時期に川に竹の簀などを渡してアユを捕る漁法が簗（やな）である。また、アユは西瓜のようなさわやかな夏の香りを持つことから香魚とも呼ばれてきた。このようなアユの姿は多くの歌に詠まれ、夏の風物詩として親しまれてきた。

五月頃からスーパーマーケットなどの店頭に並ぶアユの多くは養殖もので、ごくわずかに市場に出回る天然ものの大半は料亭に回されるので店頭に並ぶことはあまりない。釣り人はその希にしか見ることのない天然アユを釣っているのかというと、そうではない。日本の河川で釣られるアユは放流ものが多い。つまり、天然ものと呼ばれるアユも、遡上ものは多くなく、各河川の漁協が四~五月に稚魚を放流し、河川で藻類（コケ）を食べて成長した放流ものだ。

それでは遡上したのではない放流アユはすべて卵のときから池で育てた人工産アユ（養殖もの）かというと、それもそういうわけではない。海で捕獲した稚魚をしばらく成長させてから放流する海産アユ、河川下流部で遡上しはじめた稚魚を放流する河川産アユ、そしてかつては日本の河川を席巻していた琵琶湖の稚魚を放流した湖産アユなどなど、じつに多様なのである。

写真 12-1　遊泳するアユ（豊田市矢作川研究所提供）

たった一種の魚にこれほどまで多くの呼び名がつけられて、区別されたり愛でられたりする例は、観賞用魚を除けば希なことであろう。いつ頃から、どうして、そしてどのようにして、このようなアユの名前の分節化もしくはアユの表象化がはじまったのだろうか。また、それはどのような力のなせる業だったのだろうか。本章では、人とアユとのかかわりの来歴をたどりながら、アユを表象（天然アユ、養殖アユ、放流アユなど）してきた力について考えてみたいと思う。

人はなぜ、アユをこれほど多様に表象してきたのか。これらは、それぞれのコミュニティや地域における生活知識がもたらした固有の命名ではなく、各地のアユにかかわるさまざまな人々が、その対象把握の必要に応じて命名してきたものである。ところが、それを一つの地域や河川流域から見ると、人々はそれらの名前を援用し、再解釈しながら、それぞれのアユを指し示す名前として使用しているのである。つまり、アユの多様な名前は、それぞれの地域社会の生活の必要に応じて作り出されてきたものであるとともに、他から流入する知識を取り込みつつ、その時々の生活状況に対応してきた「具体の科学」である。人々はそれぞれの生活目的に応じて、知識を蓄積し、援用しながら、それらを使うための技術を編み出してきたのであり、植物や動物についての命名は人々の生活に埋め込まれた心意を表象しているのである。[*1]

柳田國男は「郷土生活の研究法」のなかで、心意現象を「知識」「技術」「生活目的」の三つに分けて考える方法を提示している。何らかが起こる前に知らせとして知る「兆」の知識と、出来事が起こってからその原因に思いいたる「応」の知識、不幸が訪れないように不行為によって防ぐ「禁」の技術と、出来事が起こってからそれの修復のために用いるわざとしての「呪」の技術を、ローカルな知として取り出した。その「知識」と「技術」を自在に活用することで、「生活目的」へと到達しようとするような生き方を考えることが、民俗学のなすべきことだと考えたのである(柳田　一九三五)。

柳田の「兆」「応」「禁」「呪」は、その後の民俗学のなかでは、俗信研究へと展開することになる。本章では、それを俗信研究つまり狭義の民俗宗教研究から解放して、ローカルな知識と技術、そしてさらにはそれらを通して希求されてきた「人の生き方」にまでひろげて、未来に開かれた民俗の思想・論理として捉え直してみようと思う。[*2]

以下では愛知県東部を流れる矢作川のアユとひとのかかわりの変遷を事例にして議論をすすめよう。

2　天然アユと放流アユ

まずは、おおきく放流アユ、養殖アユの歴史的な流れを追っておこう。

一九一三年に石川千代松氏が琵琶湖に陸封されているアユを河川に放すとおおきく成長することを発見したのを

きっかけに、全国の河川にアユが放流されるようになる（高橋・東 二〇〇六：一七二）。この時期の河川では、遡上するアユを地元の漁協の組合員が簗や網で採るか、ドブ釣り[*3]といわれる方法で釣るのが普通であった。その状況は戦後まで続くのだが、一九六〇年代の半ばにグラスファイバーの竿が比較的安価で市場に出回ると、急激に友釣り[*4]人口が増加していく。矢作川では一九六五年に釣り具店をしていたSさんが、それまでの竹とグラスファイバーをミックスしたミックスロッドを売り出している（矢作川研究所編 二〇〇二：二〇）。

写真 12-2　天然アユ（豊田市矢作川研究所提供）

湖産アユは低温にも強く、なわばりをしっかり作り、追いが良いので友釣りに向いていたため、全国の河川からの需要が急増する。またその頃、各地で建造されたダムの影響、河川や仔アユの生育域の海の沿岸部などの汚濁によるのか、天然遡上アユが激減し、ますます湖産アユの放流量は増加していった。

それまで湖産アユは流入河川を遡上するものを簗で捕ったり、湖岸に寄ってきたのを網ですくったりした稚アユを出荷していたが、それでは需要においつかなくなり、一九七〇年代半ばからは動力船などを使って沖で仔魚（シラス）を捕って、池で養成したアユが出荷されるようになる。これは仕立てアユと呼ばれる。同じ頃から、各漁協では河口部や下流域で捕った稚アユを池で育てて放流するようになっていく。さらに一九八〇年代に入ると、卵のふ化から稚魚を養成する完全な人工産の養殖アユも全国に出荷されるようになる。そして一時期、全国の河川で放流アユの占める割合が七〇パーセントにも達したともいわれる。

こうして全国の河川は、天然遡上アユに加え湖産、海産、河川産、そして人工産（養殖）などの放流アユが混在し、現在にいたっているのである。ところが一九九〇年代の半ばに湖産アユが冷水病[*5]を持っていることが広く知られるようになり、それを境に湖産アユの放流量は急激に減少し、現在では二〇パーセントを切っている。それに対して増加し続けているのが、人工産しかも琵琶湖の人工産ではなく、それぞれの地元の水産試験所や種苗センターで、主に地元のアユの卵をふ化させて育てた稚アユの放流である。このような稚アユは二〇〇〇年に湖産アユを抜いて、現在では放流量の六〇パーセントを超えている。

この全国の流れを頭において、次節からは愛知県の東部を流れる矢作川のアユに目を向けてみよう。

3　矢作川のアユ

矢作川漁協と湖産アユの登場

矢作川とアユを論じるにはまずは、矢作川漁業協同組合（以下、矢作川漁協）の歴史とアユとのかかわりについて論じておかなければならない。なぜなら、それは矢作川に限られたことではないのだが、河川の漁業権を持つのも、河川にアユを放流することも、漁協だけに許されている行為だから、矢作川をどのようなアユの川にしようとしたのかについての第一義的な主体は、すくなくとも一九九七年の河川法の改正までは漁協であったというほかないからだ。

矢作川漁協は、明治用水土地改良区が一九〇一年に建設した取水堰によってアユの遡上が分断されたため、堰の上流部の河川漁業者がそれに対抗するためにつくった矢作川漁業保護組合を起源としている。[*6]とはいえ、保護組合は制定された明治漁業法が規定する漁業権の管理主体としてではなく、明治用水堰堤下での稚アユの掬上げと魚道設置運動という明確な目的を持った運動組織として一九〇二年に作られたのであった。

その頃から矢作川には多くの電源開発ダムが造られ、いたるところでアユの遡上に支障が生じたため、増殖事業を目的とした矢作川漁業組合に保護組合を改組し、一九二六年からは琵琶湖産アユの放流を開始する。そして、その捕獲権確保のために一九三一年に専用漁業権を申請し一九三六年に認可される。

当時の矢作川の漁業者も、専業漁業者はごくわずかで、大半は農業を主として、細々とアユを主体とした川魚漁に従事する人々であった。とはいえ、アユ漁は養蚕とともに重要な副収入源であり、ことに繭価格が暴落したこの時期は、アユ漁こそ唯一の副業という状況にあった。つまり、ここではアユはたんなる風物詩ではなく、人々の生活を支えていた。にもかかわらず、そのアユが農業の取水堰のために、工業の電源開発ダムのために、遡上を阻止されようとしていたのである。アユの遡上のための魚道設置を働きかけるとともに、天然遡上アユの不足を補うために稚アユの放流へと踏み切らざるをえない状況が読み取れるだろう。ただし、この踏み切りのための費用は、直接ではないにしても電源開発側および県による補償という形で支払われていたことは、その後の放流アユにおおきな影響を与えることになる。湖産アユはこのようにして矢作川に登場したのである。

アユのフォークロア

アユ釣りをしてきた人の話から湖産アユの登場以降のながれを追ってみよう。矢作川で長いあいだアユ釣りをしてきた人たちと話をしていると、川に入って釣っていると足にアユが当たってこそばゆいほどだったとか、川が盛り上がるほど群れていたとか、アユがよく釣れた頃の話になる。[*7]

昔は天然で上がる時分には尺ちゅうのがいたっちゅうことを、私もおじいさんから聞いたことがあるけども、それ以後はここ近年では二九センチかな、友釣りで。小渡のしものとこでね。ちょうど立ててみるとビール瓶とだいたい一緒でさ。（Sさん）

伊勢湾台風までは（中流部でも）よう釣れただもんな。大きなもんが釣れよっただもん。（Mさん）

ここでの昔は大正、昭和の三〇年頃までのことだ。アユは仲買が買ってくれた。

あのねえ、集める人がおったわけ。その人が、時間になると川へ行って「おおい」って声かけてねえ、ほするとみんな一所懸命たたんでね、売りたい人はだよ、売りたくない人はあの行きゃへんもんで、ね、一本一〇、二〇円ぐらいしよったでね、あの当時で。二〇円ちゃ大きいよ。そんなやつばっか、二〇匹も釣りゃもう、えらい金だもんね、あの当時の金で。それで夏中の生計たててた人もおるもんね。（Tさん）

写真 12-3　ナワバリに近づく友釣り
（豊田市矢作川研究所提供）

伊勢湾台風で、砂が入って中流部ではアユが釣れなくなってしまう。それで彼らは上流部に行って釣った。

三輪車でね、みんな、わいわいわいわいわい乗ってね、ほんでみんな上に行きおったわね。覚えとるもん。三年間アユ釣りを三輪車で行ったたもん。（Tさん）

そう。釣れたよ。一日に一〇〇くらいのアユなんて、しょっちゅう釣れよったもん。（Mさん）

しかしそれも三〜四年ほどのことにすぎない。陶土の原料、窯業原料などの採取会社が一九五〇年代後半から各支流で採取をして、ほとんど垂れ流し状態で、矢作川の支流は完全に白く濁り、それが本流に流れ込んでいたという。

白い水だ。水が、出ちゃったもんで。濁っちゃって、全然もう、釣れんようになっちゃった。それが昭和三七年。ほで三八年から、もう白い水でもう、死んだような川になったような状態だったでしょう?（Tさん）

それに対して、漁協はなんども抗議に出かける。そして一九六九年には下流部の明治用水土地改良区が中心となって、水質改善のための協議会である矢作川沿岸水質保全対策協議会（矢水協）が設けられる。上流でも下流でも川の汚濁がはじまるとともに、最上流部に矢作ダムが建設された一九七一年頃から、数年後にはほとんど釣れなくなったという。

決定的に釣れんちゃあ、矢作ダムが一番のあれだもんね。（Fさん）

ところが不思議なことに、矢水協の運動で汚濁がなくなったためかどうかは不明だが、再び、釣れる日がやってくる。

T：それで、五五年くらいから、また釣れだいたか?
S：よう釣れたは、いつ頃だや。昭和五〇年過ぎだよ。

T：半日で、こんなよう釣れるっていうときは、いつ頃だったかなあ。五六〜七年、六〇年か。

この時期、多くの人々はトヨタに働きに出ているので、アユ釣りはほんの朝夕の限られた時間だけの楽しみであった。しかし、このアユの復活もそう長くは続かない。一九八〇年代末には、長期的な不漁の時期にはいっていく。その時期の語りは、あとで一人の釣り師の日誌から拾ってみよう。

矢作川におけるアユの変化

湖産アユの放流がすでに大正末からはじまっていたことは意外な事実かもしれない。地元の釣り師の語りでも、よく釣れた頃の話からはじまって、天然アユが常に意識されながらも、すくなくとも前節の一九八〇年代までは、釣れるということと天然アユということとがそのまま結びついているわけではない。

帽子でこうやって、帽子ん中いっくらでも入ってくるだ。ほだからいっかに天然のアユがようけおったっていうことと、その時分はあの、琵琶湖のアユでもね、姉川へ上がったやつをついでに堰作って、それを持って来たもんだから、餌を食わしてないもんだから、結局上へ上がるちゅう習性があったちゅうことだもんで。今のアユとは違ってその、姉川上がってきた直接のやつを持って来とるもんだから、ドジョウみたいなアユだもんねえ。だから、習性で上へ上へと上がったちゅうことだと思うがね。そらあの、戦争中にゃあ上がったもんだよ。真っ黒になって。（Mさん）

「今のアユとは違って」、放流アユでも天然アユと変わらず、元気よく上っていたのである。また、釣りとは関係のない養殖ものが出はじめたのもかなり早い時期であるが、それでも、彼らの矢作川のアユへの自信はゆらぎない。

（市場に養殖ものが出はじめたのは昭和）三〇年代だろう。二〇年代じゃないと思う。伊勢の方から入ってきてねえ、養殖出てくるまでは、矢作川来たとなるとね、市場で競りをね、やらんで待っとってくれるだ。小さくてキナリのような色だもんでね、矢作のやつは。黒い青々したやつがおったけど、それでも矢作の黄色いような、それこそ細いようなやつがよう売れるんで気持ち良かったけどね。ほうしたら、ちいっと経ったら、どえらいサバのようなやつが来るもんで、黒いやつが。ほでわしが「こんなやつにはかなわん」ちゅうたら、向こうの業者がね、「こんなん養殖だがや」ちゅって。その時分から養殖が出だした。それでも養殖が出だしたけど、やっぱり養殖安かったわ。（Kさん）

ところが、一九八〇年代半ば頃から放流アユの様子が変わってくる。漁協の各年の総会資料を丁寧にみてみると、つぎのようなアユの変化が記述されている。

「全国的に変形の鮎が非常に多い」（一九八六）、「近年まれに見る病弱な鮎」（一九八七）、「漁協の養殖鮎、冷水病により病気多数発生」（一九九三）、「琵琶湖産稚鮎に冷水病が発生、大量死」（一九九五）、「琵琶湖産稚鮎の多くが冷水病、シュートモナス病に感染」（一九九六）。Mさんが言う「今のアユ」というのは、こうしたアユのことだろう。いったいこれは、アユにどのような変化が起こっていたのだろうか。

たとえばね、放流して一五日以上たってくるとねえ、竹を燃やすとはぜるでしょポンポンポンポンと、アユ、こんな真っ黒になって寄って来るよ。結局さ、そういう音の反応で敏感になって餌をくれるっちゅうのがあるじゃないの？　火を燃やすと自然に寄って来るよ。おかしなもんだぞ、あれ。（Tさん）

アユが人のたてた音に反応して寄ってくるというのである。つまり、人間とアユの距離が縮まって、アユが野生を失ったとも読めるだろう。Tさんが参照しているのはそれ以前のアユであって、必ずしも天然アユとの対比で語られているわけではない。

琵琶湖の湖産っちったってね、昔は多くの川で、たとえば姉川でも掬ってこんなもん（ちょっと大きくなった稚アユ）を獲りよったわね。今は上って来ん、沖合でこんなもん（稚魚になる前のシラス）つかんで。ね、これで、餌でしとねて（餌を与えて）、ある程度大きくなってから、出荷になっちゃう。（Tさん）

沖で捕獲したシラスを養魚池で餌を与えて育てられた「仕立て」アユが矢作川でも放流されているのである。矢作川に仕立てアユが導入されたのは、二節で書いたように一九八〇年代の半ば過ぎのことと思われる。

昔は天然アユが、今の矢作ダムの奥まで上っとったもんで、ダムの魚道みんな大事だったけども、今、天然アユは少なくなったもんね。（Nさん）

天然ももちろん少ないし、なんてったって、放流アユでしょう？　こんなちっさいときから餌で育てたアユだもんでね、そんなにはね、上らんと思うよ、いっくらいい魚道でも。今、Mさんが言った通りね、二、三日前に、うちの前の所にどえらい固まっとったっちゅうだもんでね。昔なん、あんなこた考えられんなんだ。一日か二日おりゃあ、とっとっとっと、上に上っていっちゃうような、もんだったもんね。（Tさん）

この語りでは明瞭に放流アユが天然アユから区別されてきていることが読み取れる。つまり、昔のアユはと彼らがいうとき、そこでは天然アユと湖産の放流アユは区別されず、追いのいいアユ、群れないアユであり、今のアユはというときには仕立ての放流アユをさしている。

そこで漁協は、湖産アユからの転換としてまずは、県の水産試験場で養殖されている稚アユの放流を開始する。一九五〇年代後半に彼らが見た黒々とした養殖アユであるが、成魚まで育てられるのではなく、稚アユの段階で放流する純粋に人工産のアユがはじめて放流されたのは一九九〇年である。また、同時に別の河川産のアユへの転換も図られていく。河川産アユはすでに一九七〇年代から放流されてきたが、微々たるものであった。一九八八年でも湖産アユは一〇パーセント近くを占めている。それが、一九九八年には逆転し、二〇〇六年では湖産アユの放流はゼロである。

すこし時期をもどそう。彼らの語りのなかではアユの変化と川の変化があまり区別なく出てくることが多い。アユがダメになったのは川がダメになったからだ、と体が実感している。

ま、人工の川はダメちゅうことだ、要は。天然でね、昔のさ、矢作ダムのない時代は、天然の一年一遍ないし、二遍くらいの、昨日の台風ぐらいの水だわね。去年の九月もあんな、量じゃなかったわね。昨日のは。あのぐらいなんかしょっちゅう出よったでね。そうすると自然にね、川ができよったもんだもん。小又ができたりね、瀬が早なったり、どろんだとこがどえらい瀬ができたりとかね。そういうときはね、アカが付けば、抜群に釣れよったもん。（Tさん）

この「人工の川」は端的にダムを指している。ダムによる川の変化がアユをおおきく変えてしまったという認識なのである。一九八〇年代半ばには石垢が問題化する。

T：タワシ持ってっといて、石をこすった。

S：ちょうど渇水時でねえ、水が、石が腐っちゃってもう、アユはとにかく、これじゃあダメだちゅうので……。新しいアカを付けようと、いうことでね、舟にポンプを積んでね、そんで、やっただけれどもね。

そして一九八九年にはアオミドロ（カワシオグサ）発生が確認されるとともに、石垢とともにそれらが流砂の減少と関係しているのではないか、それは川がダムによってせき止められているからではないかという推測が語られる。こうした推測は一九八〇年代末からはじまるアユの大不漁という事態を反映してのことであるが、この推測が矢作川にとっては大きな変化をもたらすことになる。

いずれにしても、矢作川にとってもアユにとっても、一九九〇年を挟む時期はおおきな転換期になったようである。次の節では、この変化を一人の釣り師の目からみてみよう。

4　アユ釣り日誌

日誌　一九八〇～一九九七年

一九七〇年頃までの日本の河川の多くは、六月のアユ釣り解禁とともにびっしり釣り人で埋まっていた。その後、河川の汚濁やダムの建設などでアユ釣りどころではなかった時期をへて、八〇年代には比較的釣れる時期があった。ところがその後、大半の河川でアユが釣れなくなっていく。矢作川も同様であった。

矢作川でアユが釣れないと言われはじめたのは、いつ頃からだろうか。この一〇年ほどという人もあれば、二〇年以上前からだという人もある。場所によるということもあるのだろうが、全体として釣れなくなったことは確からしい。

アユがどれくらい遡上したのか、放流量はどのくらいか、というデータは漁協などの記録でわかることも多い。ところがある年がよく釣れたのか釣れなかったのかということは、個人の記録でもないかぎり、残されることはない。たまたまそんな記録に出会うことができたので、アユの話をこの日誌の書かれた八〇年代からはじめることにしたい。

豊田市のMさんは、釣りを覚えた一九七〇年代末から釣り日誌をつけていた。まあよくも勤勉に釣りをしていたものだと感心するほどの時間が釣りに費やされている。Mさんはシーズン中の平日は、主に現在の古鼡水辺公園あたりで釣り、休日には上流の旭町などにも出かけている。記録が克明なので、この「釣り日誌」から年々の矢作川のアユの釣果の傾向を捉えることができるだろう。

写真 12-4　アユ釣り解禁日
（豊田市矢作川研究所提供）

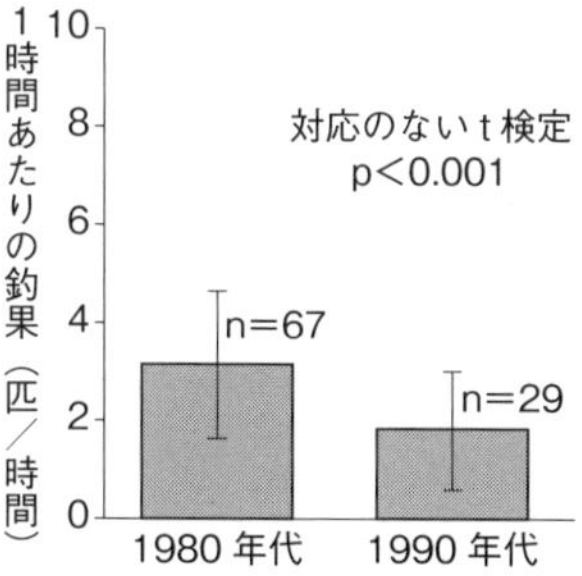

図 12-1　釣果の変化
（注）釣り人の日誌より。山本敏哉作成。

一九八〇年代と九〇年代の釣果の平均をグラフにしてみたものが図12-1である。日誌によれば、自立して友釣りができるようになったのは一九八一年からなので、矢作川のアユの釣果の傾向を示しているのは八一年頃からということになろうか。この図によれば釣果の減少は明らかである。一九九八年には記録がなく、備考として「平成一〇年（一九九八）は、七月末までまったく釣れず、八月になって釣れる傾向が出た段階で豪雨が続き、一〇トン／秒くらいの水量が一ヶ月継続し、結局釣りにならない年だった」と記される。一九九七年も同様である。

矢作川でアユが釣れなくなった原因については、いろいろなことが噂として語られてきた。なかでも「琵琶湖産のアユはなわばりをつくらない」「ダムによって川に砂がなくなり、川底が堅くなってアユのエサのコケがつかなくなった」「ダムの冷水によってアユがなわばりをつくらない」などなど。さらに二〇〇一年のシーズンはアユがよく釣れたといわれる。その原因は「洪水による川の『攪乱』ではないか」という。それぞれ納得できるようでもあるが、一つ一つに反証もあり、確かなことはわかっていない。もしこの「攪乱」がアユのなわばりと関係があるとすれば、八三年頃からの釣果の減少はどのように説明されるのだろうか。Mさんの日誌を追いながら、アユと川の様子を釣り人の目から眺めてみよう。

アユ釣果の減少

Mさんは一九七九年に「K氏の指導で鮎釣りを開始」した。釣果の記録からは、腕がドンドン上がっていることがわかる。八月一日には五〇匹を釣り上げている。

一九八一年には「釣り人として独り立ち」と記される。この年の最高は八月二七日の五〇匹。八二年、八三年は連日四〇〜五〇匹の釣果を記録している。日誌のなかでは釣果が最も多い一九八二年七月二三日と八三年七月一三日には、一日で八二匹の釣果を記録する。一九八三年のその日は「梅雨の晴れ間ネライ当たり。風なし蒸し暑い本流でどこでも出る。ほとんど午前中で釣果カンが一杯、二：〇〇終了」と記される。

七月二七日は六二匹で、「梅雨明け二日目の晴天強風、水位は昨日一メートル低下、本日二〇センチ低下して平水、小さな落ちこみの前後で良型小」。八月一〇日は「水位極低。アカひどい腐れ。一見まったく釣りにならず。複雑な流れに大きな石がありその回りや間を幾筋もの細い流れがある。その石群の根、見えない場所にハミ場[*8]がある。それをみつけては拾う」とある。それでも釣果は四七匹。八月中旬まで連日四、五〇匹を釣り、九月四日「魚影認めず、今年も終り」となる。

一九八四〜八八年頃までは似たような記述が続く。矢作川は釣れる季節が他河川より後ろにずれ込むといわれる。その傾向もはっきりと読みとれる。

一九八九年まで下流の古川でも三〇匹前後、中流の時瀬では七〇という日もあった。一九九〇年代に入ると古川で二〇匹代、一桁という日が多くなる。一九八六年の日誌から「とにかく小さいまったくダメ」「何だこれ！ いない！」という記述が出はじめ、一九九〇年代は「型中とにかく釣れない竿を立て我慢して探る」「我慢釣り」が多くなる。古川だけが釣れなくなったのではない。Mさんの日誌からは、中流の小渡や時瀬の方が下流の古川よりは数は釣れているものの、変化という面では上流も中流も同じ傾向であることがわかる。少なくとも一九九〇年代には、上流も中流も共にアユの釣果が減少していることは、確かなのである。

この変化をMさんは漫然と見ているだけではない。釣り人として釣果の減少の要因を、何とか川の変化に見つけだそうとしている。その様子が記述から読みとれる。ことに川の水位と濁りが丁寧に記述され、それが釣りのポイントとともに最も重要な要素であると考えている。

しかし、一九九〇年六月二三日には大変興味深い、川の大きな変化が記されている。

カワシオグサとアユ釣果の関係

Mさんの日誌をもう少し追ってみよう。

九〇年六月二三日「解禁朝三時、一番よい場所に船をとめる。事前調査の二週間前に（豊川での）アオミドロの異常大発生を知っていた。本日明るくなって見ると（矢作川でも）瀬一面完全に覆っている。こんなの見たのは初めて。

豊川と同じ状態だ。五〇人の釣り人がいて全部で五〇匹くらい釣っただけ。なめ跡を調査しても見当らない。アオミドロがジャマで気になったのは、昨年の豊川に続いて二回目である」（カッコ内は古川）。

　昨年の豊川というのは、次のような一九八九年六月一日の記録である。

「五時三〇分着。遅くて場所なし。空いている瀬肩に入る。朝方まで工事の濁り。水位は平水。アオミドロの異常繁茂に気づく。初めての経験だ（後日談……アオミドロ、実はカワシオグサだったかもしれない）」。

　翌二四日「朝二時間、市内越戸で竿を出したが誰も釣れず。アオミドロは衰えていなかった。上流を探索すれども魚影は見えない。どうもここ数年、早期は魚が見えない。旭町時頼で七匹、笹戸で一三匹。いずれもごく小さい。笹戸は煮干しクラス。川に何が起きているのだろう。」

　その後、しばしば日誌に記されるカワシオグサについての初出である。一九八九年に豊川で、そして一九九〇年に矢作川で大量発生したカワシオグサは、一九九〇年代には日常的に出現する。一九九五年六月一一日は「扶桑町から下流のカワシオグサは河床の九〇パーセント。上流藤沢までは一〇パーセント程度。どこを探してもなめ跡はまったく無い。六月六日に藤沢を事前調査した際は、水位三〇センチ高であったがよくなめてあった。笹戸より上流はまずまず釣れたということだ。S電気屋の観察によれば、鮎はドブに群れており、ドブの石や水際の葦の茎や葦の下の石をなめているらしい。また、足助の香嵐渓に放流した標識鮎が市内水源にいた。[*9] 大水が出たわけでもないのに、不可解な動きが多い。」

　カワシオグサはなぜ急に出現したのだろうか。それともアユの釣果減少とはどのような関係にあるのだろうか。古巣（扶桑町）での釣果の減少とカワシオグサの発生とは、現象的にはほぼ一致しているように見える。一九九〇年前後に矢作川で何かが起こったことだけは確かなことのようである。そしてMさんは実感とともにさまざまなデータを記述し、観察している。

地元で暮らす人々の「知恵」

一九八九年豊川、一九九〇年矢作川でのカワシオグサの大発生はなぜ起こったのか。日誌からは大きな驚きが伝わってくる。Mさんはこの事態を自分の知識を動員しながら次のように整理している。

一九八九年も、例年のように解禁日の暗いうちに豊川の下流部の松原に行って釣りはじめた。かかったアユに何かがくっついて流される。おかしいと思いながら上げてみると、アユにべったりと緑色のカワシオグサがくっついていたので、本当にビックリした。その年は矢作川にはカワシオグサの大発生はなかった。しかし翌年の解禁日にその前の年の豊川とまったく同じ出来事が起こった（状況の把握）。

例年、解禁前に矢作川上流にアユのハミ跡を見に行っている。例年ならあらゆる石にナメた跡がある。一九九〇年は、魚はいるのに石をナメていない。状態のいい流心部分の石はナメているけれど、回りにはほとんどハミ跡がなかった。その年からは、アユは川のなかのいい場所しかナメなくなり、現在も同じような状態なのだ。カワシオグサの大発生との関係はわからないが、同時期に起こったことだから気になる（前兆の認識）。

カワシオグサが突然、大発生した原因はまったく予想もつかない。豊川には事実上はダムもないし、水もきれいだ。河床には砂もあって状態はいいのだから。豊川と矢作川でほぼ同時期にカワシオグサが発生したのは偶然ではないと思う。というのは二つの川は同じ山から流れ出している。川の水の状態が山の状態と関係しており、それがカワシオグサの大発生の基盤にあるのではないかと思う。山が荒れているといわれて久しいが、ことに八〇年代半ばからは、ひどいことになっている。それに、たとえば大きな気象の変化などのさまざまな要因が重なり、ある限界を超えてしまったのだろう（原因の推測）。

Mさんがもっている釣り人としての情報量とそれに対応する技術はすごい。情報量というよりも、アユ釣りの詳細な視点から観察する眼の力、そして、そこから全体を把握していく直感とそれに対応する技がMさんの身体化された知のありようを感じさせてくれる。それはMさんだけに限らない。地元で暮らしている人、一人一人に備わっている「知」なのだ。

ところで、Mさんの日誌が書き出される一九八〇年前後は、矢作川がようやくアユ釣りのできる川にもどったといわれる時期に当たる。じつは、カワシオグサの発生による一九九〇年代の超減少期以前に、一度、矢作川は釣りのできない川になっていたことがあった。一九七〇年代の汚濁の川といわれた時期を経て、そこからアユが遡上し釣りのできる川へと向かわせたのは、全国的にも有名になった矢作川の河川保護運動であった。矢作川の河川保護運動については別に書いているので、[*10]ここではアユの話しにもどろう。

5　アユの来歴が示唆する生活目的

釣り人の記憶を辿ったインタビューと個人の日記から、アユと川の変化を見てきた。簡単に流れとその読みを整理してみよう。

まず、このアユのストーリーは、生産の一部としてのアユ増産のための琵琶湖産アユ放流、その仕立てアユ化のなかでの病弱に対応するための川産・海産アユ放流、さらには「地元」のアユである養殖アユを経て、さまざまな環境表象（地元、天然）を引き受ける形で天然アユが創造されていくアユ・ストーリーとして読むことができる。

漁協の立場からは、このアユ・ストーリーは地元の生業的なアユから、釣り客用の商売アユ、そしてそれらを引きずりながら環境表象アユへと変遷する物語でもある。それは生産主義から生活主義そして環境主義へと移ろう社会状況の変化を映し出す鏡のようである。

そのバックグランドには、地元アユから到来アユ（琵琶湖産）、そしてアユの再地元化（養殖アユ）を経て、地元の変質としての流域（コミュニティ）アユへという社会の環境化言説が、地元の拡大もしくは拡散としての流域化をもたらしたというストーリーと重なっている。さらに、それは年に一度の豊穣をもたらす目前の川、豊穣をもたらさなくなった白い川、天然アユと共に発見される森と海を繋ぐ川という、川認識のストーリーでもある。

これらのアユのストーリーから明瞭に読み取れるのは、彼らのアユ認識が彼らの記憶のなかのアユ像をレファレンスとして形成されていることである。アユが変わったという直感的認識がアユをあらたな命名へと誘い、それによって納得の論理が構成され、そしてそれへの具体的な対応がとられている。それは出来事が起こってから、その原因に思いいたる「応」の知識と見ることもできよう。つまり自然観察やその表象を通して、ありうべき将来の生活を想念したり企図したりして生き方を想像し、そのような生活を実践する人々の姿である。

しかし、「応」は、ある現象を引き起こした原因を、そのときは意識しなかったが明瞭に因果関係として理解するという知的作用であり、いわば近過去から遠過去へと遡る思考法である。それに対して、これまで見てきた彼らのアユ像の変わりよう、ことに彼らが環境表象アユをとおして将来あるべき川を構想する姿は、現在から未来へ向かっている。それは「応」の遠過去へと遡る思考法とは逆の、未来への指向へとつながっている。

私たちは、「兆」→「禁」、「応」→「呪」という動きを、人々の出来事認識とそれへの対応（技術）の知の形としてすくいとってきたアイデアを、もうすこし推し進める必要に迫られる。一つは「兆」「禁」「応」「呪」というアイデアが、人間のみを主体として構成されていることにかかわる。たとえば千葉徳爾は、「環境について主体がどのように評価しており、それに基づいて行動すべきかを考えることを「主体的環境論」（千葉　二〇〇六）と呼ぶ。確かに、これまで見てきたアユの変化への認識と、それへの対応の様相は、〈主体的環境論〉的な人々の行動と捉えることが可能であろう。しかし、彼らのアユ認識はアユと川との相互作用、さらにはアユと川と人の相互作用へと展開しており、環境に働きかける人間という主客関係を越えた、より総合的な主体へと展開しているのである。

もう一つは、そうした主体が、人とアユと川にとってのありうべき未来をイメージさせるということを考えると、今ここを生きる知識だけではなく、未来へと向かう知識の必要性である。未来へと向かう知識は、アユの来歴が示すように、人と人、人と出来事との直接的な関係としてではなく、つねに環境をその思考の回路に入れたところに生成される知識である。なぜなら環境においては過去と現在と未来はつねに同時にそこにあり、わたしたちは環境をとおして過去を想起するとともに、現在と未来の生活の組み立てのイメージ、つまり生活目的へと達することになるからである。

また、未来へ向かって展開される知識と実践は、新たなコミュニティを希求する。その新たなコミュニティとは人・人関係だけでなく、人・自然関係をも再創造するものであり、そういった人・人・自然の生活環境全体を包括するようなコミュニティは、必然的に旧来の「伝承母体」とはちがった「環境コミュニティ」とでも表現すべきものであるだろう。[*11]

◆注

＊1　レヴィ＝ストロース（一九六二）は近代人の科学的思考に対して「ありあわせの道具材料を使いまわして技術的要請に応える態度」を神話的思考と名付けている。

＊2　鳥越皓之（一九八九）は「兆」「応」「禁」「呪」を近代化論の文脈で捉え返す作業をしている。

＊3　毛針を使って、淵やトロで釣る方法。

＊4　アユがなわばりを作る性質を利用して、オトリアユを泳がせ、それを追うアユを引っかける釣り方。

＊5　細菌による疾病で、一九九〇年代後半に日本中の河川に拡がった。

＊6　本節の以下の記述は、とくに注記しないかぎり『環境漁協宣言』（矢作川漁協　二〇〇三）、とくに芝村龍太の記述によっている。

＊7　引用は、古川、芝村龍太などが主催していた矢作川百年誌研究会での七回にわたるインタビュー（というよりは議論）の膨大なテープおこしデータからのものである。これらのテープおこしは後に『矢作川百年誌研究会ニューズレター』（一〜八）として芝村と小川都によって整理されている。

＊8　アユは石についた藻類をハケのような口で喰むので、ハミ跡ができる。

＊9　矢作川漁協は一九八九年から、放流アユの動向を知るためにアユに標識をつけて放流しはじめた。上流部で放流したアユが、まだ下るには早いこの時期に、かなり下流で発見されたことに驚いているのである。

＊10　古川（二〇〇五）など参照。

＊11　古川（二〇〇四：二九一―二九四）ではこのようなコミュニティへの志向をコミューナリズムとして検討した。

◇参考文献

高橋勇夫・東健作　二〇〇六『アユの本』築地書館。

千葉徳爾　二〇〇六『新考　山の人生』古今書院。

鳥越皓之　一九八九「民俗学と近代化論」鳥越皓之編『民俗学を学ぶ人のために』世界思想社、四二―五九頁。

古川彰　二〇〇四『村の生活環境史』世界思想社。

古川彰　二〇〇五「環境化と流域社会の変容」『林業経済研究』五一（一）：三九―五〇頁。

柳田國男　一九七〇（一九三五）「郷土生活の研究法」『定本柳田國男集二五』筑摩書房、二六一―三二八頁。

矢作川研究所編　二〇〇二『矢作川一〇〇年史研究資料集一』豊田市。

矢作川漁協編　二〇〇三『環境漁協宣言』風媒社。

レヴィ＝ストロース、C　一九七六（一九六二）『野生の思考』大橋保夫訳、みすず書房。

読書案内

◆人と自然との関わりについての記述の多様性を見せてくれる資料集成

谷川健一責任編集『日本民俗文化資料集成　一〜二四』三一書房、一九八九年〜一九九八年。

◆環境民俗学は貨幣化されにくい人と自然との関係に目を向ける

イリイチ、イヴァン『シャドウ・ワーク――生活のあり方を問う』玉野井芳郎・栗原彬訳、岩波書店、一九八二（一九八一）年。

◆環境民俗学は固有の場所とローカルな知とかかわる方法である

ギアーツ、クリフォード『ローカル・ノレッジ――解釈人類学論集』梶原景昭・小泉潤二・山下晋司・山下淑美訳、岩波書店、一九九一（一九八三）年。

コラム

「師走祭り」の道しるべ

逵　志保

旧暦一二月、宮崎県の美郷町神門神社と木城町比木神社の巡行祭事「師走祭り」が行われる。かつて比木神社一行は各地で神楽を奉納しながら、荷車を引いた馬とともに片道九〇キロを徒歩で山奥の神門神社にやってきていた。物資の集積地であった神門は、祭りの期間、正月準備の市が軒を連ねておおいに賑わったという。

一九六〇年代、神社までの道のりが馬と徒歩からマイクロバスに変わると、それに合わせていくつかの神事も廃止された。九泊一〇日をかけた祭りは現行の二泊三日に短縮されることで継承されてきた。

ところが一九八〇年代後半、過疎化の進む神門神社のある旧南郷村が「百済の里」作りと銘打ち、百済王渡来伝説に由来するというこの師走祭りをコアにした村おこしをはじめた。「小さな村の大きな挑戦」と団結した取り組みは、祭りに新たな見どころを作ることに成功した。現在では日本国内にとどまらず、韓国からも観光客が訪れる大きな祭礼となっている。

師走祭りの初日、神門神社までのあと七キロを、比木神社一行はバスを降りて徒歩で進む。先導するのは迎えに出た神門神社一行である。二社の歩みに合わせて観光客はカメラを構える。シャッターチャンスは、沿道で棒にくくりつけて出された大根・蕪・人参・椎茸などの野菜を氏子が拝礼の後に棒ごと引き抜き左肩で担ぐ所作である。歩を進めれば、次々と軒先に収穫したての立派な野菜が棒にくくりつけられて出されている。野菜の寄進は神門神社まで道しるべのように、えんえんと続く。

かつて馬が荷車を曳いて祭りにやってきた頃も、こうして野菜は軒先に出されていたという。しかし山中の畑はこの時期霜にやられて充分な収穫とはいえず、やっとの思いで出された野菜であることは、見てすぐにわかったという。それでも野菜が軒先に出されていたのには理由があった。各家は長い距離、荷車を曳いてきた馬に健康そのものを見ていた。だからこそ、家の前でその馬が足を止め、我が家の野菜を口にすることを望んだのである。馬が口にした野菜はその場に残し、くくりつけられ

神門神社までの道に野菜の寄進が続く

ている他の野菜を荷車に乗せて一行は先を急いだ。馬が口にした野菜は味噌漬けにして家の者で食した。野菜を介して健康が我が家に運び込まれたのである。これで新たな年も健康に過ごすことができる。健康は子孫繁栄にも繋がり、乳母がその野菜を食べれば良い乳が出るとも伝えられた。

今はもう馬が荷車を曳くことはなくなったが、それでも沿道には野菜が軒先に出されている。ただしその意味はおおきく変わっていて、かつてのように健康そのものを我が家に招き入れるわけではなく、各家からの今年の収穫のお礼なのだという。来年もまた豊かな収穫をという願いをあらわすために、野菜は軒先に出されているのであった。

師走祭りは去り行く年と新たに訪れる年の間にあって、家々を通って神社に向かう巡礼祭事である。儀礼的行為の大枠は変わらないとしても、沿道に寄進される野菜に焦点を合わせてみると、その意味は牛馬の健脚にあやかりその精力を引き込むため、また子孫繁栄のため、さらには五穀豊穣の願いというように、その時どきの時代背景や社会状況を反映させた解釈が臨機になされてきたわけである。習俗としてのふるまいは、その意味が固定されなくとも、むしろ固定しないからこそ新たな意味づけがなされることによって、実践し続ける力を得ているのである。

弘法水

山　泰幸

日本各地に「弘法水」と呼ばれる、井戸や湧水の由来を説く伝説がある。弘法清水や弘法井戸、お大師水など、さまざまな呼び名がある。主な内容は、弘法大師（七七四～八三五年）が、諸国を旅しているときに、のどが渇いたので、老婆に水を所望すると、わざわざ遠くまで行って水を持ってきてくれたことから、水に不自由していることを知って、杖を突き立てて井戸や湧水を作って、水の便をはかったというものである。

神戸市須磨区妙法寺の弘法井戸

ヴァリエイションも豊富で、弘法大師が機を織る女に水を所望すると、口実を設けて水を与えなかったり、米のとぎ水や洗濯水を与えたために、水が涸れたり濁ったというものや、一つの伝説のなかで、水を与えなかったところは渇水となり、水を与えたところには不便を知って水を出すといったように、両方のケースが語られる話も多い。弘法大師以外の有名な宗教者を主人公にした大同小異の内容の伝説も多く、広く神秘的な旅人をめぐる伝説の一部といえる。

水道が普及する以前、井戸や湧水は人々の生活用水として重要な役割を果たしていた。なかには治療効果を持った薬水・霊水として利用されたものもある。それゆえ、井戸や湧水は、しばしば信仰の対象とされてきた。弘法水も、このような水に対する人々の信仰を背景として生まれた伝説といえる。しかし、ここで注目したいのは、井戸や湧水の由来が、旅人と登場人物の人間関係によって説明されている点である。

弘法水伝説は、自然と人のかかわりを、水を利用できるようになった理由や、逆に、利用できなくなった理由から説いている。その理由として持ち出されるのが、旅人に対する人々の対応のあり方である。自然と人の関係は、人と人の関係と無関係ではないと考えられている。

さらに、旅人は弘法大師のように、神秘的な力を持った人物として描かれている。その意味で、自然と人の関係は、神と人との関係とも無関係ではない。つまり、伝説に描かれた自然は、人間と無関係に客観的に存在しているのではなく、人との関係のなかで存在し、またその関係は、人と人との関係、神と人との関係と深いかかわりを持っている。人と自然のつきあい方を理解するには、このような人と自然との複合的な関係の網の目を全体的に捉えていくことが必要だろう。

その際、伝説のなかで旅人に対応していたのが、村全体や村人一般ではなく、老婆や機を織る女など個々の人物であったことにも注意しておきたい。旅人に対する個人の積極的な応答が、かけがえのない水をもたらすことになったのである。共同体の常識や規範とは別個のところで働く、個人の応答を視野に入れることが、環境民俗学の方法にとって重要となってくるだろう。

ジャルン——聖なる水の箱の運命

古川　彰

ネパールのパタン市は、隣接する首都カトマンズ、バクタプールとともに、一五世紀、マッラ王朝ヤクシャ王の三王子に統治を任された中世都市である。町並みは世界遺産に登録されてもいる。その街角に、いまも花飾られアビールで赤く塗られた無数のヒンドゥ神の石像とともに、捨て置かれたように見えるジャルンと呼ばれる大小さまざまな石灰石の箱がある。

六〇〇年以上前から、朝一番に井戸から汲み出された聖水は、その箱にたっぷりと入れられ、一日中、近所の人々や道行く人々に聖水を提供していたのだという。その水はヒンドゥ教徒や仏教徒の儀礼（プザ）に使われるだけでなく、わずかに水を浸透させる石灰石の表面の気化熱によって冷やされ、人々の渇きをいやしたことだろう。だが、いまはもう使われず、名前を知るものも少ない。

一九五一年の民主化前のある日、何者かによってジャルンに入れられた毒が人々を殺した。ジャルンの水には毒がはいっている、という噂はまたたくまに三都を駆けめぐり、以来、ジャルンの水を誰も飲まなくなり使われなくなった。残っているジャルンの多くも装飾が盗まれたりしているのだという。

井戸とジャルン

パタンの生活用水需要の半分は水道、残りの半分は街角に点在するドゥンゲ・ダラと呼ばれる掘り下げ井戸（以下ダラ）でまかなわれている。一〇年ほど前に援助でやってきた外国人医師が指摘した健康問題に端を発する調査の結果、その井戸では排水との混合による汚染や鉄分問題が発見され、現在は政府やNGOによって消毒、浄化が続けられている。六年後には九五パーセントの水道化が可能になる予定だ。

そう簡単に水道化が実現するとも思えないが、いずれ水道化は進み、井戸の利用は減り、排水量は確実に増え続け、地下水の汚染はますます進んでいくだろう。いずれはあの美しいダラの風景は、この街角から姿を消していくに違いない。

この街のジャルンを撮影し、聞き取りをしながら、わずか五〇年ほどの間に次々と消えていくジャルンやダラの、長い歴史からすれば一瞬にすぎない運命について考えてしまう。そしてジャルンを遺物にした一瞬の毒の力と、ダラに降りかかりつつある近代化の力の、現れの同質性に気づかされるのだ。

［終章］環境民俗学のこれから／これからの（ための）環境民俗学

川田牧人

本書は、自然環境という切り口で民俗学研究をあらたに展開しようとする試みであった。あるいは、人と自然の相互関係を考えるフィールド科学の共有地としての民俗学という立ち位置から、環境という現代的課題に取り組む方向性を模索する試みであったともいえよう。ここには「なぜ自然環境か」「なぜ民俗学か」といった初発の問題があるのだが、最後にこれらの問題に対するわれわれの立場を明らかにしながら、「環境民俗学のこれから」を展望しておきたい。そのヒントはじつは、「これからの（ための）環境民俗学」という、言葉の入れ替えによって得られる。つまり「これまで」の過去に遡及する思考ではなく、「これから」の未来を考える思考としての環境民俗学を考えるところを始点としたい。

1　未来指向の民俗学

一般に民俗学は、過去から連綿と継承されてきたしきたりや慣習、伝承などを研究する分野と考えられている。そのため、ややもすると、古いものにばかり価値をおく過去指向の学問であるとみなされがちである。しかし、日本にける民俗学研究の先駆者である柳田國男は、過去ばかりでなく未来を指向した論考を随所で展開している。たとえば言葉の変化をあつかった文章において、次のように記している。

「我々の考へて居る未来はどうとも変へられる未来である。どうか大吉が出ますやうにと、祈念してから引く『おみくじ』である。我々の信心又は心掛次第で、斯うもなるかもしれぬがあゝもなり得る。願くは其中の一ばん都合のよい未来を示したまへと、昔から日本では子孫を大事にする者は皆さう願って居た。……人智の外に在る原因だけは、如何に心を凝らしても見抜くことは出来ない。だから国語の未来の如きも、十分精確なる洞察を望むことは出来ぬかも知れぬが、今日までの経験だけは、方法さへ正しければ十分に利用することが出来る筈である。歴史の知識の最も大切な使ひみち、史学を現代科学と名づけても差支えなく、又普通教育の一科目としなければならなかった理由は、我々の進み行く手を見究める光として、今は是以上に耀くものが無いからである」（柳田　一九九八〔一九三九〕：二二一―二二三）。

ここには重要な指摘がいくつか見出される。一つは、未来を固定的な運命としてではなく、可変的なものとして想像していることである。したがって未来指向といっても、未来予知ではなく、よりよい未来を創意工夫でつくりだしていく能動性をもった民俗学の方向を示しているのである。そしてその未来創造は「子孫を大事にする者」にとりわけ見出されることの指摘があるが、この点は、近年の環境言説においても重要であり、後に検討する。そして第三に、歴史学としての民俗学という位置づけである。民俗学は文献史学と方法こそ異なれども、やはり歴史学であるという主張は柳田民俗学の根幹をなすものであったし、歴史学はあつかう事象は過去のものであっても、その思考は未来に向けられているというのも、一般的に首肯される考え方であろう。ただ柳田はこの考え方を「現代科学」という表現であらわし、より積極的に民俗学という場で展開させようとしていたことは、この表現をタイトルに用いた文章からも読みとることができる。

「民俗学を古い世の穿鑿から足を洗はせること、即ち之を現代科学の一つにしなければならぬといふことは、実はこの十年前の講義に於て私が言ひ出したのである。史学も亦現代科学であるといふことは、すでに幾人かの学者によって提唱せられて居るが、それを一世の通説とする為にも、私は先づ民俗学がさうなつて居て、之を扶けなければならぬと思ったのである。私はこの講義の印象を濃くしたい為に、少しく芝居じみては居たが、民俗学の特質三つありといった。一に曰く普遍性、二に曰く実証性、三に曰く現代性是なりとも言って見た」(柳田　二〇〇四〔一九四七〕:三八六)。

もっとも、ここで柳田が「現代的課題」としてあげているのは、①どうして日本はこうも浅ましく敗戦してしまったのか、②これからどのように進んでいけばよいか、という二点であったことは、この文書が書かれたのが一九四七(昭和二二)年、太平洋戦争後わずか二年という時期的な限定によるものといえよう。ただし、二番目の問題は、敗戦直後という時代の条件がたとえなくても、混迷する時代をどう切り開いていくかという未来指向が基底にある。それについて、柳田は次のように続けるのである。

「ただしこの二問題のうち、第二の方は未来に属し、史学や民俗学の領分の外のやうに見えるかも知れぬが、さて愈々其解決となると、事実我々は日本人だから、日本といふ島帝国に根を生やしてゐる民族だから、さう飛び離れた離れわざも出来ず、やっぱり此儘ぢりぢりと、昨日一昨日の生活の型を、僅かづつの模様替へによって、明日明後日へ運んで行くより他は無いのかも知れない。その改めて行く部分だけは未知数だが、是とても経験と予備知識と、半ば直感的な判断が取捨の役をするかも知れない。ましてやその残りの部分、身体髪膚を始めとし、言葉でも感情でも物の見方でも、以前の引継ぎ持送りに終るものが多いのである。たとへ根こそぎにさういふものを取替へるにしても、一応は今日までの経過、否今もなほ続けてゐる生活様式を、知り且つ批判し又反省しなければならぬのである。言ひかへるならば、未来に向っての我々の大問題でも、是に近よって微細に点検しようとすると、やはり又歴史乃至は民俗学に向って、説明を要求しなければならぬ事ばかりが多いのである」(同上:三九〇)。

過去遡及の視点ばかりが強調されがちな民俗学に、これほどまでに明確な未来指向があるというのは、一見、矛盾のようにもみえる。しかし、近未来へのまなざしがじつは近過去を経由して発せられるというのは、じゅうぶんにありうることだ。近年よく耳にする「なつかしい未来」というフレーズが、それをよくあらわしている。誰が最初の発信者なのか厳密に画定することは難しいが、現在流布しているこのフレーズは、おもに二つの文脈で用いられるようだ。一つは、自分の幼少期のノスタルジックな追憶をよみがえらせるという効果をねらったもので、童謡のCDや、絵本のイラストのカレンダーに見出される。もう一つは、高度経済成長以前の自然と共生したライフスタイルを、現在のエコライフやスローライフに活用しようとするものである。後者の用いられ方には、地域振興や食農の見直しなど、あきらかに環境コミュニティに関する動きと連動しているといえる。

たんに遠い未来を予言予知のように言い当てるのではなく、実現可能な近未来として想像するとき、たとえ近過去をあつかったとしても、民俗学的知は有効に働くのである。なぜならそれは、後ろ向きの視線を発することではなく、自らの生活との距離において、人と自然のかかわり方を考えていこうとするからだ。未来への指向／思考が環境にかかわる共同性へと収斂していくことについては、最後にもう一度ふれることとして、自らの生活を主体的に向上させていくことについて、次に考えてみよう。

2　暮らしのよりよさから生き方のよりよさへ——〈生き方のビジョン〉を照らす民俗学

民俗学が暮らしむきの向上をめざすものであったことは、これまでのさまざまな引用からも明らかである。これは、柳田民俗学が「経世済民の学」などとも呼ばれていたことの想起と連動させれば、日々の実入りの確保や経済的な成長という、やや先細りのするイメージがこの学のゴールとして設定されてしまうように思われるが、じつはそれだけを意味するわけではない。よりよい暮らしの希求は、よりよく生きるためのビジョンと表裏一体であると考えれば、生活水準の向上とは経済的生活一点においてのみいびつに突出したものではなく、人間関係や意識の面でもある種の豊かさをもたらすものであることに重要性が見出せるだろう。したがって民俗学が「よりよき暮らし」を想像することは、ある一定の生活地域において、（村人として）いかによく生きるか、どんな生き方が人の手本になるような立派なものであるかといった生活の指針を与えることにも直接関与しているはずである。

民俗学がひろく「しあわせ」を希求する人々の営みについての学であることは、関一敏による山村百項目調査の最終項目「仕合せのよい人又は家の話しがあるなら承りたし」への注目（関　一九九三）や、鈴木寛之による「幸福」と「仕合せ」の峻別（鈴木　一九九八）など、いくつかの指摘が見あたりはするものの、研究の一大潮流になっているとはいいがたい。その理由は「しあわせ」「幸福」という概念の抽象度が高く、実証的に捉えることが困難であり、民俗誌記述も少ないからである。そのなかで佐野賢治は、民俗にとって価値あるものとしてのタカラは「他から」であり、外部からもたらされるものという観念があったが、同時に農耕社会では「田から」でもあり、農業生産物がもたらされることに価値を見出す民俗幸福観を提示している（佐野　二〇〇一）。幸福の内実を具体的に浮かび上がらせる研究として、異色である。

暮らしの中身のよりよさを捉えることとあいまって、よりよい生を指向する人間像についても、民俗学は明らかにしてきた。たとえば宮本常一は、次のような「よりよき村人」像を提示している。

「かようにまでお互いが警しめあいかつ村の生活を尊重しようとした心持もおよそわかる。それは幸福とはいかなるものであるかということが不知不識のうちに村人には感得できていたからである。本来幸福とは単に産を成し名を成すことではなかった。祖先の祭祀をあつくし、祖先の意志を帯し、村民一同が同様の生活と感情に生きて、孤独を感じないことである。われわれの周囲には生活と感情とを一にする多くの仲間がいるということの自覚は、その者をして何よりも心安からしめたのである。そして喜びを分ち、楽しみを共にする大勢のあることによって、その生活感情は豊かになった。悲しみの中にも心安さを持ち、苦しみの中にも絶望を感ぜしめなかったのは集団の生活のお蔭であった。村の規約や多くの不文律的な慣習は一見村の生活を甚しく窮屈なものに思わせはするが、これに決して窮屈を感ぜず頑なまでに長く守られたのはいわゆる頑迷や固陋からばかりではなかった。怡々としてこれが守り得られるものがそこにあった。それがこの感情的紐帯である。そしてその紐帯の修得が今まで縷々としてのべ来たったような方法によってなされたのであるが、これがさらに村の共同生活によってあたためられ、新たにされ、また維持せられていったのである」(宮本　一九八四：一九二―一九三)。

民俗学的幸福とは「単に産を成し名を成すこと」、すなわち経済的成功や社会的ステータスの上昇ではなく、「村民一同が同様の生活と感情に生きて孤独を感じないこと」、つまりある種の共同性を生きるということだ、というのが宮本の解答であった。

暮らしの向上を経済効率や地位の上昇だけで語らないというのは、最近はやりの「生き甲斐論」などにも通じるところがあり、きわめてわかりやすい。このような生を照射する民俗学の人間観とは、生物学的欲求や経済的合理性の側面においてだけではなく、暮らしを総体的によりよいものとしていこうとする、ある種のポテンシャルをもった存在であり、よりよい暮らしを得るためには、よりよく生きる方向へと自らを律する生活倫理とでもいうべきもの（結果としてではなく、過程としてのよりよさ）をともなっているだろう。このような人間観のあらわれは、宮本の言葉によれば「村の規約や多くの不文律的な慣習」すなわち「生活規範」にみられることになるが、「規範」という硬直しがちな語感ではなく、「生き方のビジョン」として考えてみたい。

近年、島村恭則は、習俗の標本化と空間的・領域的に限定される「想像の」文化共同体概念を刷新するパラダイム転換として、〈生きる方法〉の民俗学という注目すべき提言を行っている。この〈生きる方法〉という概念は、もともと環境民俗学者の篠原徹の命名であり、海や山などの自然環境において知識や技術を運用していかに暮らすかという方法のことであったという点からして本書との関連性も深い概念であるが、島村自身によっては、「人間が、自らをとりまく世界に存在するさまざまなものごとを資源として選択し、運用しながら自らの生活を構築してゆく方法」（島村　二〇〇六：一四）であると定義される。〈生きる方法〉は、生命力や身体性と関連する〈生きる力〉と、感覚・感性・情念などの〈混沌の領域〉に下支えされ、〈戦略〉や〈戦術〉といった技術論的側面や、〈思弁〉など理知的側面にもおよぶというのがその見取図であり、とりわけ前二者をふまえた生活実践の把握が民俗学としての独自性であるという。

まことに真摯に受け止めるべき提言であるが、〈生きる方法〉を構成するものとしてあえて一点追加すべきであると考えられるのが、「生き方のビジョン」である。それは理念の源泉であり、生活を一定の方向へ牽引していく理想や志でもあり、暮らしをよりよいものへと押し上げていく生活指針でもある。とりもなおさず、柳田國男が「生活目的」と呼んだもの、すなわち「その時代の知識・社会観・道徳などを知り、何を目当てに生きていたか」（柳田　一九九八

〔一九三二〕：三六七）という問題意識を明らかにする研究の方向性はこれにあたる。具体例をあげれば、「よい人」というのはいかなる規定のされ方があるかという問題で、柳田は「今日では上手に生きるといふことを最も大きく見るが、一時代前には其人の天賦其ものを大事にして居た。又今日は利口さとか智慧とかを尊重するが、以前は神に選ばれ、神から賦与せられた一人々々の特性、自分でどうにも出来ないものが尊ばれた」（柳田　一九九八〔一九三〇〕：一八六）とのべており、時代ごと地域別に多様な変化は見られるものの、「かくありたし」「かくあるべし」という生活の理念型をして生活目的と称したのだということが理解できる。

これはエトスとか道徳、あるいは当為なども言い換えることができるかもしれないが、いずれにせよこの分野こそは「我々の学問の目的」のさらに核心であるわけであるから、「民俗学としての独自性」をアピールするのは、まずこの「生き方のビジョン」においてであるはずだ。これは想念の一種として〈混沌の領域〉に勘定されているのかもしれないが、上記のように規範的部分すなわちノモスも含むので、カオスといっしょにしておかない方がよいだろう。

生き方の理想論というレベルでは、多様な価値観による個人差が激しいのではないかという反論が予想されようが、ここに先ほどの宮本の観点を持ち込むと、民俗学が問題にする生き方のビジョンとは、個に拘泥せず「生活と感情を一にする」、いわば共同性を帯びた側面であるということになる。生活の形態や形式がある程度まで共同化されるのはよいとして、きわめてパーソナルな感情や感覚までもが集団的に発動されるというのはやや難解であるが、集団的な心的傾向性がみられることは、本書のいくつかの章でもふれられていた。

そして、ここに吉本隆明のいう「共同幻想」という概念を見出すことも可能であろう。「個体としての人間の心的な世界と心的な世界がつくりだした以外のすべての観念世界……いいかえれば人間が個体としてではなく、なんらかの共同性としてこの世界と関係する観念の在り方」（吉本　一九八二：一六）としての共同幻想によって、憑依や禁忌、宇宙論などが一定範囲の人々に信じられ実践され継承されるメカニズムを明らかにしようとするわけである。

そもそも法という制度も共同幻想として考えられるわけだから、生き方のビジョンに倫理規範的な側面があることに鑑みれば、共同性の議論へ向かうことは、無理なく理解できよう。共同性のあらたな創出については次節にゆずり、ここでは生き方のビジョンという理想・理念の共有が取り扱い可能となるのは、民俗学の道具だてによってであることを確認したかったのである。

3 「環境」による新たなつながりやまとまり――コミュニティ論としての民俗学

第一節では民俗学の未来指向性を説明したが、ここで再度、いかにして現在が未来へつながるのか、という地点にもどって検討してみよう。二つ以上の時間局面を連繋させる橋渡しとして、これまでの民俗学では「伝承」という概念を重要視してきた。通常は過去と現在をつなぐものとして受けとられがちだが、未来指向の民俗学では、この伝承という概念も、むしろ未来へと継続される現在という点においてその意味を組み替えることになる。

では、未来へ引き継がれる事物とはどのようなものか。最も想定されやすいのは、いわゆる「遺産相続」という文脈で想像されるような、財産・財物の継承である。ただし、よほどの莫大な遺産であっても、三代もすれば消失してしまい、永続性に欠けるだろう。それに対して、土地の相続であれば、分割さえしなければ何代にもわたって継承可能である。ところが特定の土地を分割せずに継承しようとすれば、きわめて限られた範囲（一族など）に限定されてしまうという難点が生じる。

これらの難を回避でき、超世代的にかつ範囲を限定せずに継承されるための条件を最も備えたものが自然環境であるということはできないだろうか。これは「美しい自然（海や川、山や森）を子孫に残したい」というスローガンが頻発されることからもみてとれる。先にふれた柳田の言を借りれば、「子孫を大事にする者」が祈願した「一ばん都合のよい未来」としての自然環境である。あるいは言葉を換えて簡潔に表現すれば、超時間的かつ非限定的な共有財産としての自然環境ということになる（もっとも、この「共有財産」は、実態をともなったものであるとは限らない。人びとが環境言説によって共同生活のさまざまな局面を生起させていることは、本書のいくつかの章で検討されていた主題である。この点で、「共有財産」としての環境とは、いわゆる信用創造でもあると言えよう）。

本書で示されたさまざまな人と自然のつきあい方の根底には、畏れや配慮といった原初的な心性をともなった思考・行動様式が見出された。それはパターン化されることなくその時どきにランダムでありながら、アドホックなブリコラージュとして「神代の時代」からハイテクの超近代まで連綿と貫かれてきた。したがって、このかかわり方やつきあい方は、定型化されたり洗練されたりしたものというより、そのつど更新的であるし、人の生と自然が粗野なまでに原生状態でぶつかりあう場面も少なからず生じるものである。非限定的で超世代的な分与がなされるような自然環境という共有財とかかわる人間の行動様式・思考様式として、また、「民俗」や「文化」ほどには定型化されていない〈未然形〉として、自然環境との「習俗的」かかわりが結像するのである。

このような習俗的かかわりを実践していくような人の活動の組織化についても、環境民俗学はそれを刷新する方向へ向かう。「伝承」とともに、これまでの民俗学が中心概念として重要視してきたのは、「伝承母体」という集団範疇であった。これはある伝承が共有される一定の範囲、すなわち共同体でもあるし、また空間的広がりをもった地域としても想定されるが、高桑守史によって「伝承主体」という概念と置き換える試みがなされている。この用語は伝承母体と「ほぼ同義のもの」として用いられるが、「ただし伝承母体という用語には、これまで人を捨象して集団表象としての地域を指示する用いられ方が多かった。そこで、民俗を生成し、保持管理し、変革する主体としての人間、およびその集団をより強調することにおいて伝承主体という用語」（高桑　一九九四：三三）が用いられたのである。変革主体としての個人ならびに集団という側面への着目という点で、この視角は本書と共有できるところが少なくない。なぜなら本書では、民俗が伝承母体たる共同体から機械的に生成されるものとして自明視してしまい、結局は伝承母体論に収斂してしまうような視点を回避する別の経路を模索してきたからである。それは上述のような議論を経れば、自然環境をキーワードにしてつながる超世代的なコミュニティであるということができるであろう。

近年、コミュニティ論がふたたび注目を集めている背景として、たとえば文化の脱領域化による人間活動の空間的限定の解除、リベラルな思想の行きすぎに対するコミュニタリアン・サイドからの牽制など、単一でない、いくつもの要因が考えられる。

文化人類学の領域において共同体という概念が問い直される文脈は、以下のようなものであった。この概念が市民社会や公共性と対比的かつ二元論的に捉えられる一方で、人々は日々の営為にあって微細な関係性の再配置や新たな接合を不断に行い、ローカルで小規模な生活世界を生きている。したがって閉鎖的で完結的、均質的であるように一見みえる共同体において、「内部にさまざまな互いに異質な諸関係があり、人々は生活のために、そして比較不可能で代替不可能な個を、その根源的な代替可能性とともに保持するために、それらの諸関係を接合していることを（明確でないにしろ）描き出して」（小田　二〇〇四：二四一）いくという課題が、人類学的な民族誌に生じたのである。また社会理論の立場から、ジェラード・デランティは新たなコミュニティの多様な形態を幅広く検討しているが、そのなかでコミュニティ論再興の理由にふれ、「コミュニティを、空間的に固定され、特定の社会的取り決めに対応するものと考えるより、コムニタスの一表現、すなわち、社会的帰属を対話的《コミュニカティヴ》で公共的な出来事として想像し、経験する特定の様式」（デランティ　二〇〇六：三七）として捉えることの重要性を指摘している。

古典的コミュニティ論では、空間的限定性や対面性（フェイス・トゥ・フェイスな関係性）といった形態的特徴が、アソシエーション（結社）といった集団概念との対比において強調され、対話的性格の共有などについてふれられることはなかった。しかし社会的相互関係の局面に着目すれば、対話的で公共的なアイデンティティの交渉的形成という事態に立ち会うことはきわめて多い。そこでは完全な斉一性をもった要素が予定調和的に全体集合化するのではなく、差異をもった個どうしが相互の承認を前提としつつ、おたがいにアクセスポイントを探し求めて対話的で交渉的な関係をつねに現在形として打ち立てていくというイメージの方が近い。このようなイメージにおいては、コミュニティとアソシエーションといった古典的な図式は見直しを迫られることになるし、古典的コミュニティ論では対象とされなかった集団も、コミュニティとして新たに対象化されることになる。

先に「自然環境をキーワードにしてつながる超世代的なコミュニティ」と書いたのは、そのような対話的交渉的関係性を、自然環境という共有財産を媒介としながら時々刻々更新していくような人々の原初的まとまりとつながり、超時間的に設定されるような「環境習俗コミュニティ」とでもいうべき群的関係であった。人と自然とのつきあいは先にふれたように非定型的、未然形的であり、その思惑や利害は常に一定しているわけではない。しかし、状況依存的でありその時どきに臨機にあらわれる人と自然とのつきあい方は、一つの歴史的集積体として見るならば、新たなコミュニティ論として捉えうるものである。

このような新たなコミュニティ論としての環境民俗学はまた、機械的伝承者としての人間像にも刷新を迫る。われわれは、前代知識をストックとして活用しながらも、当人のおかれた状況に臨機に対応しながら、能動的生活構築をするようなブリコルール的行為者を想定した。本書全編に描かれていたその具体的な姿は、先にあげた高桑の「伝承主体」の概念をさらにラディカルにおしすすめるものであろう。もっとも、この変革主体としてのイメージは、完全な自由意志をもった主体として想定されるわけではなく、むしろ歴史的規定や構造的条件のなかで活動する姿にこそ力点がおかれる点において、近年のミクロ人類学（田中・松田編 二〇〇六）の立場に近い。そして、そのような拘束性を生きつつも、人々が協働する現場を創造するポテンシャルを見出そうとする点で、生活環境主義の社会学（古川・松田編 二〇〇三）ともスタンスを共有するのである。

本書は、このようなフィールド志向の人類学や社会学との入会地として民俗学を構想するこころみであった。ここまで述べてきたように、環境民俗学の構想は、自然環境を媒介とすることによって、民俗学の中心概念であった「伝承」を未来へとベクトルを向かわせるものとして読み替え、人々の営みを定型的で永続的な繰り返しとしてではなく、むしろ即興的・暫定的でありながら、よりよい生《ライフ》を成就させようとして能動的に実践されるものとして捉える。そして「伝承母体」という共同体の概念も、自然環境を媒介とした人々の行為に着目することによって、ある地域に固定された静態的な実体から、接合と離散を繰り返してそのつど組み直されるような動態的な関係へと読み替えるのである。

未来に向けて、一面的に定型化されない共同性としての習俗を経由しつつ、よりよい生き方を標榜する人々の姿を、彼らと同じ現場にたって生の営みの目線において捉えるのが、「新たなフィールド学」のはじまりを告げる環境民俗学のささやかなマニフェストである。

◇付記

本章に関する調査研究の経費の多くは、つぎの科学研究費補助金に負っている。「水界と森界の変容と創造に関する比較環境人類学的研究」（基盤研究（B）（一般）、二〇〇六～二〇〇八年度、課題番号一八三二〇一四〇、研究代表者　松田素二）

◇参考文献

小田亮　二〇〇四「共同体という概念の脱／再構築――序にかえて」『文化人類学』六九（二）：二三六―二四六。

佐野賢治　二〇〇一「宝は田から――飯豊山信仰と『お福田』」筑波大学民俗学研究室編『心意と信仰の民俗』吉川弘文館、一一六―一四三頁。

島村恭則　二〇〇六「〈生きる方法〉の民俗学へ」『国立歴史民俗博物館研究報告』一三二：七―二三。

鈴木寛之　一九九八「民俗学と語彙研究」関一敏編『現代民俗学の視点二　民俗のことば』朝倉書店、八〇―九六頁。

関一敏　一九九三「しあわせの民俗誌・序説」『国立歴史民俗博物館研究報告』五一：三一三―三四七。

高桑守史　一九九四『日本漁民社会論考』未來社。
田中雅一・松田素二編　二〇〇六『ミクロ人類学の実践――エイジェンシー／ネットワーク／身体』世界思想社。
デランティ、ジェラード　二〇〇六（二〇〇三）『コミュニティ――グローバル化と社会理論の変容』山之内靖・伊藤茂訳、NTT出版。
古川彰・松田素二編　二〇〇三『観光と環境の社会学』新曜社。
宮本常一　一九八四『家郷の訓』岩波文庫。
柳田國男　一九九八（一九三〇）「民間伝承論」『柳田國男全集八』筑摩書房、一―一九四頁。
柳田國男　一九九八（一九三二）「郷土生活の研究法」『柳田國男全集八』筑摩書房、一九五―三六八頁。
柳田國男　一九九八（一九三九）「国語の将来」『柳田國男全集一〇』筑摩書房、一九―二一七頁。
柳田國男　二〇〇四（一九四七）「現代科学といふこと」『柳田國男全集三一』筑摩書房、三八四―三九四頁。
吉本隆明　一九八二『改訂新版　共同幻想論』角川文庫。

あとがき

世界中が「環境」で沸騰しているように見える。CO2削減、クールビズ、エコバッグetc……といったことばが、日常生活でも飛びかい、エコ・マインドなライフスタイルがもてはやされている。自分たちの身の回りから地球環境のためにできることをしようというかけ声は、ごく自然にふるまわれていればいいのだろうが、行きすぎになると環境ファシズムや、逆にそんなものは環境保護にはならないという「偽善」暴きに反転されることもあろう。

いっぽう、民俗学は「落日の学問」だと言われたことがあった。その対象である「民俗」は消滅してしまったとか、学問としての耐用年数がつきたとか言われて久しい。

私たちは、このようなどこか行きすぎた通念を捉えなおしたかった。「環境」の方を過剰に持ち上げることもなく、またいっぽうで「民俗学」の方を不必要に貶めることもなく、両者は有意義に結びつくはずだというプロポーザルが、本書である。「環境」の持ち上げを相対化することについては、まず、環境民俗学の「学」としてのたち位置から、環境に対するさまざまな活動や実践を「ブーム」として捉えることを本書では回避した。人と環境のかかわりは昨日今日にはじまったものではないからだ。また、一足飛びに地球環境へといたるのではなく、自分たちの暮らしそのものを見つめる視座は、やはり民俗学ならではのものとして、環境は民俗学と出会う必要があったのだ。

他方で「民俗学」そのものをまっとうに評価することも必要であろう。近年指摘される「耐用年数」については、何にとってかの議論を欠いたまま、「もう古い」とか「役に立たない」というだけでは意味がない。そして、生活の現場へのまなざしというフィールド学の根底にある思想に立ちかえるならば、民俗学は寿命が尽きたどころか、その根幹にあると言ってもよい。フィールド学ではよく人間生活の総体的理解ということを言うが、いまだ言語化されない、あるいは言語化されるかされないかのぎりぎりのところで、いわば原生質とでもいうような人間の生について問うていくような方法として、民俗学は計り知れないポテンシャルを持っている。本書の副題を「新しいフィールド学へ」としたのは、このようなわけである。

もちろん、環境民俗学の主題は、本書でとりあげた一二項目に限定されるわけではない。本書の巻末に付した文献目録はその射程と可能性の一端を示すことができればという意図もあって作成した。新たなフィールド学としての環境民俗学はここから出発して、つねに現場と渡り合いながら変わり続けていきたいと思う。

最後になったが、本書の編集にあたってくださった昭和堂の松井久見子さんにお礼申し上げたい。

二〇〇八年九月

古川　彰

環境民俗学の関連文献

このリストは、自然を媒介にした人と人の関係、人と自然との関係の学を総体として環境民俗学として捉える立場から、おもに民俗学、人類学、社会学、地理学の文献を取り出し、おおきな研究テーマに分類して提示したものである。研究テーマと年代をクロスすることでこの分野の研究史の概要を把握できるように、テーマ内で文献を年代順にならべた。この目録からは環境民俗学が、民俗学の生業、人類学の生態、社会学の社会史、生活史、地理学の生業、空間論といわれる分野をコアにして生成されてきたことが理解できる。その生成にとって一九七〇年前後、一九九〇年前後という年が環境認識のターニングポイントであり、この分野の研究、たとえばフィールドへの研究者のまなざしにも影響を与えずにはおかなかったことも理解できるだろう。

この目録の作成にあたっては、まず何倍かの文献をリストアップし、そこから絞り込む作業をおこなったが、それでも取り落としは少なからずあるだろう。しかし、ここでは環境民俗学のテキストとして、研究の出発点になるように厳選した。

（編者）

●入門テキスト

鳥越皓之編　一九九四『試みとしての環境民俗学――琵琶湖のフィールドから』雄山閣出版

秋道智彌ほか編　一九九五『生態人類学を学ぶ人のために』世界思想社

水と文化研究会編　二〇〇〇『みんなでホタルダス――琵琶湖地域のホタルと身近な水環境調査』新曜社

鳥越皓之　二〇〇四『環境社会学――生活者の立場から考える』東京大学出版会

宮内泰介　二〇〇四『自分で調べる技術――市民のための調査入門』岩波アクティブ新書

●人類史との交差点

今西錦司　一九五二『村と人間』新評論社
九学会連合対馬共同調査委員会編　一九五四『対馬の自然と文化』古今書院
九学会連合奄美共同調査委員会編　一九五九『奄美――自然と文化』日本学術振興会
梅棹忠夫　一九六七『文明の生態史観』中央公論社
九学会連合能登共同調査委員会編　一九七〇『能登――自然・文化・社会』平凡社
九学会連合利根川流域共同調査委員会編　一九七一『利根川――自然・文化・社会』弘文堂
吉良竜夫　一九七一『生態学からみた自然』河出書房新社
福井勝義　一九七四『焼畑のむら』朝日新聞社
九学会連合沖縄共同調査委員会編　一九七六『沖縄――自然・文化・社会』弘文堂
伊谷純一郎・原子令三編　一九七七『人類の自然誌』雄山閣出版
今西錦司　一九八四『自然学の提唱』講談社
高谷好一　一九九三『新世界秩序を求めて――二一世紀への生態史観』中公新書
川喜田二郎　一九九六『地域の生態史（川喜田二郎著作集 二）』中央公論社
水野祥子　二〇〇六『イギリス帝国からみる環境史――インド支配と森林保護（岩波アカデミック叢書）』岩波書店

●生活環境からの視点

米山俊直　一九六七『日本のむらの百年――その文化人類学的素描』ＮＨＫブックス
田中二郎　一九七一『ブッシュマン――生態人類学的研究』思索社

品田　穣　一九七四『都市の自然史――人間と自然のかかわり合い』中公新書
伊谷純一郎　一九八〇『トゥルカナの自然誌――呵責なき人びと』雄山閣出版
福田アジオ　一九八二『日本村落の民俗的構造（日本民俗学研究叢書）』弘文堂
鳥越皓之・嘉田由紀子編　一九八四『水と人の環境史――琵琶湖報告書』御茶の水書房
高谷好一　一九八八『マングローブに生きる――熱帯雨林の生態史』NHKブックス
九学会連合日本の沿岸文化調査委員会編　一九八九『日本の沿岸文化』古今書院
垂水　稔　一九九〇『結界の構造――一つの歴史民俗学的領域論』名著出版
古川彰・大西行雄編　一九九二『環境イメージ論――人間環境の重層的風景』弘文堂
嘉田由紀子　一九九五『生活世界の環境学――琵琶湖からのメッセージ』農山漁村文化協会
ウィリアム・クロノン（佐野敏行・藤田真理子訳）　一九九五（原著発行は一九八三）『変貌する大地――インディアンと植民者の環境史』勁草書房
嘉田由紀子・遊磨正秀　二〇〇〇『水辺遊びの生態学――琵琶湖地域の三世代の語りから』農山漁村文化協会
国立歴史民俗博物館編　二〇〇三『アジア地域における環境とその民族的プラクシス（研究報告 一〇五）』国立歴史民俗博物館

●海・山・川

柳田國男編　一九三七（一九七五）『山村生活の研究』国書刊行会
柳田國男編　一九四九（一九七六）『海村生活の研究』国書刊行会
千葉徳爾　一九五六『はげ山の研究』そしえて
北見俊夫　一九八九『日本海島文化の研究――民俗風土論的考察』法政大学出版局
鶴見良行・村井吉敬編著　一九九一『道のアジア史――モノ・ヒト・文化の交流』同文舘出版
湯川洋司　一九九一『変容する山村――民俗再考』日本エディタースクール出版部
野本寛一　一九九五『海岸環境民俗論』白水社

篠原　徹　一九九五『海と山の民俗自然誌（日本歴史民俗叢書）』吉川弘文館
香月洋一郎　一九九五『山に棲む――民俗誌序章』未來社
出口晶子　一九九六『川辺の環境民俗学――鮭遡上河川・越後荒川の人と自然』名古屋大学出版会
静岡県文化財団・静岡県環境民俗研究会共編　一九九六『山と森のフォークロア――富士山を語るシンポジウム全記録』羽衣出版
田和正孝　一九九七『漁場利用の生態文化地理学的考察』九州大学出版会
赤坂憲雄　一九九九『山野河海まんだら――東北から民俗誌を織る』筑摩書房
山本紀夫・稲村哲也編著　二〇〇〇『ヒマラヤの環境誌――山岳地域の自然とシェルパの世界』八坂書房
野地恒有　二〇〇一『移住漁民の民俗学的研究』吉川弘文館
矢作川漁協一〇〇年史編纂委員会　二〇〇四『環境漁協宣言――矢作川漁協一〇〇年史』風媒社
小川徹太郎　二〇〇六『越境と抵抗――海のフィールドワーク再考』新評論
菅　豊　二〇〇六『川は誰のものか――人と環境の民俗学』吉川弘文館

●自然と技術

千葉徳爾　一九六九『狩猟伝承研究』風間書房
石牟礼道子　一九六九『苦海浄土――わが水俣病』講談社
坪井洋文　一九七九『イモと日本人――民俗文化論の課題』未來社
色川大吉　一九八三『水俣の啓示――不知火海総合調査報告 上下』筑摩書房
鶴見和子　一九八五『殺されたもののゆくえ――わたしの民俗学ノート』はる書房
国立歴史民俗博物館編　一九八九『畑作農村の民俗誌的研究（研究報告 一八）』国立歴史民俗博物館
周　達生　一九九〇『民族動物学ノート』福武書店
篠原　徹　一九九〇『自然と民俗――心意のなかの動植物』日本エディタースクール出版部
日本の食生活全集編集委員会　一九八六―九二『日本の食生活全集 一―五〇』農山漁村文化協会（CD・ROM版）

石毛直道　一九九三『食卓の文化誌（岩波同時代ライブラリー）』岩波書店
辺見　庸　一九九四『もの食う人びと』共同通信社
野本寛一　一九九四『共生のフォークロア――民俗の環境思想』青土社
秋道智彌　一九九五『なわばりの文化史――海・山・川の資源と民俗社会』小学館
千葉徳爾　一九九五『オオカミはなぜ消えたか――日本人と獣の話』新人物往来社
国立歴史民俗博物館編　一九九五『生命観――とくにヒトと動物との区別認識についての研究（研究報告 六一）』国立歴史民俗博物館
安室　知　一九九八『水田をめぐる民俗学的研究――日本稲作の展開と構造』慶友社
篠原　徹編　一九九八『民俗の技術（現代民俗学の視点 一）』朝倉書店
国立歴史民俗博物館編　二〇〇一『日本歴史における労働と自然（研究報告 八七）』国立歴史民俗博物館
国立歴史民俗博物館編　二〇〇二―〇四『日本歴史における災害と開発ＩⅡ（研究報告九六）』国立歴史民俗博物館
宮本常一　二〇〇三『自然と日本人（宮本常一著作集 四三）』未來社
丸山康司　二〇〇六『サルと人間の環境問題――ニホンザルをめぐる自然保護と獣害のはざまから』昭和堂
馬路泰藏・馬路明子　二〇〇七『床下から見た白川郷――硝生産と食文化から』風媒社
田和正孝編　二〇〇七『石干見――最古の漁法（ものと人間の文化史）』法政大学出版局

●グローバル化

千葉徳爾・籾山政子　一九七九『風土論・生気候（気候と人間シリーズ）』朝倉書店
鶴見良行　一九八二『バナナと日本人――フィリピン農園と食卓のあいだ』岩波新書
鶴見良行　一九九〇『ナマコの眼』筑摩書房
井上　真　一九九一『熱帯雨林の生活――ボルネオの焼畑民とともに』築地書館
村井吉敬・鶴見良行編著　一九九二『エビの向こうにアジアが見える』学陽書房
井上　真　一九九五『焼畑と熱帯林――カリマンタンの伝統的焼畑システムの変容』弘文堂

鶴見良行・宮内泰介編著　一九九六『ヤシの実のアジア学』コモンズ
佐藤　仁　二〇〇二『稀少資源のポリティクス――タイ農村にみる開発と環境のはざま』東京大学出版会
池谷和信編　二〇〇五『熱帯アジアの森の民――資源利用の環境人類学』人文書院

●利用と管理

井上真・宮内泰介編　二〇〇一『コモンズの社会学――森・川・海の資源共同管理を考える』新曜社
秋道智彌・岸上伸啓編　二〇〇二『紛争の海――水産資源管理の人類学』人文書院
古川彰・松田素二編　二〇〇三『観光と環境の社会学（シリーズ環境社会学 四）』新曜社
岸上伸啓編　二〇〇三『海洋資源の利用と管理に関する人類学的研究（調査報告 四六）』国立民族学博物館
秋道智彌　二〇〇四『コモンズの人類学――文化・歴史・生態』人文書院
国立歴史民俗博物館編　二〇〇五『環境利用システムの多様性と生活世界（研究報告 一〇三）』国立歴史民俗博物館
印東道子　二〇〇六『環境と資源利用の人類学――西太平洋諸島の生活と文化』明石書店
田和正孝　二〇〇六『東南アジアの魚とる人びと』ナカニシヤ出版
宮内泰介編　二〇〇六『コモンズをささえるしくみ――レジティマシーの環境社会学』新曜社
山下晋司編　二〇〇七『観光文化学』新曜社

●環境思想

和辻哲郎　一九三五『風土 人間学的考察』岩波新書
クロード・レヴィ＝ストロース（大橋保夫訳）　一九七六（一九六二）『野生の思考』みすず書房
野本寛一　一九九〇『神々の風景――信仰環境論の試み』白水社
岩田慶治　一九九一『草木虫魚の人類学――アニミズムの世界』講談社学術文庫
アラン・コルバン（福井和美訳）　一九九二（一九八八）『浜辺の誕生――海と人間の系譜学』藤原書店

イーフー・トゥアン（小野有五訳） 一九九二（一九七四）『トポフィリア――人間と環境』せりか書房
鬼頭秀一 一九九六『自然保護を問いなおす――環境倫理とネットワーク』ちくま新書
松井 健 一九九七『自然の文化人類学』東京大学出版会
鳥越皓之 二〇〇二『柳田民俗学のフィロソフィー』東京大学出版会
アラン・コルバン（小倉孝誠訳） 二〇〇二（二〇〇一）『風景と人間』藤原書店

●講座・論集

大間知篤三ほか編 一九五九『日本民俗学大系 一―一三』平凡社 とくに『五 生業と民俗』など。
人類学講座編纂委員会編 一九七七―二〇〇一『人類学講座 一―一三、別巻一―二』雄山閣出版 とくに香原志勢編『九 適応』（一九八八）、渡辺仁編『一二 生態』（一九七七）、田辺義一編『一三 生活』（一九八一）など。
石毛直道編 一九七八『環境と文化』日本放送出版協会
宮家 準ほか編 一九八二―『民衆宗教史叢書』雄山閣出版 とくに宮家準編『六 御岳信仰』（一九八五）、守屋毅編『一九 金比羅信仰』（一九八七）、宮家準編『二一 熊野信仰』（一九九〇）、北見俊夫編『二八 恵比寿信仰』（一九九一）など。
森浩一・宮田登編集委員 一九八五『日本民俗文化体系』小学館 とくに森浩一編『一三 技術と民俗 上』『一四 技術と民俗 下』（新装普及版一九九五）など。
伊谷純一郎・田中二郎編 一九八六『自然社会の人類学――アフリカに生きる』アカデミア出版会
福井勝義編集代表 一九九四『講座 地球に生きる 一―五』雄山閣出版（一・五巻は未刊）
梅原猛ほか総編集 一九九五―九六『講座 文明と環境 一―一五』朝倉書店 とくに河合雅雄・埴原和郎編『八 動物と文明』（一九九五）など。
野本寛一・福田アジオほか編 一九九六―二〇〇二『講座 日本の民俗学』雄山閣出版 とくに野本寛一・福田アジオ編『四 環境の民俗』（一九九六）。
青木保ほか編 一九九六―九八『岩波講座 文化人類学 一―一三』岩波書店 とくに『二 環境の人類誌』（一九九七）。

谷川健一責任編集　一九八九―九〇『日本民俗文化資料集成』三一書房
福井勝義ほか企画編集　一九九九―二〇〇〇『講座　人間と環境　一―一二』昭和堂　とくに鳥越皓之編『四　景観の創造――民俗学からのアプローチ』（一九九九）など。
田中二郎ほか編　二〇〇一―〇二『講座　生態人類学　一―八』京都大学学術出版会　西田利貞編著『八　ホミニゼーション』（二〇〇一）など。
鳥越皓之ほか企画編集　二〇〇一『講座　環境社会学　一―六』有斐閣　とくに鳥越皓之編『三　自然環境と環境文化』（二〇〇一）。
内堀基光総合編集　二〇〇七『資源人類学　一―九』弘文堂

●番外編……『日本民俗学』誌上における「環境」「自然」関連の特集・研究動向

日本民俗学　一九〇　一九九二「特集・民俗学の動向」篠原徹「聞き書きのなかの自然」（動向に自然が初出）
日本民俗学　二〇〇　一九九四「日本民俗学の回顧と展望」篠原徹「環境民俗学の可能性」（動向に環境民俗学が初出）
日本民俗学　二一〇　一九九七「特集・地域開発と民俗変化」
日本民俗学　二一三　一九九八「特集・日本民俗学の研究動向　一（一九九二―一九九六）」野地恒有「『環境民俗学』の動向と移住誌のかかわり」
日本民俗学　二二七　二〇〇一「特集・日本民俗学の研究動向（一九九七―一九九九）」菅豊「自然をめぐる民俗研究の三つの潮流」
日本民俗学　二三二　二〇〇二「特集・出産と生命」

索　引

●た●

●な●

●は●

香西豊子（こうざい　とよこ）

東京大学大学院人文社会系研究科・GCOEプログラム特任研究員。

身体をめぐる知と実践の歴史について、おもに社会学・民俗学・医学史の立場から考察している。最近では、生態学的観点から人間の営みの歴史を見直すことの重要性も感じている。

おもな著作『流通する「人体」――献体・献血・臓器提供の歴史』（勁草書房、2007年）、「解剖台と社会――近代日本における身体の歴史社会学にむけて」（『思想』947号、2003年）、「『福子』の誕生――資料操作と民俗」（『日本民俗学』220号、1999年）など。

葛西映吏子（かさい　えりこ）

関西学院大学大学院社会学研究科研究員。

一日、一年、一生という生活リズムを反映させる祭りと戦後の地域開発とのかかわりに関心をもつ。これまでのおもなフィールドは滋賀県湖北地方および三重県熊野市。

おもな著作「あらたな流域管理と『当事者』としての責任――ポスト公共事業期における合意形成のありかたをめぐって」『関西学院大学社会学部紀要』99号、2005年）など。

古川　彰　＊編者紹介参照。

逵　志保（つじ　しほ）

愛知県立大学非常勤講師、豊田市矢作川研究所研究員。

伝説の現在をテーマに日本・中国・韓国に点在する渡来人伝説を追いつつ、最近は愛知県の矢作川をめぐる人々の暮らしの聞き取りに学んでいる。

おもな著作『徐福論――いまを生きる伝説』（新典社、2004年）、「百済王伝説の現在――宮崎県南郷村の師走祭りと百済の里づくりにおける渡来人伝説」（『昔話――研究と資料』32号、2004年）、「崑崙人が運んだ綿の種――『歴史』を包括する渡来人伝説」（『世間話研究』14号、2004年）など。

中野　泰（なかの　やすし）

筑波大学大学院人文社会系准教授。

日本、韓国など東アジアを研究領域に、人と自然との関わり、人びとの結びつきや漁村開発、活魚市場の形成などをテーマとする。

おもな著作「シロバエ考――底延縄漁師の漁場認識とフォーク・モデルの意義」（『国立歴史民俗博物館研究報告』105号、2003年）、『近代日本の青年宿――年齢と競争原理の民俗』（吉川弘文館、2005年）、「社会――民俗学における『社会』研究の過去と現在」（『日本民俗学』247号、2006年）など。

山本早苗（やまもと　さなえ）

富士常葉大学社会環境学部講師。

琵琶湖辺をフィールドに、徹底した開拓と災害のもとで棚田に生きる人びとの水環境史を研究。現在、中国に留学し、西部大開発による生態移民と棚田建設について研究中。

おもな著作 Groundwater management in rice terraces: a case study of a lakeside community in Shiga Prefecture, Japan（*Local Environment* Vol.13 No.5, 2008）、『資源人類学8巻　資源とコモンズ』(分担執筆、弘文堂、2007年）、「土地改良事業による水利組織の変容と再編――滋賀県大津市仰木地区の井堰親制度を事例として」（『環境社会学研究』9号、2003年）など。

安室　知（やすむろ　さとる）

神奈川大学大学院歴史民俗資料学研究科教授、日本常民文化研究所所員。

日本および東アジアにおいて、水田環境の持つ潜在力について漁撈や狩猟の面から調査している。

おもな著作『水田をめぐる民俗学的研究』（慶友社、1998年）、『餅と日本人』（雄山閣出版、1999年）、『水田漁撈の研究』（慶友社、2005年）など。

佐治　靖（さじ　おさむ）

福島県立博物館主任学芸員。

おもに東北日本、沖縄列島をフィールドとし、養蜂・ウグイ漁・タコ漁など自然をめぐる民俗研究に従事。最近、転飼養蜂の在来知と日本的「遊動」に関心がある。

おもな著作『日本文化の人類学――異文化の民俗学』（分担執筆、法蔵館、2008年）、「開発と自然、そしてマイナー・サブシステンス」（『ビオストーリー』5号、2006年）、『島の生活世界と開発3巻　沖縄列島――シマの自然と伝統のゆくえ』（分担執筆、東京大学出版会、2004年）など。

西村　知（にしむら　さとる）

鹿児島大学法文学部教授。

主要なフィールドはフィリピンとフィジーである。農村経済の変化や人と自然の共生関係について研究している。

おもな著作「グローバル時代における農村住民――社会経済変化と共同性」（『経済学論集』69号、鹿児島大学経済学会、2007年）、「フィジーの国家と伝統社会」（『経済学論集』64号、2006年）など。

■執筆者紹介（執筆順）

山　泰幸　＊編者紹介参照。

川田牧人　＊編者紹介参照。

大村敬一（おおむら　けいいち）

大阪大学大学院言語文化研究科准教授。

カナダ極北圏の先住民、イヌイトの間でのフィールドワークに基づいて、人間の認知のメカニズムや社会形成のあり方を研究し、心身二元論を超える人間理解のあり方を探求している。

おもな著作 *Self and Other Images of Hunter-Gatherers*（共編著 National Museum of Ethnology 2002年）、『文化人類学研究――先住民の世界』（共編著、放送大学教育振興会、2005年）など。

藤村美穂（ふじむら　みほ）

佐賀大学専任講師。

阿蘇諸塚村をフィールドに、われわれの無意識の行動のなかに存在する（あるいは共感することのできる）習俗に注目することによって、人と土地との関わりの変容や現状について考えている。

おもな著作『コモンズの社会学――森・川・海の資源共同管理を考える』（分担執筆、新曜社、2000年）、『地方からの景観論』（共著、農山漁村文化協会、近刊）など。

中川千草（なかがわ　ちぐさ）

関西学院大学大学院社会学研究科研究員。

三重県熊野灘沿岸部を中心に、国内外の海辺のむらをたずね歩いている。人びとが環境によせる想いはどこから生まれるのか？　近年は、あきらめたり葛藤したりしながら、ようやく繰り出された実践について関心を持つ。

おもな著作「熊野灘に生きる人びと――非漁村の生活世界を通して」（『地域にまなぶ2006年度社会学合同実習調査報告書』第11集、2007年）、「日本の海浜政策の系譜とローカルな環境観――環境へのまなざし」（『生活世界の環境倫理と環境政策に関する人類学的研究』科学研究費報告書〔代表：松田素二〕、2006年）など。

中川加奈子（なかがわ　かなこ）

在ネパール日本国大使館専門調査員、関西学院大学社会学研究科研究員。

ネパールの民主化・近代化とそれに伴う生活の変化を研究テーマとする。とくに肉売りカーストの人々の暮らしに関心を持っている。

おもな著作「地域文化の再編成における媒介者の役割――滋賀県豊郷町の江州音頭を事例として」（『ソシオロジ』51巻2号、2006年）、『アクション別フィールドワーク入門』（分担執筆、世界思想社、2008年）など。

菅　豊（すが　ゆたか）

東京大学東洋文化研究所教授。

日本と中国をフィールドに、地域の自然資源の伝統的管理について考究。現在はそこから敷衍される文化資源管理の問題についても研究している。

おもな著作『修験がつくる民俗史――鮭をめぐる儀礼と信仰』（吉川弘文館、2000年）、『川は誰のものか――人と環境の民俗学』（吉川弘文館、2006年）、「コモンズと正当性――『公益』の発見」（『環境社会学研究』11号、2005年）など。

■編者紹介

山　泰幸（やま　よしゆき）
関西学院大学人間福祉学部准教授。
東アジアをフィールドに、民俗文化の保存や活用を通じた地域活性化などに関心をもっている。
おもな著作『現代文化の社会学入門――テーマと出会う、問いを深める』（編著、ミネルヴァ書房、2007年）、『ポスト韓流のメディア社会学』（共著、ミネルヴァ書房、2007年）、『文化遺産の社会学――ルーヴル美術館から原爆ドームまで』共著、新曜社、2002年）など。

川田牧人（かわだ　まきと）
中京大学現代社会学部教授。
フィリピン・ビサヤ地方における複合的生活実践から、現代世界における多元的知識の実態を明らかにしたい。
おもな著作『祈りと祀りの日常知』（九州大学出版会、2003年）、『東南アジアのキリスト教』（共著、めこん、2002年）、『制度を生きる人々』（共編著、鹿児島大学多島圏研究センター、2003年）など。

古川　彰（ふるかわ　あきら）
関西学院大学大学院社会学研究科教授。
アジアにおける山川草木利用の変遷を追ってきたが、このところ都市の自然や景観などに惹かれている。
おもな著作『環境イメージ論――人間環境の重層的風景』（編著、弘文堂、1992年）、『村の生活環境史』（世界思想社、2004年）、*Village Life in Modern Japan: An Environmental Perspective* (Melbourne: Trans Pacific Press 2007) など。

環境民俗学――新しいフィールド学へ

2008年11月10日　初版第1刷発行
2012年 3 月15日　初版第3刷発行

編　者　山　泰幸・川田牧人・古川　彰
発行者　齊藤万壽子

〒606-8224　京都市左京区北白川京大農学部前
発行所　株式会社昭和堂
振込口座　01060-5-9347
TEL(075)706-8818／FAX(075)706-8878
ホームページ　http://www.kyoto-gakujutsu.co.jp/showado/

印刷　中村印刷

ISBN 978-4-8122-0847-2
＊落丁本・乱丁本はお取り替え致します。
Printed in Japan

宮内泰介 編
半栽培の環境社会学
――これからの人と自然
定価二六二五円

丸山徳次
宮浦富保 編
里山学のまなざし
――〈森のある大学〉から
定価二三一〇円

丸山徳次
宮浦富保 編
里山学のすすめ
――〈文化としての自然〉再生にむけて
定価二三一〇円

八木 透 編著
フィールドから学ぶ民俗学
――関西の地域と伝承
定価二五二〇円

石坂晋哉 著
現代インドの環境思想と環境運動
――ガーンディー主義と〈つながりの政治〉
定価四二〇〇円

帯谷博明 著
ダム建設をめぐる
環境運動と地域再生
――対立と協働のダイナミズム
定価三一五〇円

昭和堂

（定価には消費税5%が含まれています）